Willkommen im Club der häkelbegeisterten Kuscheltier-Liebhaber*innen!

Dieses Buch ist eine Sammlung von Anleitungen für bezaubernd gehäkelte Kuscheltiere, die nicht nur eure Herzen erwärmen, sondern auch eure Häkelnadeln glühen und Kinderherzen höherschlagen lassen.

Das flauschige Chenille Garn verleiht diesen Kreationen eine besondere Weichheit und einzigartige Textur, die jedem Stück einen unverwechselbaren Charme verleiht. Mit Liebe zum Detail und kreativem Geschick entstehen niedliche Begleiter, die nicht nur als Spielzeug dienen, sondern auch als treue Freunde für Jung und Alt.

Schritt-für-Schritt-Anleitungen und detaillierte Erklärungen machen es möglich, dass auch Anfänger*innen diese liebenswerten Kuscheltiere mit Leichtigkeit anfertigen können.

Die Autorinnen teilen mit euch ihre liebsten Modelle und laden euch ein, eurer Kreativität freien Lauf zu lassen. Mögen diese gehäkelten Kuscheltiere euch genauso viel Freude bereiten, wie es allen Freude bereitet hat, die schnuckeligen Tierchen zu entwerfen.

Viel Spaß beim Häkeln!

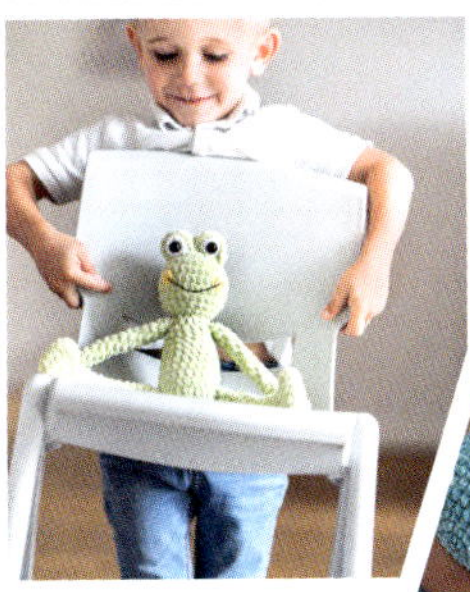

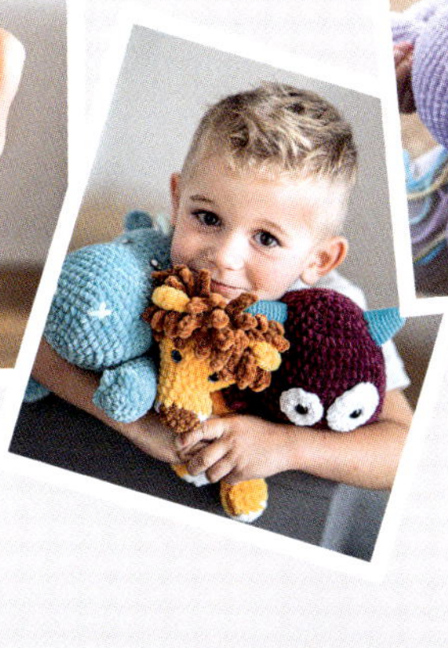

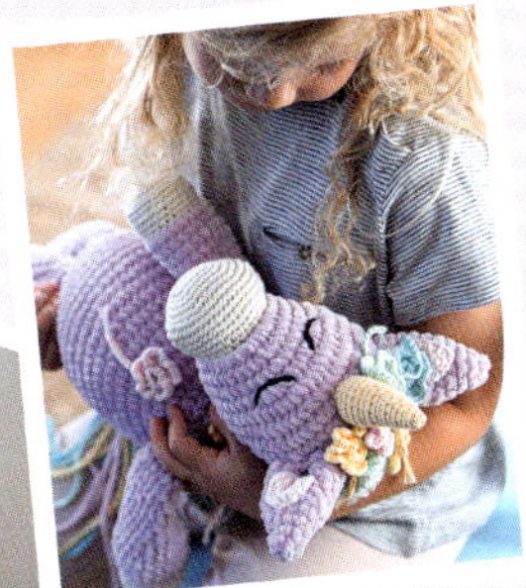

Inhalt

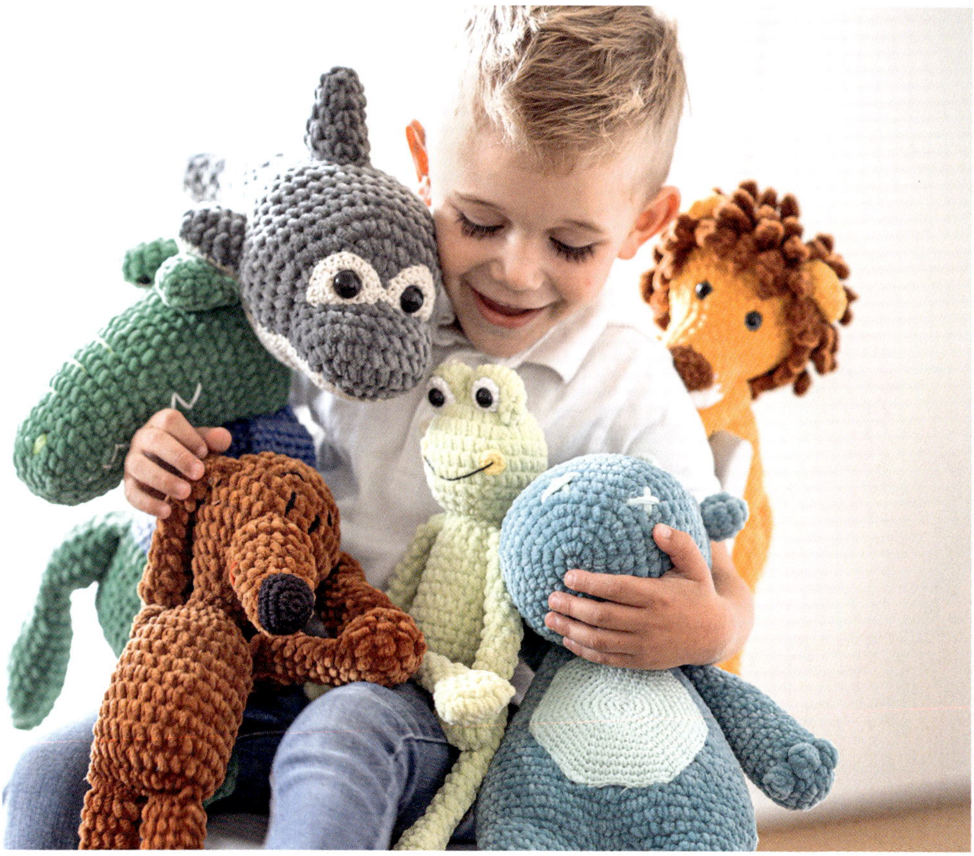

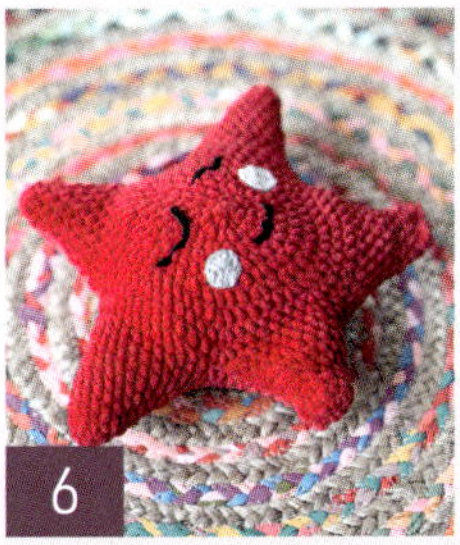
6

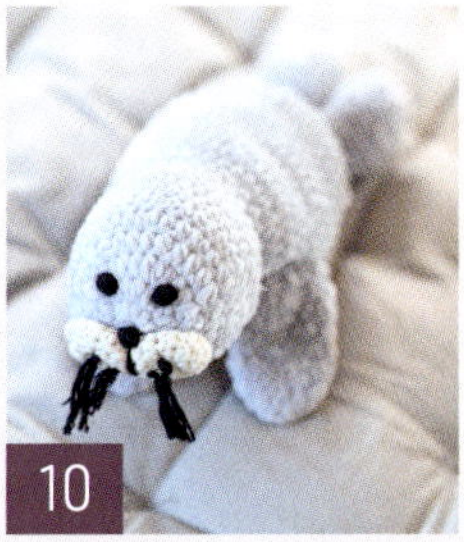
10

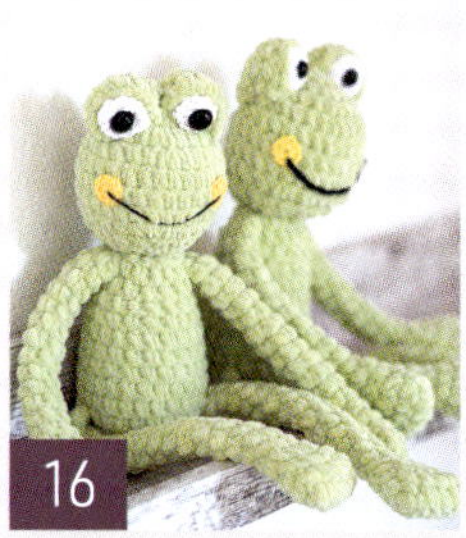
16

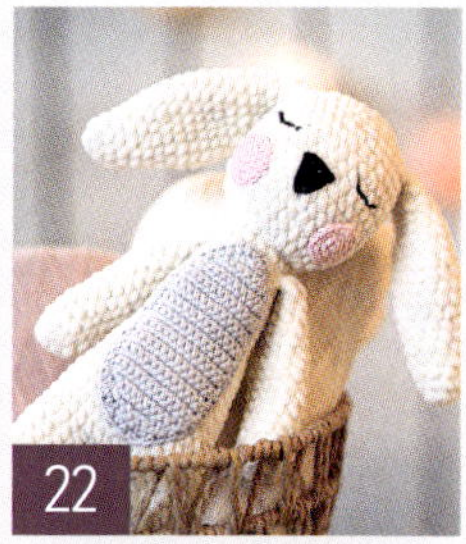
22

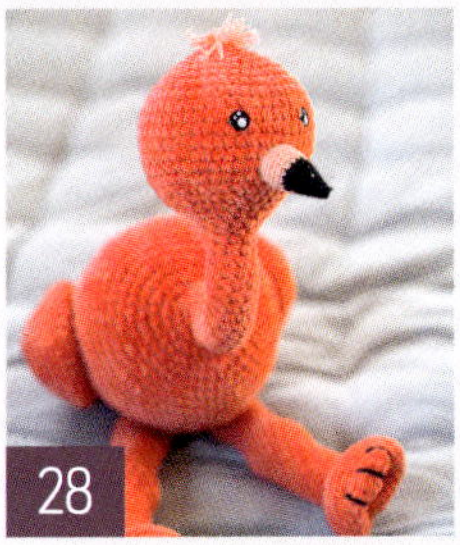
28

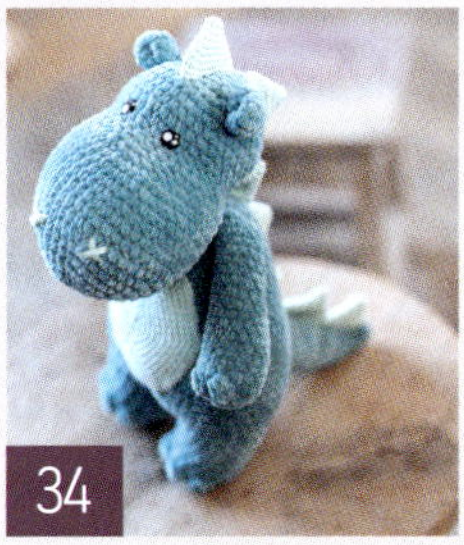
34

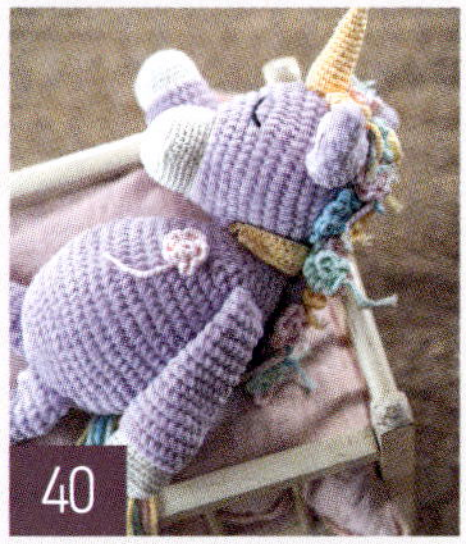
40

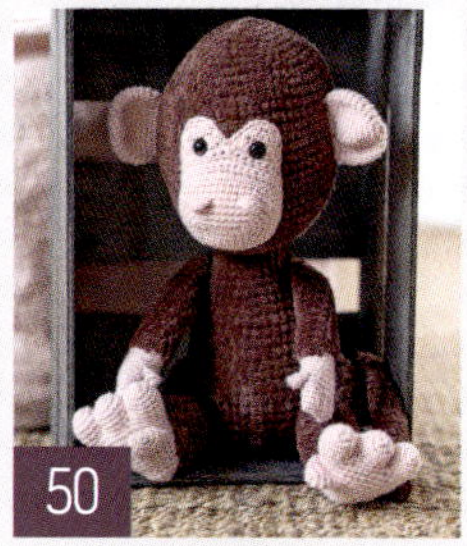
50

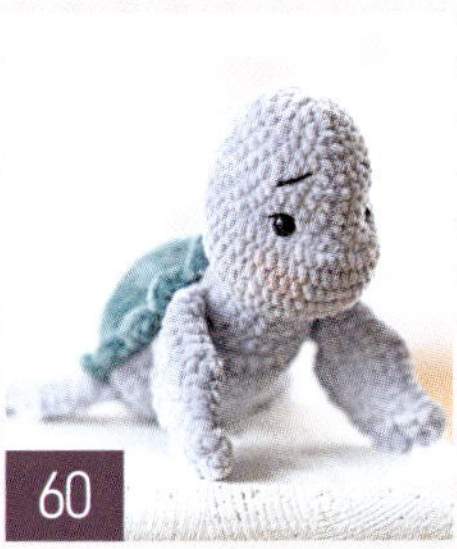
60

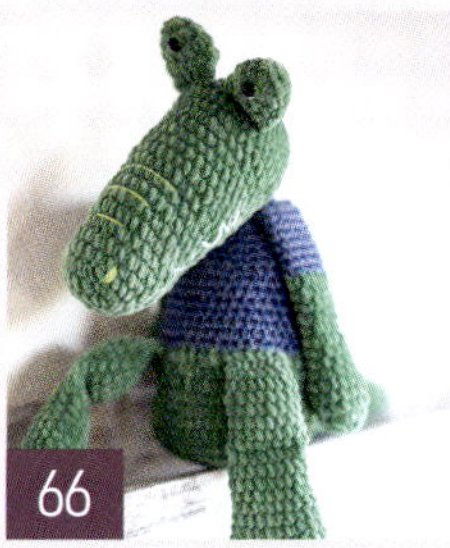
66

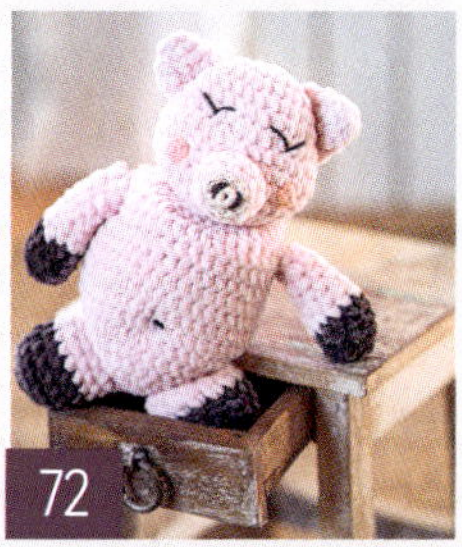
72

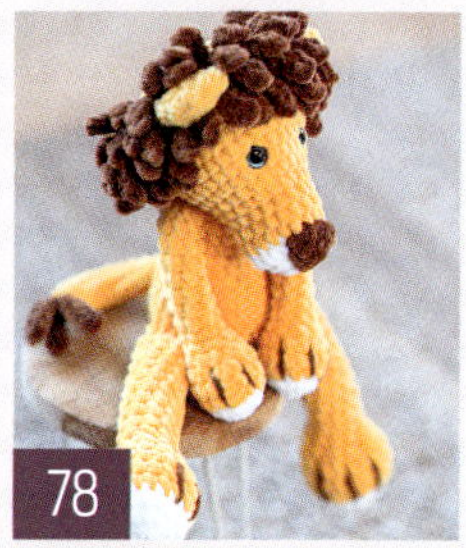
78

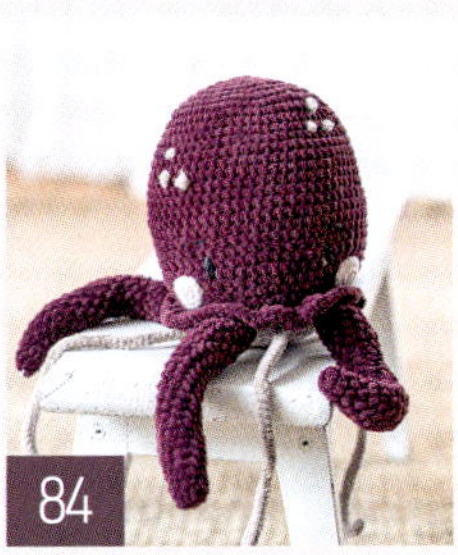
84

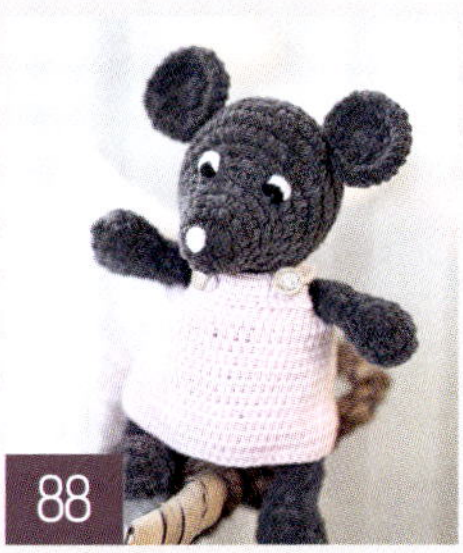
88

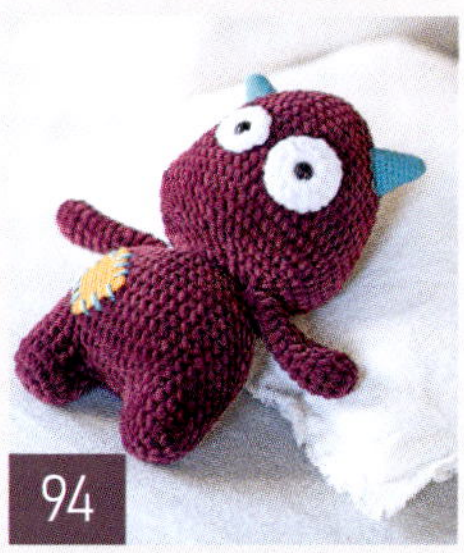
94

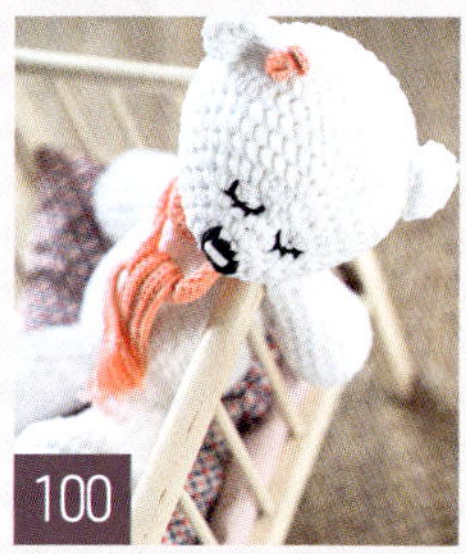
100

LOS GEHT'S →

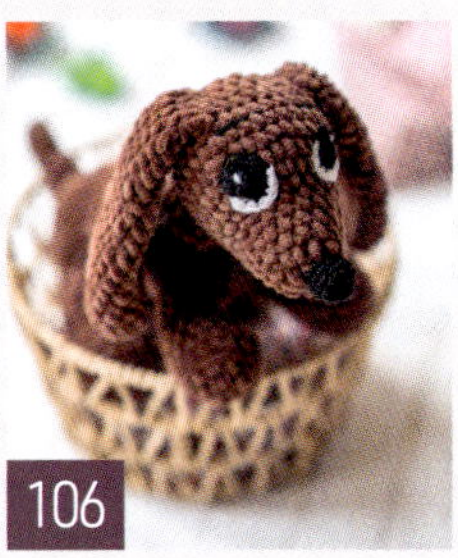
106

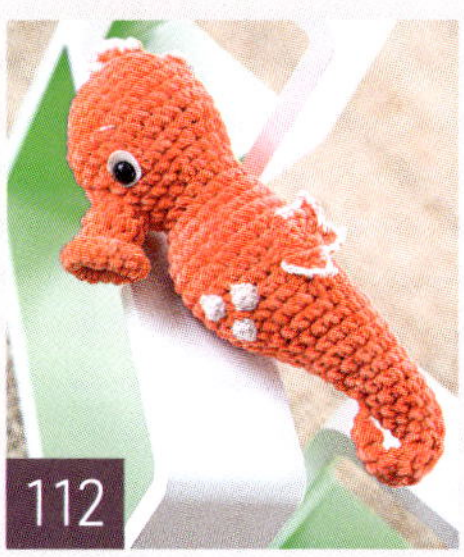
112

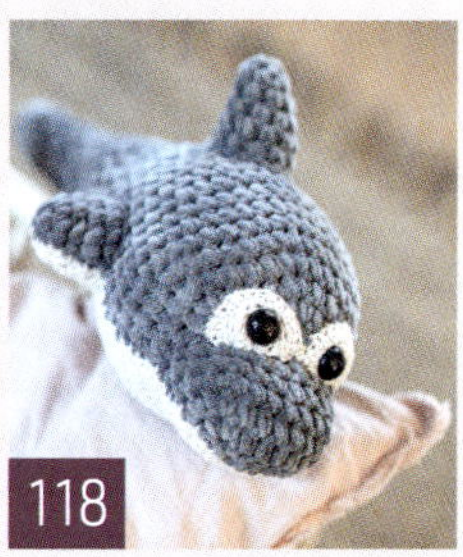
118

Seestern Sam

SCHWIERIGKEITSGRAD: LEICHT
GRÖSSE: CA. 25 CM HOCH

MATERIAL:

- Samt (100 % Polyester) von myboshi mit einer Lauflänge von 100 m / 100 g: 100 g in Seestern
- No.2 (85 % Baumwolle, 15 % Kapok) von myboshi mit einer Lauflänge von 100 m / 50 g: je 50 g oder ein Rest in rose und Schwarz
- ca. 200 g Füllwatte
- Stecknadeln oder Maschenmarkierer
- 1 Häkelnadel 3,5 mm und 2,5 mm

GRUNDMUSTER FESTE MASCHEN:

- In Rd und R fM oder wie angegeben häkeln. Die Maschen möglichst fest häkeln, damit die Füllwatte nicht herausschaut. Wenn nötig, die Nadelstärke entsprechend anpassen.
- Spiral-Rd: Die Rd werden endlos gehäkelt und weder mit einer Steige-Lm begonnen noch geschlossen.

KÖRPER MITTELTEIL (2 x)

Mit Seestern und Häkelnadel 3,5 mm in einen flexiblen Fadenring 7 fM häkeln.

1. Rd: Jede M verdoppeln, indem in jede M 2 M gehäkelt werden = 14 M
2. Rd: Jede 2. M verdoppeln = 21 M
3. Rd: Jede 3. M verdoppeln = 28 M
4. Rd: Jede 4. M verdoppeln = 35 M
5. Rd: Jede 5. M verdoppeln = 42 M
6. Rd: Jede 6. M verdoppeln = 49 M
7. Rd: Jede 7. M verdoppeln = 56 M
8. Rd: Gleichmäßig verteilt noch 4 M verdoppeln = 60 M

Mit einer Kett-M schließen und den Faden lang abschneiden. Den 2. Mittelteil ebenso arbeiten aber den Faden nicht abschneiden. (1)

Beide Teile mit der Vorderseite nach außen übereinanderlegen und in 5 gleiche Teile aufteilen und markieren, dafür die 1. und jede 12. Masche mit einem Restfaden in Schwarz durch beide Teile sichern. Nun werden alle weiteren Teile direkt an den Körper angehäkelt. (2)

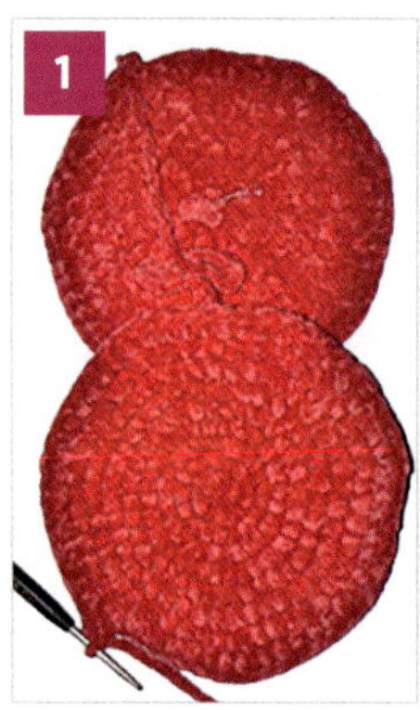
1

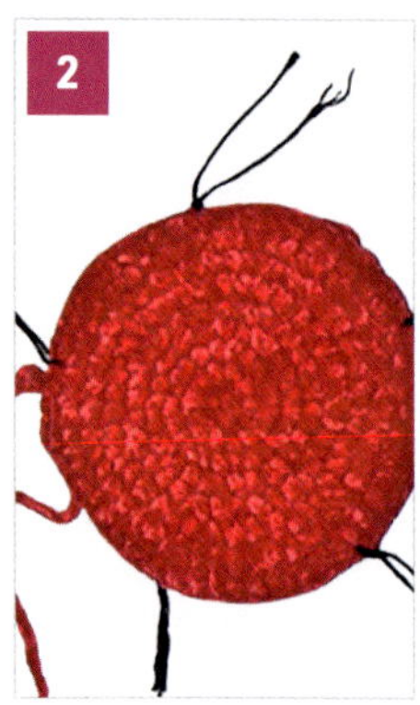
2

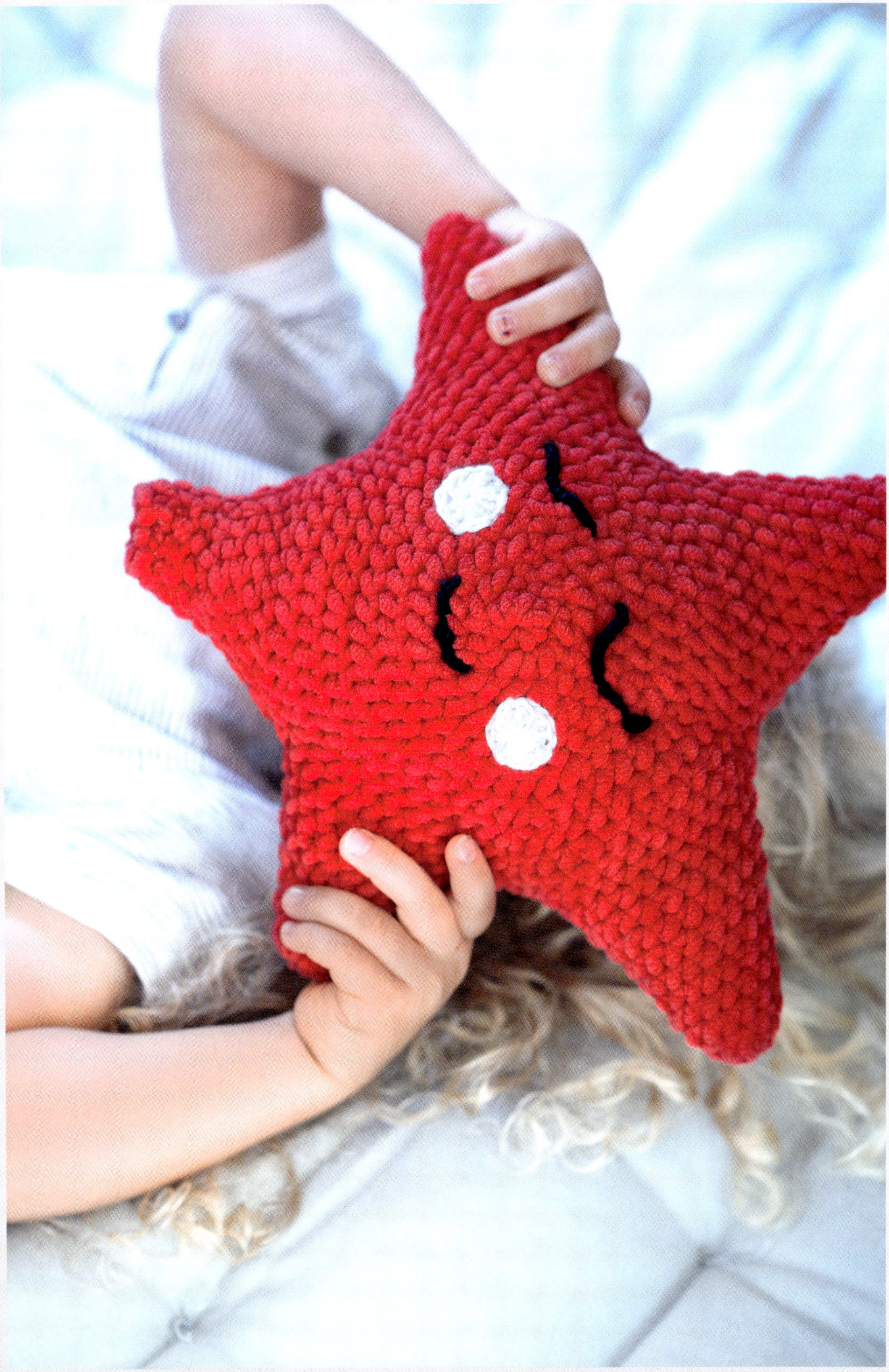

3

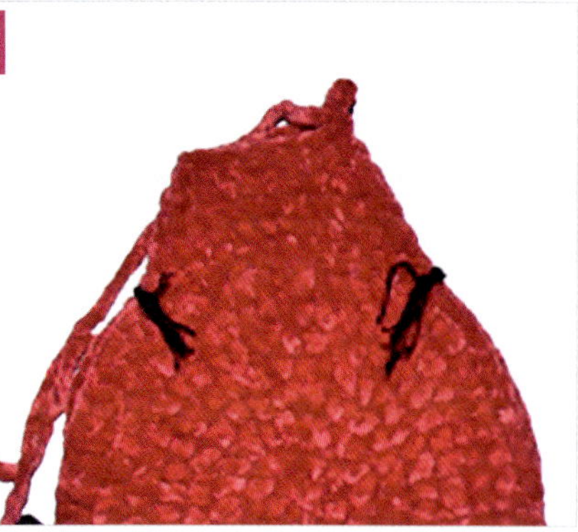

4

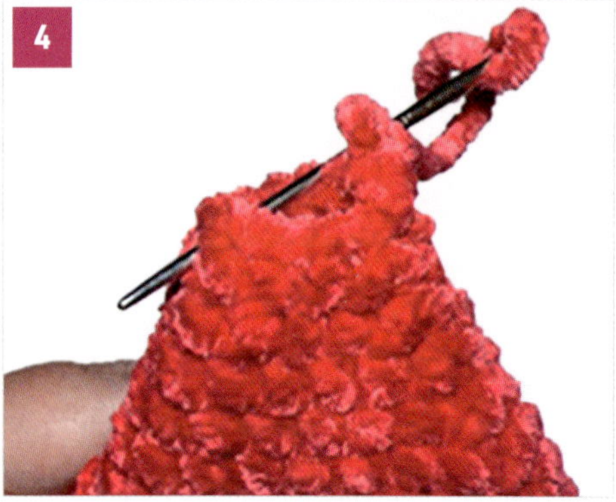

5

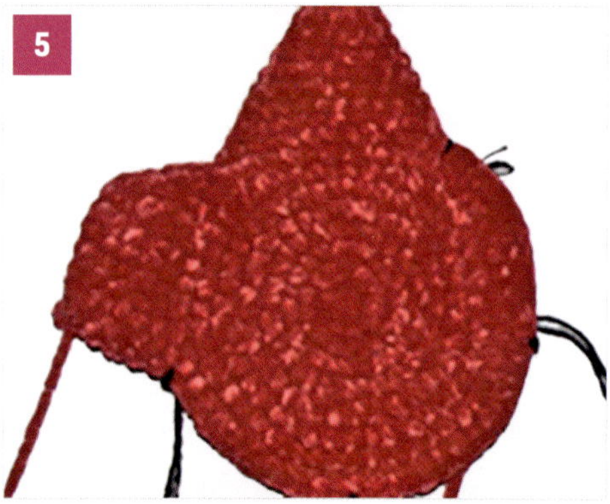

6

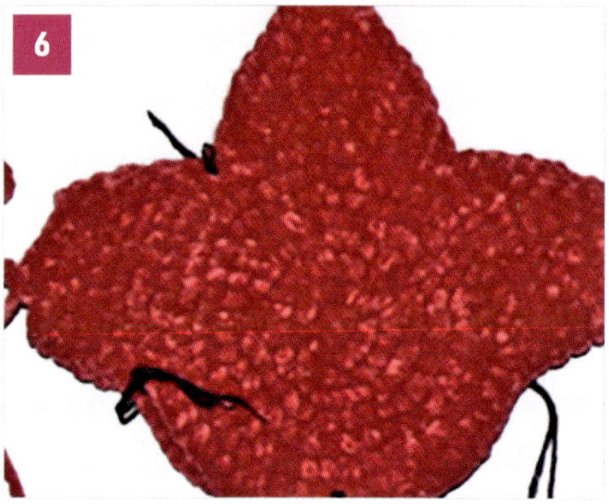

9. Rd: An der 1. M beginnen und über die 12 M des vorderen Mittelteils je 1 fM bis zur Markierung häkeln. Die Arbeit wenden und die 12 M des hinteren Mittelteils häkeln. = 24 M (3)
10. Rd: Seitlich in Höhe der 1. und 2. Markierung rechts und links je Seite 2 M zusammenhäkeln. = 22 M
11.–17. Rd: Die Rd 10 stets wiederholen. Nach der 17. Rd mit 8 fM und 1 Kett-M enden. Mit der Nähnadel die Öffnung vernähen und den Kopf mit Füllwatte füllen. (4)

ARM (2 x)

Um die nach unten zeigende Form der Arme zu erhalten, werden jeweils an der Unterseite der Rd 2 M abgenommen. (5)

9. Rd: Direkt in die markierte M neben dem Kopf den Faden neu anschlagen. Der Kopf zeigt nach oben. Den Restfaden hängen lassen. Über die 12 M des vorderen Mittelteils je 1 fM häkeln. Die Arbeit wenden und die 12 M des hinteren Mittelteils häkeln. = 24 M
10. Rd: Seitlich in Höhe der Markierung an der Unterseite des Armes 2 x 2 fM zusammenhäkeln. = 22 M
11. Rd: An der Ober- und Unterseite des Armes je 1 x 2 fM zusammenhäkeln. = 20 M
12.–17. Rd: Die Rd 10 und 11 stets wiederholen. In der 17. Rd mit 8 fM und 1 Kett-M enden.

Die Öffnung auf der Innenseite vernähen. Den zweiten Arm gegengleich auf der anderen Seite des Kopfes arbeiten. Die Arme mit Füllwatte stopfen. (6)

BEIN (2 x)

9. Rd: Direkt in die markierte M neben dem Arm den Faden anschlagen. Der Kopf zeigt nach oben. Den Restfaden hängen lassen. Über die 12 M des vorderen Mittelteils je 1 fM häkeln. Die Arbeit wenden und die 12 M des hinteren Mittelteils häkeln. = 24 M (7)
10. Rd: Seitlich rechts und links je Seite 2 M zusammenhäkeln. = 22 M
11.–14. Rd: Die Rd 10 stets wiederholen. = 14 M
15. Rd: 1 M an der Unterseite des Beins zunehmen. Auf der Oberseite des Beines 3 x 1 M abnehmen. = 12 M
16. R: 2 M an der Oberseite des Beins zunehmen. = 14 M
17. R: An der Unterseite 1 M abnehmen, 2 M an der Oberseite zunehmen. = 15 M
18. R: An der Unterseite 1 M und 2 M an der Oberseite zunehmen. = 16 M

Die Arbeit an der Fußspitze mit einer Kett-M beenden. Die Öffnung vernähen und an der Ferse nach innen ziehen. Das Bein und den Körper mit Füllwatte stopfen.
Das zweite Bein gegengleich arbeiten. Dabei während des Häkelns mit Füllwatte stopfen. (8)

ZU GUTER LETZT

Mit dem jeweiligen Anfangsfaden die Öffnung zwischen den Spitzen schließen.
Für das Gesicht mit rose und Häkelnadel 2,5 mm 2 x Wangen häkeln. Dafür in einen flexiblen Fadenring 12 Stb häkeln und mit einer Kett-M schließen. Den Faden abschneiden und die Wangen etwas unterhalb der Mitte auf den Stern nähen. (9)
Für die Augen und den Mund in Schwarz mit Häkelnadel 2,5 mm jeweils 12 Lm anschlagen. Die Lm-Ketten auf den Stern legen, in der gewünschten Position fixieren und festnähen. Alle Fäden vernähen. (10)

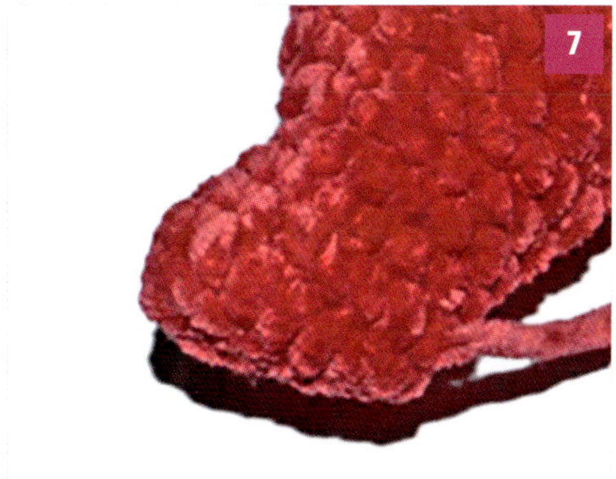
7

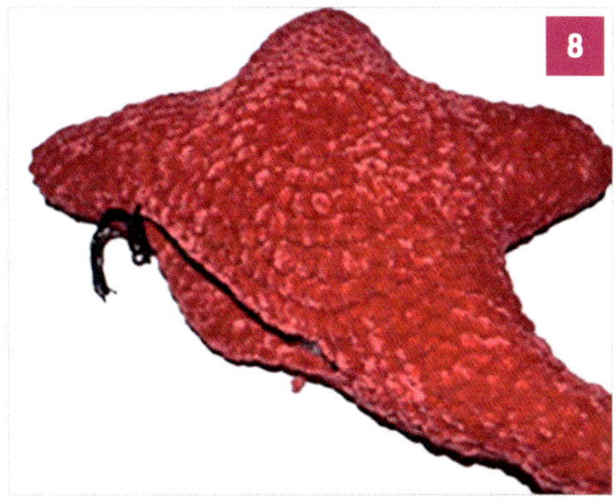
8

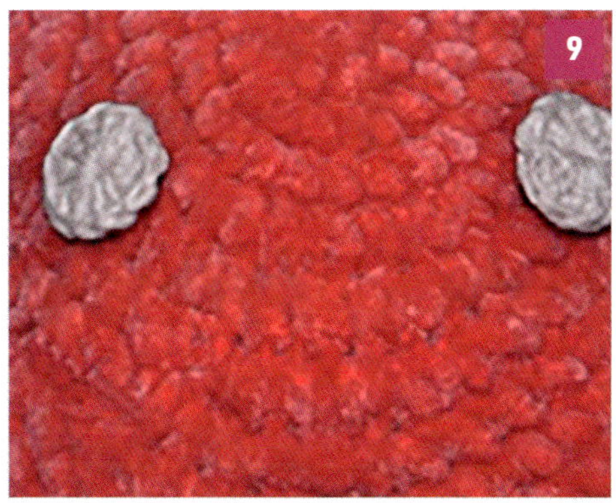
9

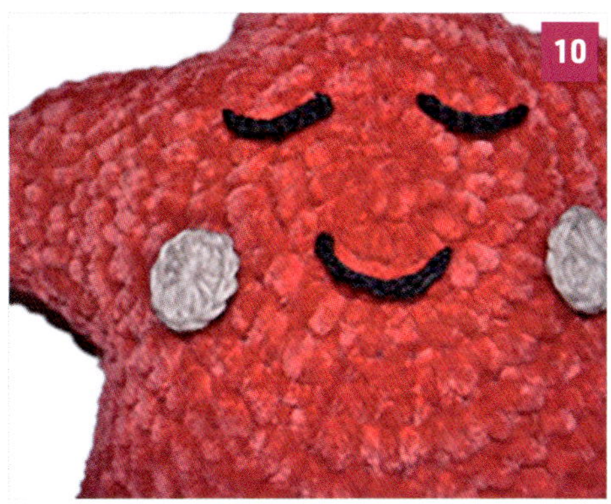
10

Robbe Rico

SCHWIERIGKEITSGRAD: EINFACH
GRÖSSE: CA. 40 CM LANG

MATERIAL:

- Samt (100 % Polyester) von myboshi mit einer Lauflänge von 100 m / 100 g: 200 g in Robbe
- No.2 (85 % Baumwolle, 15 % Kapok) von myboshi mit einer Lauflänge von 100 m / 50 g: je 50 g in Elfenbein und Schwarz
- ca. 200 g Füllwatte
- Stecknadeln oder Maschenmarkierer
- 1 Häkelnadel 3,5 mm

GRUNDMUSTER FESTE MASCHEN:

- In Rd und R halbe Stb, fM oder wie angegeben häkeln. Die M möglichst fest häkeln, damit die Füllwatte nicht herausschaut. Wenn nötig, die Nadelstärke entsprechend anpassen.
- R: Jede R mit einer Wende-Lm beginnen. Die Wende-Lm ersetzt nicht die 1. M und wird zusätzlich zur M-Zahl gehäkelt.
- Rd: Die Rd enden mit einer Kett-M und beginnen mit einer Steige-Lm.
- Büschelmaschen: 4 Stäbchen in einer M der Vorrunde bilden und zusammen abmaschen. Hierfür wie folgt vorgehen: 1 U, in die M einstechen und den Arbeitsfaden durchholen. Die ersten beiden Schlaufen auf der Nadel zusammen abmaschen. Diesen Vorgang noch dreimal wiederholen, bis 4 Stäbchen gebildet wurden. Den Arbeitsfaden nun durch die 4 verbliebenen Schlaufen ziehen und die 4 Stäbchen gemeinsam abmaschen.

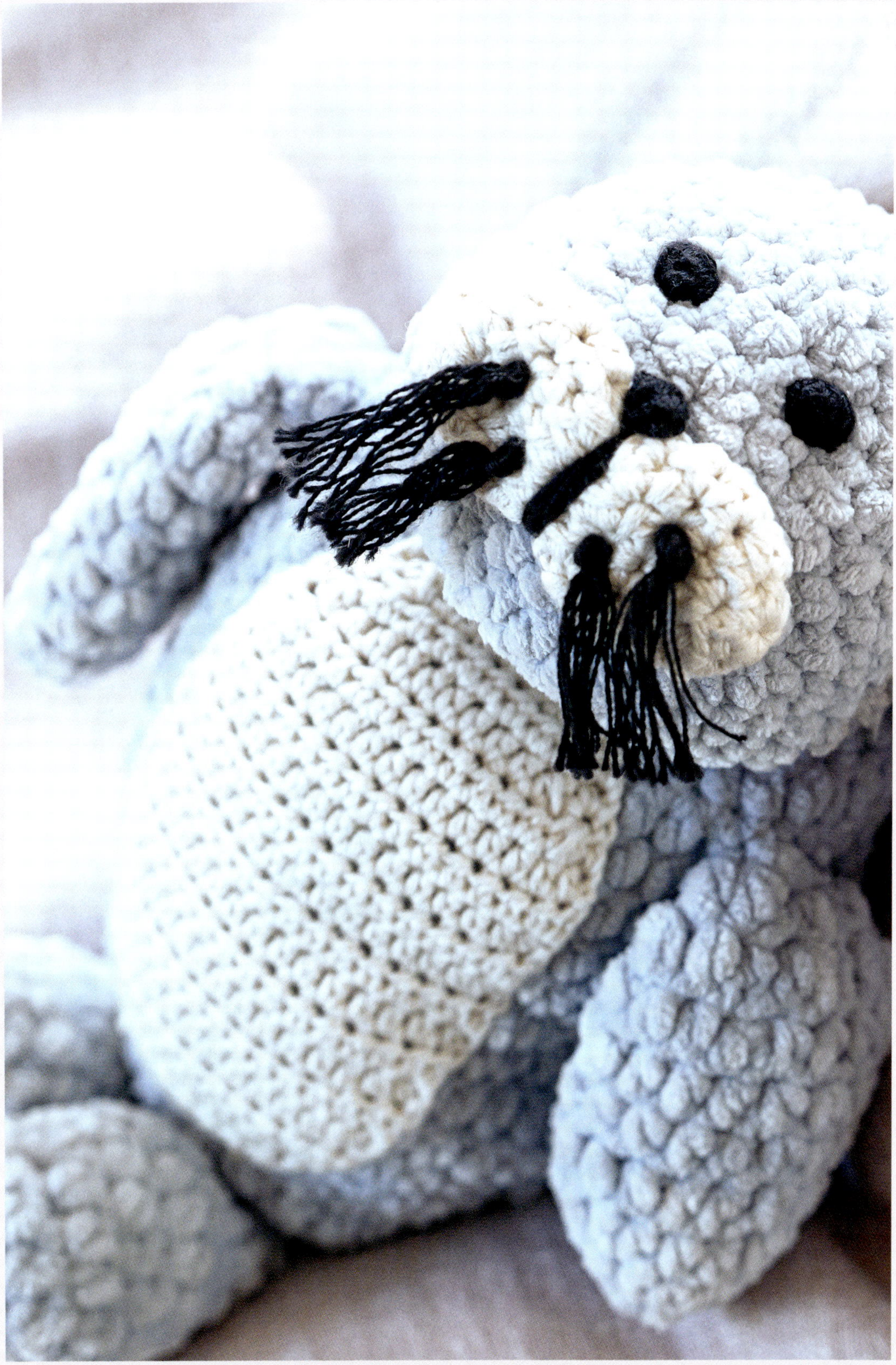

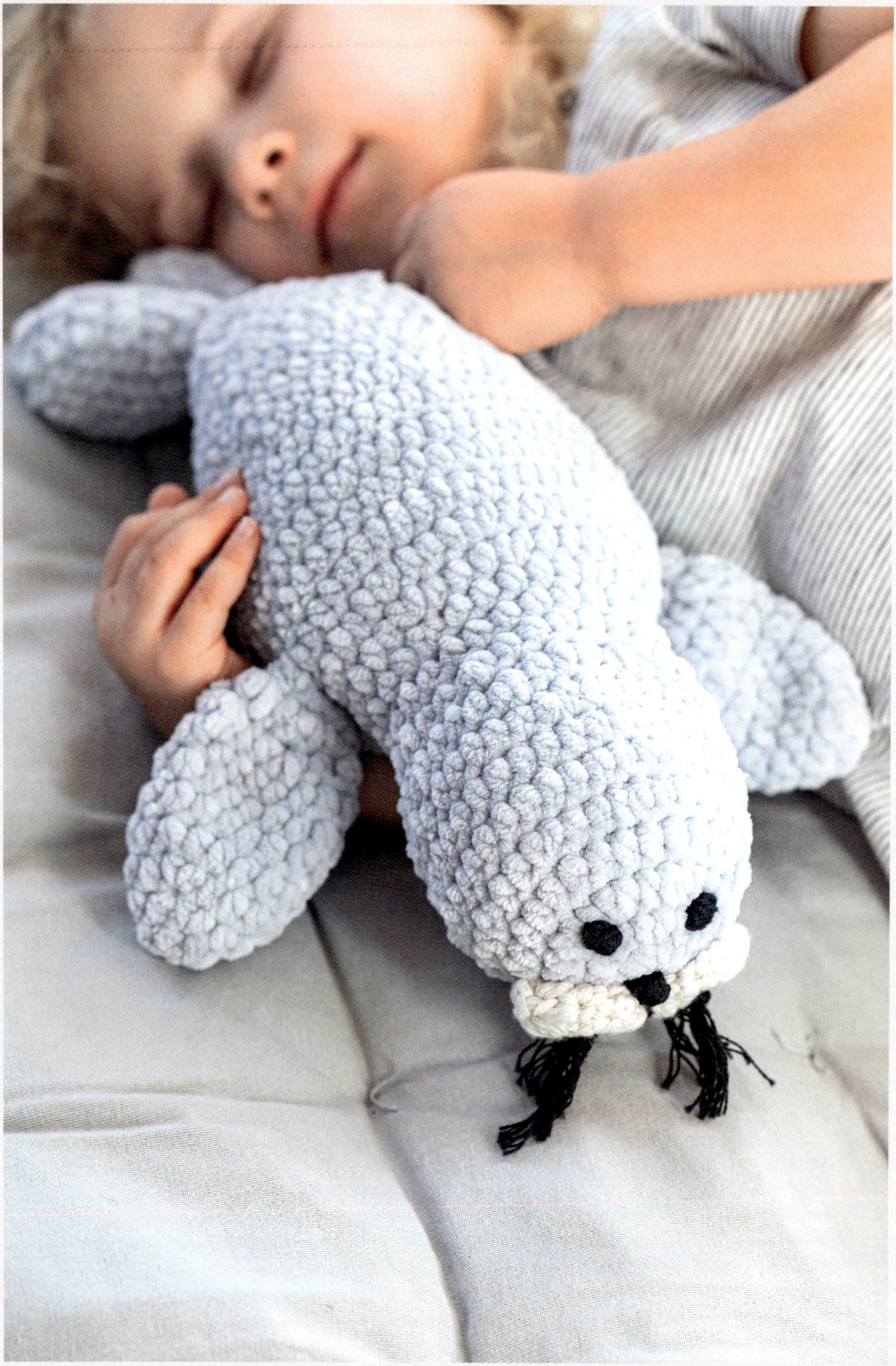

KOPF UND KÖRPER

Mit Robbe und Häkelnadel 3,5 mm 4 Lm häkeln und mit einer Kett-M in die erste Lm zum Ring schließen.

1. Rd: 1 Lm, 9 halbe Stb in den Ring häkeln = 9 M
2. Rd: Jede M verdoppeln, indem in jede M 2 M gehäkelt werden = 18 M
3. Rd: Jede 2. M verdoppeln = 27 M
4. Rd: 27 halbe Stb
5. Rd: Jede 3. M verdoppeln = 36 M
6.–8. Rd: 36 halbe Stb
9. Rd: 7x ***3 halbe Stb, 2 M zusammenhäkeln***= 29 M
10. Rd: 4x ***5 halbe Stb, 2 M zusammenhäkeln***= 25 M
11. Rd: 25 halbe Stb

Nun wird der Körper weitergehäkelt. Den Kopf mit Füllwatte stopfen und formen.

12. Rd: Jede 6. M verdoppeln = 29 M
13. Rd: Jede 4. M verdoppeln = 36 M
14. Rd: Jede 4. M verdoppeln = 45 M
15.–16. Rd: 45 halbe Stb
17. Rd: Jede 9. M verdoppeln = 50 M
18.–20. Rd: 50 halbe Stb
21. Rd: 5x ***8 halbe Stb, 2 M zusammenhäkeln*** = 45 M
22. Rd: 5x ***7 halbe Stb, 2 M zusammenhäkeln*** = 40 M
23. Rd: 5x ***6 halbe Stb, 2 M zusammenhäkeln*** = 35 M
24. Rd: 35 halbe Stb
25. Rd: 5x ***5 halbe Stb, 2 M zusammenhäkeln*** = 30 M
26. Rd: 5x ***4 halbe Stb, 2 M zusammenhäkeln*** = 25 M

Den Körper mit Füllwatte stopfen und formen.

27. Rd: 25 halbe Stb
28. Rd: 5x ***3 halbe Stb, 2 M zusammenhäkeln*** = 20 M
29. Rd: 4x ***4 halbe Stb, 2 M zusammenhäkeln***, 1 halbes Stb = 16 M

Den Körper weiter mit Füllwatte stopfen und formen. Nun wird eine der beiden Schwanzflossen direkt an den Körper gehäkelt.

30. Rd: 4 halbe Stb, 8 halbe Stb überspringen, 4 halbe Stb. = 8 M
31. Rd: Jede 2. M verdoppeln = 12 M
32. Rd: Jede 3. M verdoppeln = 16 M
33. Rd: Jede 8. M verdoppeln = 18 M
34. Rd: 18 halbe Stb
35. Rd: 2x ***7 halbe Stb, 2 M zusammenhäkeln*** = 16 M
36. Rd: 4x ***2 halbe Stb, 2 M zusammenhäkeln*** = 12 M

Die Schwanzflosse mit Füllwatte stopfen.

37. Rd: 4x ***1 halbe Stb, 2 M zusammenhäkeln*** = 8 M

Mit einer Kett-M schließen und den Faden abschneiden.

Für die zweite Schwanzflosse mit Robbe in der 2. M von der ersten Schwanzflosse aus neu ansetzen. 1 Lm und 1 halbe Stb in dieselbe M arbeiten. Nun 7 halbe Stb häkeln und mit einer Kett-M zur Runde schließen. Die entstandene Lücke zwischen den Schwanzflossen kann später mit dem Anfangsfaden geschlossen werden. Die Lücke und den Schwanz mit Füllwatte nachstopfen.

Die zweite Schwanzflosse wie die erste arbeiten. Dafür die Rd 31.–37. wiederholen.

SEITENFLOSSE (2 x)

Mit Robbe und Häkelnadel 3,5 mm 4 Lm häkeln.

und mit einer Kett-M in die erste Lm zum Ring schließen.

1. Rd: 1 Lm, 8 halbe Stb in den Ring häkeln = 8 M
2. Rd: Jede 2. M verdoppeln, indem in jede 2. M 2 M gehäkelt werden = 12 M
3. Rd: Jede 3. M verdoppeln = 16 M
4.–7 Rd: 16 halbe Stb
8. Rd: 4x ***2 halbe Stb, 2 M zusammenhäkeln*** = 12 M
9. Rd: 4x ***1 halbe Stb, 2 M zusammenhäkeln*** = 8 M

Mit einer Kett-M schließen und den Faden lang abschneiden.

SCHNAUZE

Mit Elfenbein und Häkelnadel 3,5 mm 4 Lm häkeln und mit einer Kett-M in die erste Lm zum Ring schließen. Die Schnauze wird mit doppeltem Faden gearbeitet.

1. Rd: 1 Lm, 6 halbe Stb in den Ring häkeln = 6 M
2. Rd: Jede M verdoppeln, indem in jede M 2 M gehäkelt werden = 12 M
3.–4. Rd: 12 halbe Stb
5. Rd: ***6 x 2 M zusammenhäkeln = ***6 M
6. Rd: Jede M verdoppeln, indem in jede M 2 M gehäkelt werden = 12 M
7.–8. Rd: 12 halbe Stb
9. Rd: *** 6 x 2 M zusammenhäkeln = *** 6 M

Mit einer Kett-M beenden und den Faden lang abschneiden. Die Schnauze wird nicht mit Füllwatte gestopft.

BAUCHFLECK

Mit Elfenbein und Häkelnadel 3,5 mm 7 Lm häkeln in Reihen weiterarbeiten.

1. R: Ab der 2. Lm von der Nadel aus 6 halbe Stb häkeln = 6 M
2. R: 1 M verdoppeln, 4 halbe Stb, 1 M verdoppeln = 8 M
3. R: 1 M verdoppeln, 6 halbe Stb, 1 M verdoppeln = 10 M
4. R: 1 M verdoppeln, 8 halbe Stb, 1 M verdoppeln = 12 M
5. R: 1 M verdoppeln, 10 halbe Stb, 1 M verdoppeln = 14 M
6. R: 1 M verdoppeln, 12 halbe Stb, 1 M verdoppeln = 16 M
7.–16. R: 16 halbe Stb
17. R: 2 M zusammenhäkeln, 12 halbe Stb, 2 M zusammenhäkeln = 14 M
18. R: 2 M zusammenhäkeln, 10 halbe Stb, 2 M zusammenhäkeln = 12 M
19. R: 2 M zusammenhäkeln, 8 halbe Stb, 2 M zusammenhäkeln = 10 M
20. R: 2 M zusammenhäkeln, 6 halbe Stb, 2 M zusammenhäkeln = 8 M
21. R: 2 M zusammenhäkeln, 4 halbe Stb, 2 M zusammenhäkeln = 6 M

Den Faden lang abschneiden und für das spätere Annähen hängen lassen.

AUGEN (2 x) UND NASE

Mit Schwarz und Häkelnadel 3,5 mm 3 Lm häkeln. Nun eine Büschelmasche aus 4 Stb arbeiten.

Den Faden lang abschneiden und für das spätere Annähen hängen lassen.

ZU GUTER LETZT

Die Mitte der Schnauze zwischen der 5. und 6. Runde zwei- bis dreimal mit einem Faden in Schwarz umwickeln. Den Anfangs- und Endfaden gut miteinander verknoten. Die Nase annähen und aus 6 Fäden Schwarz, Länge 20 cm, je zwei Barthaarbüschel à 3 Fäden nach 4 cm verknoten. Die Barthaare mit einer Nadel durch die Schnauze ziehen und auf der Rückseite miteinander verknoten. So sieht man auf der Vorderseite nur den Knoten und den Rest-

faden. Die Barthaare auf eine einheitliche Länge stutzen.
Die Schnauze vorne mittig auf dem Kopf annähen. Die Augen anbringen und den Bauchfleck an der gewünschten Stelle fixieren und annähen.
Die beiden Seitenflossen links und rechts am Körper anbringen.

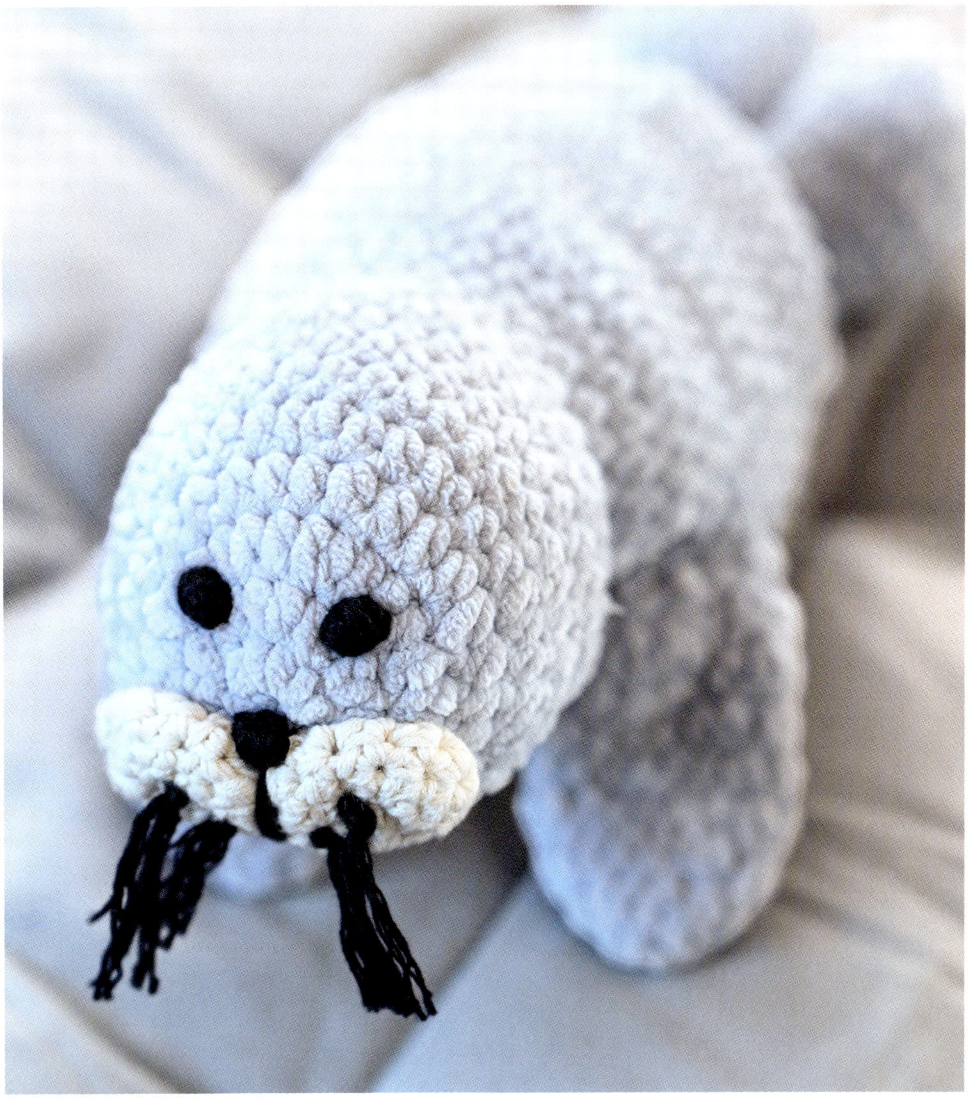

Frosch Fritz

SCHWIERIGKEITSGRAD: MITTEL
GRÖSSE: CA. 30 CM HOCH

MATERIAL:

- Samt (100 % Polyester) von myboshi mit einer Lauflänge von 100 m / 100 g: 100 g in Frosch
- No.2 (85 % Baumwolle, 15 % Kapok) von myboshi mit einer Lauflänge von 100 m / 50 g: 50 g in Weiß und je ein Rest Löwenzahn, Limettengrün und Schwarz
- 1 Paar schwarze Sicherheitsaugen mit einem Durchmesser von 10 mm
- ca. 200 g Füllwatte
- Stecknadeln oder Maschenmarkierer
- 1 Häkelnadel 5 mm und 3,5 mm

GRUNDMUSTER FESTE MASCHEN:

- In Rd und R fM oder wie angegeben häkeln. Die Maschen möglichst fest häkeln, damit die Füllwatte nicht herausschaut. Wenn nötig, die Nadelstärke entsprechend anpassen.
- R: Jede R mit einer Wende-Lm beginnen. Die Wende-Lm ersetzt nicht die 1. M und wird zusätzlich zur M-Zahl gehäkelt.
- Spiral-Rd: Die Rd werden endlos gehäkelt und weder mit einer Steige-Lm begonnen noch geschlossen.

BEINE (2 x)

Mit Frosch und Nadel 5 mm 6 Lm anschlagen. In der 2. M von der Nadel aus wie folgt beginnen:

1. Rd: 4 fM, 3 fM in eine M

Nun weiter auf der gegenüberliegenden Seite der Lm-Kette entlang zurück:

3 fM, 2 fM in 1 M = 12 M
2. Rd: 12 fM
3. Rd: 3x ***2 fM, 2 fM zusammenhäkeln*** = 9 M
4. Rd: 9 fM
5. Rd: 3x ***1 fM, 2 fM zusammenhäkeln*** = 6 M
6.–20. Rd: 6 fM

Die Beine mit Füllwatte stopfen. Die Öffnung flach zusammendrücken und mit 3 fM zusammenhäkeln. So entsteht eine glatte Kante. Den Faden abschneiden und den Restfaden für späteres Annähen hängen lassen.

ARME (2 x)

Mit Frosch und Nadel 5 mm 6 Lm anschlagen. In der 2. M von der Nadel aus wie folgt beginnen:

1. Rd: 4 fM, 3 fM in 1 M

Nun weiter auf der gegenüberliegenden Seite der Lm-Kette entlang zurück:

3 fM, 2 fM in 1 M = 12 M
2. Rd: 12 fM
3. Rd: 3x ***2 fM, 2 fM zusammen häkeln*** = 9 M

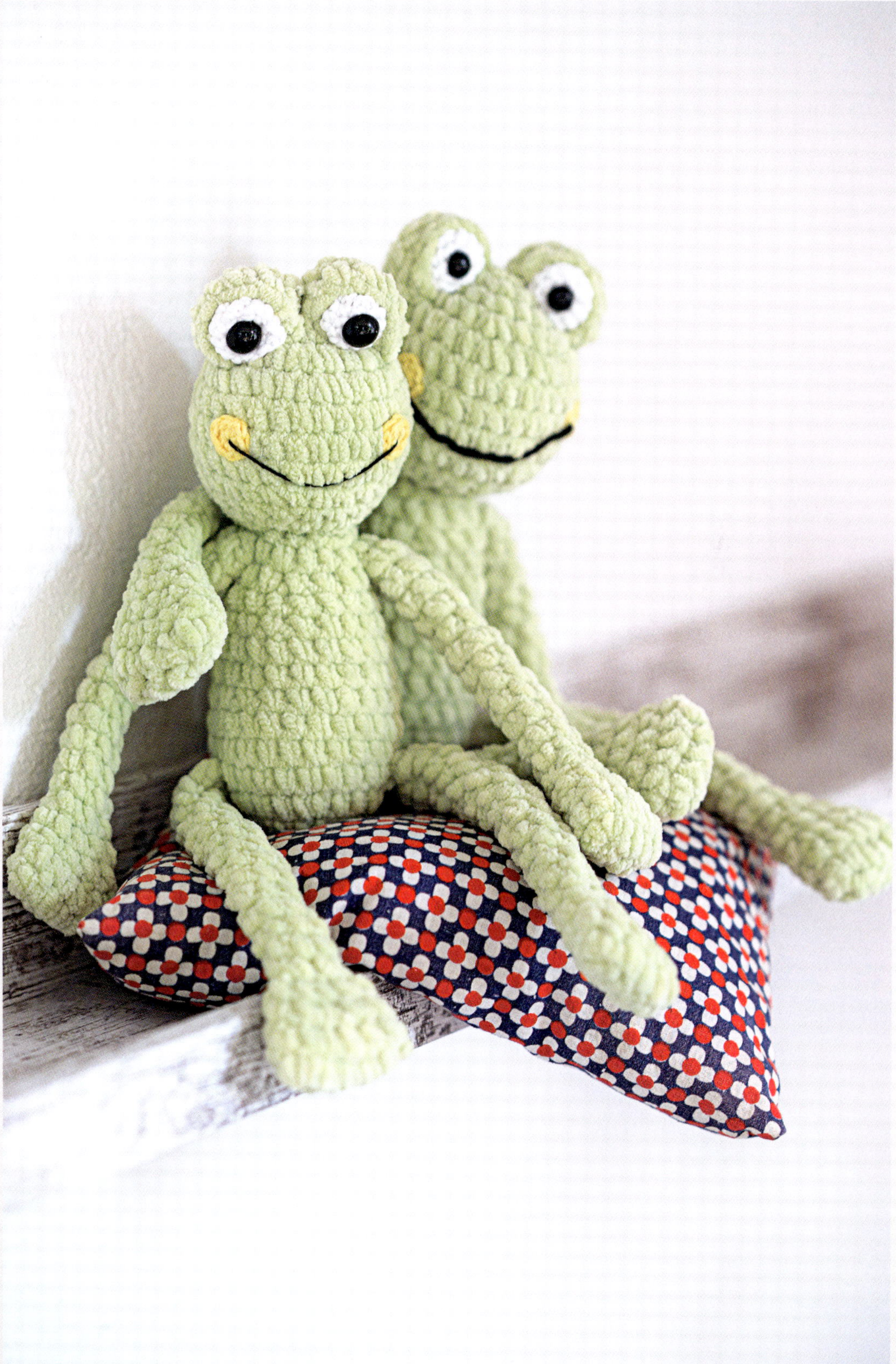

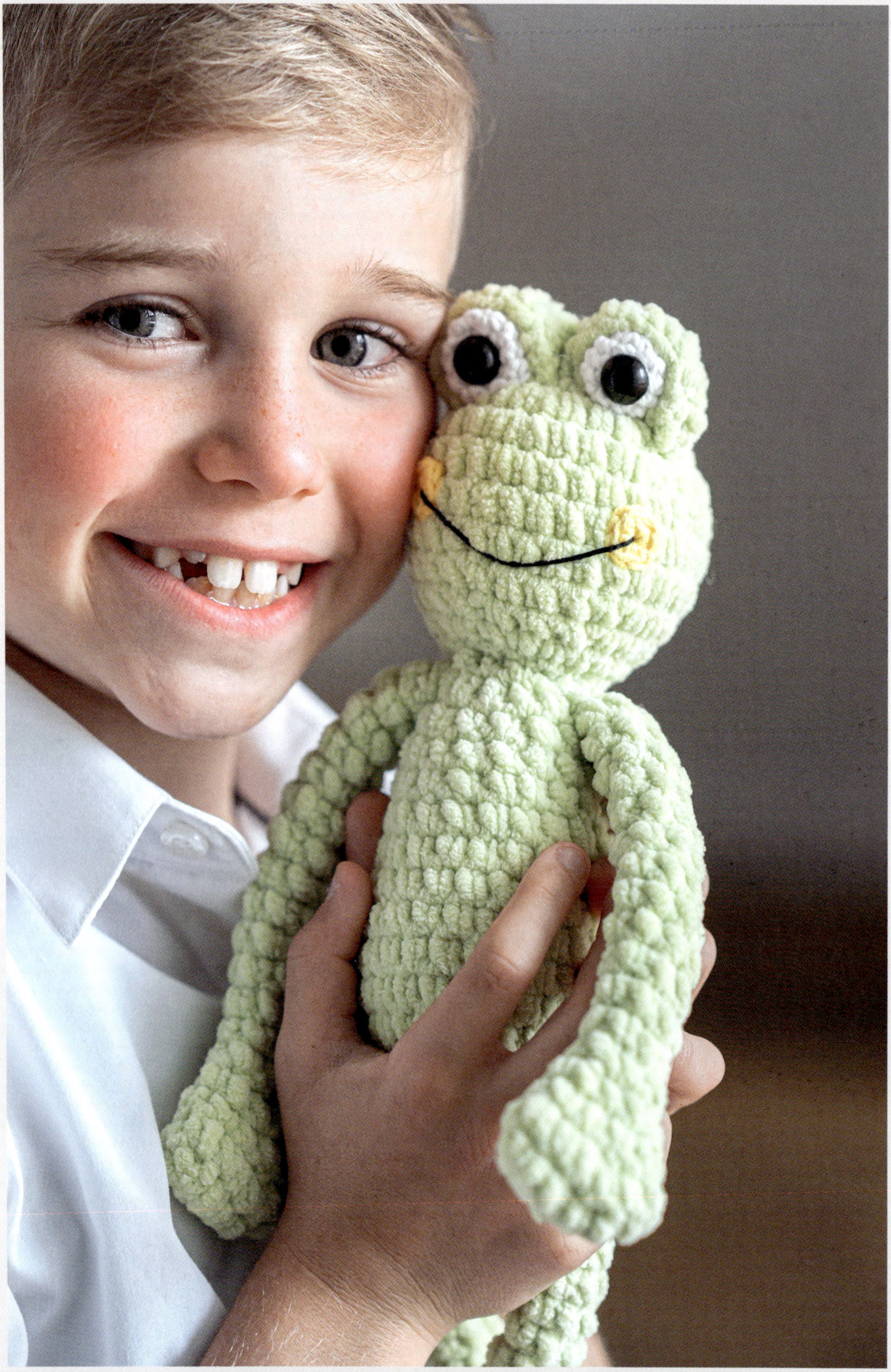

4. Rd: 9 fM
5. Rd: 3x ***1 fM, 2 fM zusammenhäkeln*** = 6 M
6.–17. Rd: 6 fM

Die Arme mit Füllwatte stopfen. Die Öffnung flach zusammendrücken und mit 3 fM zusammenhäkeln. So entsteht eine glatte Kante. Den Faden abschneiden und den Restfaden für späteres Annähen hängen lassen.

MUNDWINKEL (2 x)

Mit Löwenzahn und Häkelnadel 3,5 mm in einen flexiblen Fadenring 8 fM häkeln.
Mit einer Kett-M beenden und den Fadenring vorsichtig zuziehen. Den Faden mit 20 cm Länge abschneiden.

AUGEN (2 x)

Mit Weiß und Häkelnadel 3,5 mm in einen flexiblen Fadenring 6 fM häkeln.

1. Rd: Jede M verdoppeln, indem in jede M 2 M gehäkelt werden = 12 M
2. Rd: Jede 4. M verdoppeln = 15 M
3.–4. Rd: 15 fM
5. Rd: 3x ***3 fM, 2 fM zusammen häkeln*** = 12 M

Den Faden abschneiden und den Restfaden für späteres Annähen hängen lassen.

Die Sicherheitsaugen zwischen der 4. und 5. Runde befestigen und die Augen mit Füllwatte ausstopfen.

AUGENLID (2 x)

Die Augenlider werden in Reihe gearbeitet. Mit Frosch und Nadel 5 mm 7 Lm + 1 Wende-Lm anschlagen. In der 2. M von der Nadel aus beginnen und nach jeder R wenden:

1. R: 7 fM, 1 Wende-Lm = 7 M
2. R: 1 M überspringen, 6 fM, 1 Wende-Lm = 6 M
3. R: 1 M überspringen, 5 fM, 1 Wende-Lm = 5 M
4. R: 1 M überspringen, 4 fM, 1 Wende-Lm = 4 M
5. R: 1 M überspringen, 3 fM = 3 M

Faden abschneiden und für das spätere Annähen hängen lassen.

KÖRPER

Der Körper wird in Runden gearbeitet. Mit Frosch und Nadel 5 mm 2 Lm häkeln.

1. Rd: 6 fM in die erste Lm häkeln = 6 M
2. Rd: Jede M verdoppeln, indem in jede M 2 M gehäkelt werden = 12 M
3. Rd: Jede 2. M verdoppeln = 18 M
4. Rd: Jede 3. M verdoppeln = 24 M

In der folgenden Runde werden die Beine direkt an den Körper angehäkelt.

5 Rd: 4 fM, 3 fM durch Bein und Körper, 9 fM, 3 fM durch Bein und Körper, 5 fM = 24 M

Die 2 Fäden der Beine direkt im Inneren des Körpers vernähen und verknoten.

6.–7. Rd: 24 fM
8. Rd: 3x ***6 fM, 2 fM zusammenhäkeln*** = 21 M
9.–10. Rd: 21 M
11. Rd: 3x ***5 fM, 2 fM zusammenhäkeln*** = 18 M
12. Rd: 18 fM
13. Rd: 3x ***4 fM, 2 fM zusammenhäkeln*** = 15 M

In der folgenden Runde werden die Arme direkt an den Körper angehäkelt.

14. Rd: 4 fM, 3 fM durch Arm und Körper, 5 fM, 3 fM durch Arm und Körper = 15 M
Die 2 Fäden der Arme direkt im Inneren des Körpers vernähen und verknoten.
15. Rd: 3x ***3 fM, 2 fM zusammen häkeln*** = 12 M

Den Faden abschneiden und den Körper mit Füllwatte ausstopfen.

KOPF

Der Kopf wird in Runden gearbeitet. Mit Frosch und Nadel 5 mm 2 Lm häkeln.

1. Rd: 6 fM in die1. LM häkeln = 6 M
2. Rd: Jede M verdoppeln, indem in jede M 2 M gehäkelt werden = 12 M
3. Rd: Jede 2. M verdoppeln = 18 M
4. Rd: Jede 3. M verdoppeln = 24 M
5. Rd: Jede 4. M verdoppeln = 30 M
6.–8. Rd: 30 fM
9. Rd: 6x ***3 fM, 2 fM zusammenhäkeln*** = 24 M
10. Rd: 6x ***2 fM, 2 fM zusammenhäkeln*** = 18 M

Nun das Gesicht einarbeiten. Mithilfe der Stecknadeln die gewünschte Position der Augen und Augenlider vorab bestimmen. Zuerst die Augen am Kopf annähen und die Fäden im Inneren des Kopfes fest miteinander verknoten. Nun die Augenlider über das Auge legen und mit Limettengrün annähen. Die Restfäden der Augenlider sowie die Fäden zum Annähen im Inneren des Kopfes fest miteinander verknoten.
Zum Schluss noch die Mundwinkel annähen und den Mund mit Schwarz aufsticken.

11. Rd: 18 fM
12. Rd: 6x ***1 fM, 2fM zusammenhäkeln*** = 12 M

Den Faden abschneiden und den Kopf mit Füllwatte ausstopfen.

ZU GUTER LETZT

Die Restfäden des Körpers sowie des Kopfes vernähen und abschneiden. Den Kopf mit Stecknadeln am Körper fixieren und an den Körper nähen. Nun den Faden verknoten und ins Innere des Kuscheltieres ziehen.

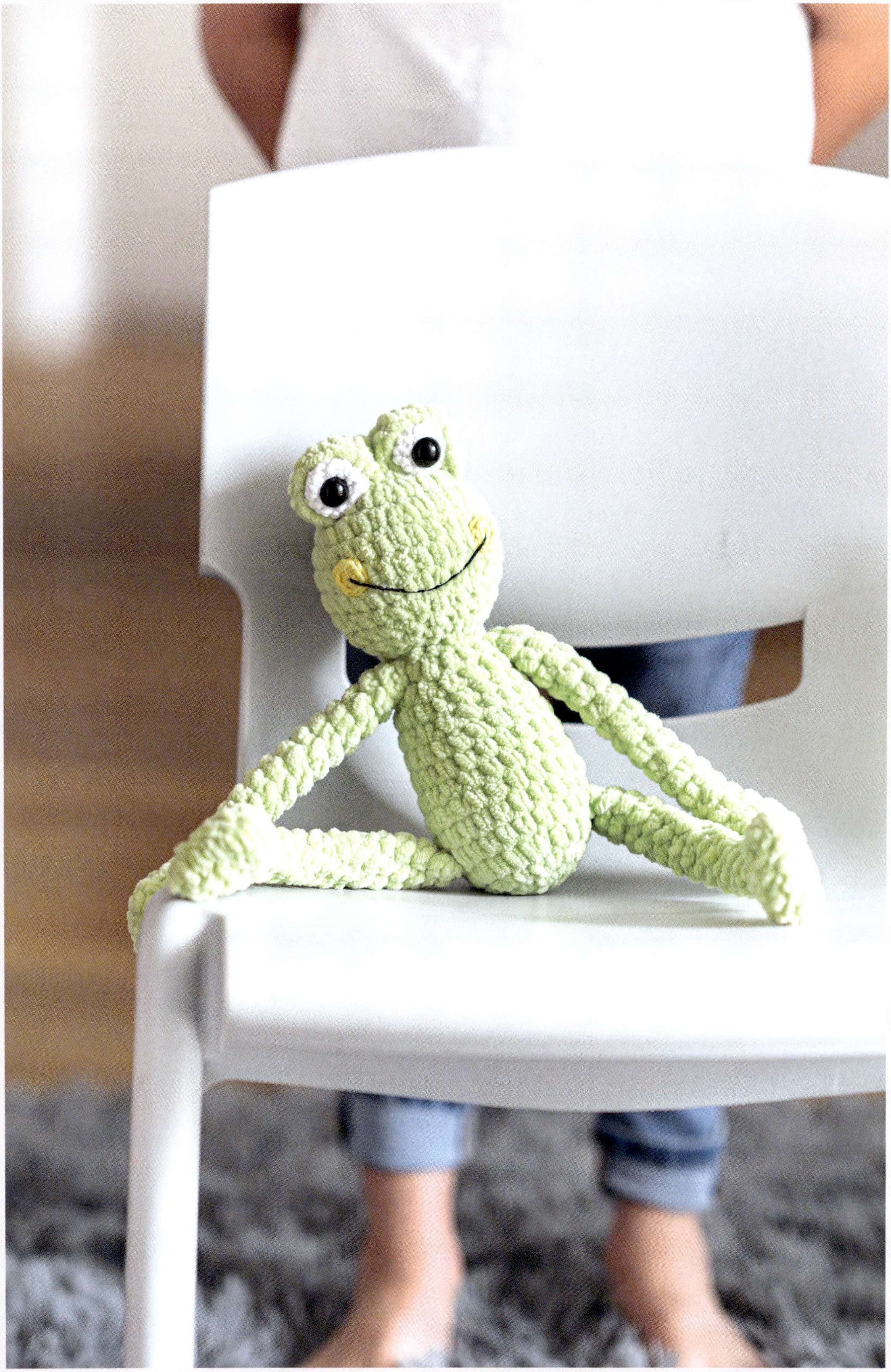

Hase Hanna

SCHWIERIGKEITSGRAD: LEICHT
GRÖSSE: CA. 30 CM HOCH

MATERIAL:

- Samt (100 % Polyester) von myboshi mit einer Lauflänge von 100 m / 100 g: 200 g in Hase
- 50/50 (50 % Baumwolle, 50 % Merinowolle) von myboshi mit einer Lauflänge von 110 m / 50 g: je ca. 50 g oder einen Rest in Silber, Rose und Schwarz.
- oder einen Garnrest in Schwarz
- ca. 200 g Füllwatte
- Stecknadeln oder Maschenmarkierer
- 1 Häkelnadel 3,5 mm

GRUNDMUSTER FESTE MASCHEN:

- In Rd und R fM oder wie angegeben häkeln. Die Maschen möglichst fest häkeln, damit die Füllwatte nicht herausschaut. Wenn nötig, die Nadelstärke entsprechend anpassen.
- R: Jede R mit einer Wende-Lm beginnen. Die Wende-Lm ersetzt nicht die 1. M und wird zusätzlich zur M-Zahl gehäkelt.
- Spiral-Rd: Die Rd werden endlos gehäkelt und weder mit einer Steige-Lm begonnen noch geschlossen.

BEINE (2 x)

Mit Hase und Häkelnadel 3,5 mm 2 Lm anschl.

1. Rd: 6 fM in die erste Lm = 6 M
2. Rd: Jede 2. M verdoppeln, indem in jede 2 M 2 M gehäkelt werden = 9 M
3. Rd: Jede 3. M verdoppeln = 12 M
4. Rd: Jede 4. M verdoppeln = 15 M
5.–9. Rd: 15 fM

Mit einer Kett-M schließen und den Faden lang abschneiden. Das zweite Bein ebenso häkeln, aber den Faden nicht abschneiden.

Nun werden beide Beine miteinander verbunden und der Körper angehäkelt. Die Beine wie folgt miteinander verbinden:

3 Lm, 15 fM um das erste Bein, 1 fM in jede Lm, 15 fM und das zweite Bein, 1 fM in jede Lm = 36 M (1)

Den Rundenanfang an der Seite markieren.

KÖRPER

Mit Hase weiterhäkeln.

1.–3. Rd: 36 fM
4. Rd: 3x ***2 M zusammenhäkeln, 10 fM*** = 33 M
5.–6. Rd: 33 fM
7. Rd: 3x ***2 M zusammenhäkeln, 9 fM*** = 30 M
8.–9. Rd: 30 fM
10. Rd: 3x ***2 M zusammenhäkeln, 8 fM*** = 27 M

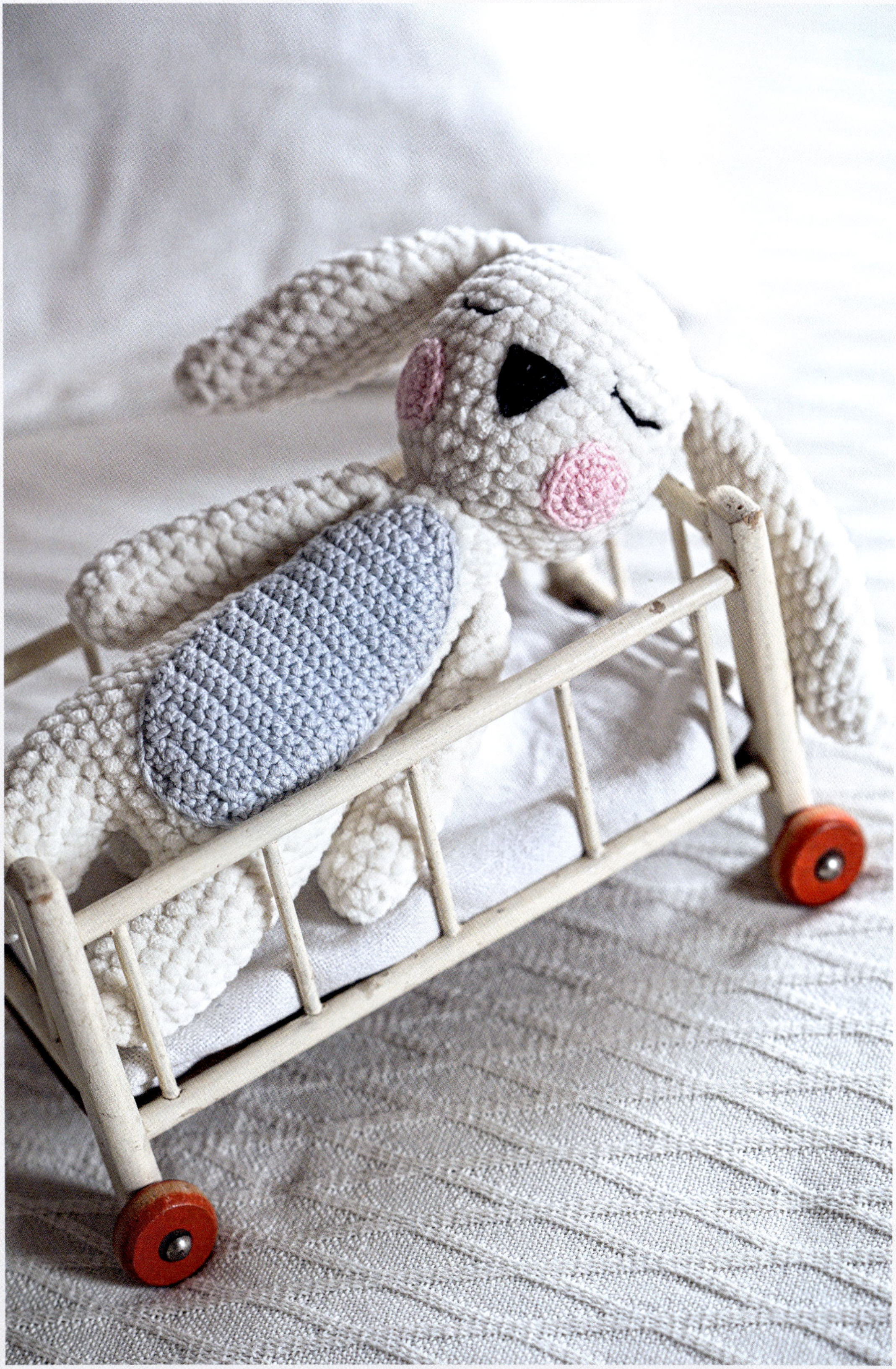

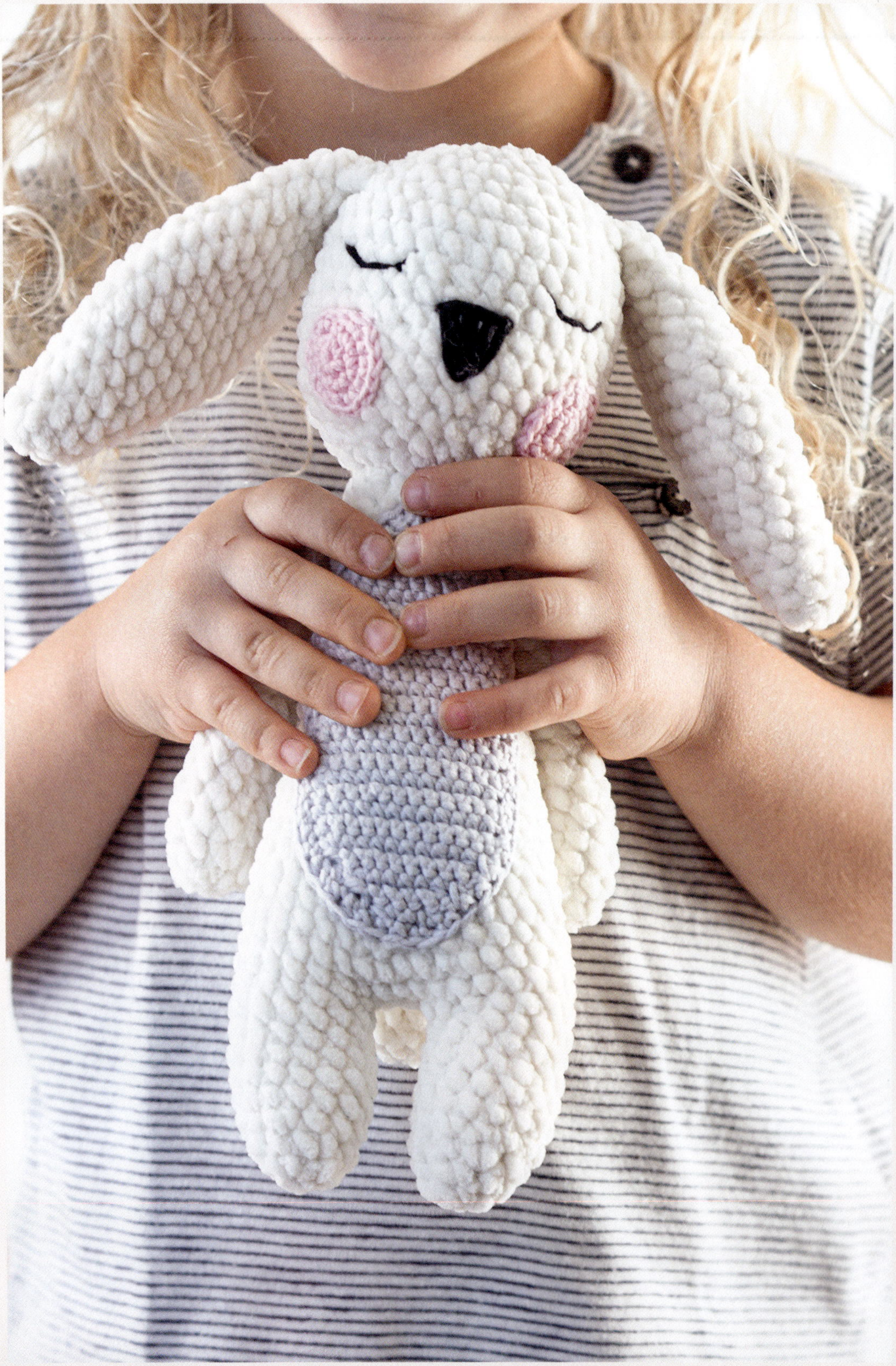

Mit dem Stopfen beginnen. Nach und nach Füllwatte in die Beine füllen. Im weiteren Verlauf immer weiter ausstopfen und formen.

11.–12. Rd: 27 fM
13. Rd: 3x ***2 M zusammenhäkeln, 7 fM*** = 24 M
14.–15. Rd: 24 fM
16. Rd: 3x ***2 M zusammenhäkeln, 6 fM*** = 21 M
17.–18. Rd: 21 fM
19. Rd: 3x ***2 M zusammenhäkeln, 5 fM*** = 18 M
20.–21. Rd: 18 fM
22. Rd: 3x ***2 M zusammenhäkeln, 4 fM*** = 15 M
23. Rd: 15 fM

Mit einer Kett-M schließen und den Faden lang abschneiden. Weiter mit Füllwatte stopfen. (2)

KOPF

Mit Hase 2 Lm häkeln.

1. Rd: 6 fM in die erste Lm = 6 M
2. Rd: Jede M verdoppeln, indem in jede M 2 M gehäkelt werden = 12 M
3. Rd: Jede 2. M verdoppeln = 18 M
4. Rd: Jede 3. M verdoppeln = 24 M
5. Rd: Jede 4. M verdoppeln = 30 M
6. Rd: Jede 5. M verdoppeln = 36 M
7.–14. Rd: 36 fM

Den Kopf mit Füllwatte stopfen und formen. Nach und nach mehr Füllwatte zugeben.

15. Rd: 6x ***2 M zusammenhäkeln, 4 fM*** = 30 M
16. Rd: 6x ***2 M zusammenhäkeln 3 fM*** = 24 M
17. Rd: 6x ***2 M zusammenhäkeln, 2 fM*** = 18 M

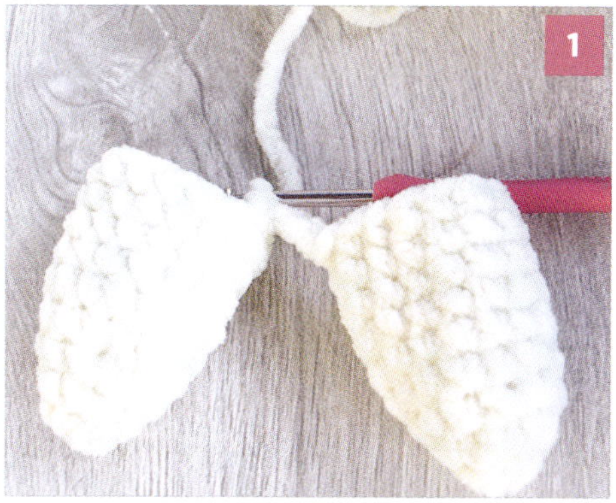
1

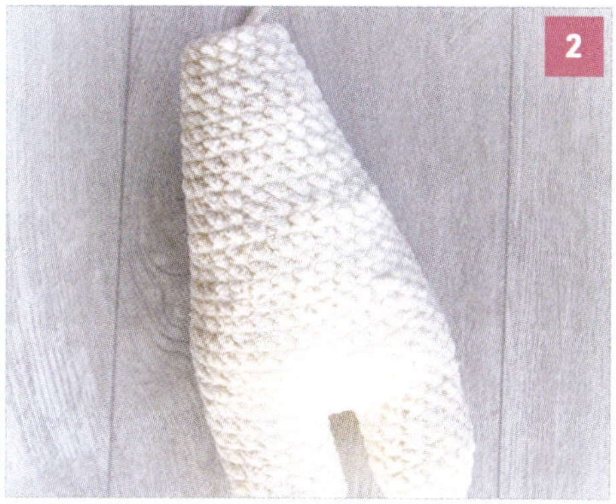
2

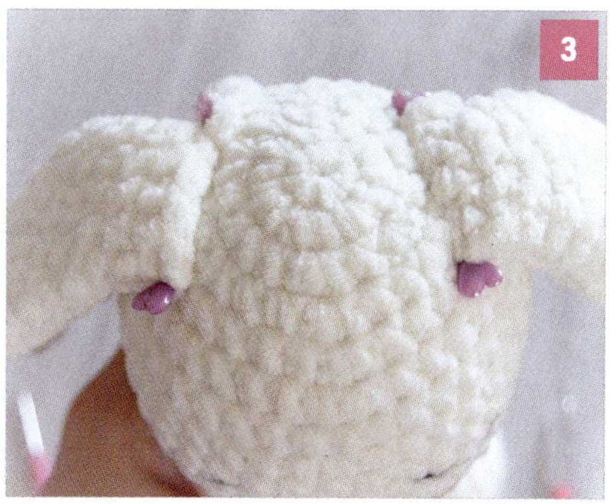
3

18. Rd: 6x ***2 M zusammenhäkeln, 1 fM*** = 12 M
19. Rd: 6x 2 M zusammenhäkeln = 6 M

Mit einer Kett-M schließen und den Faden lang abschneiden.

Den Kopf auf den Körper nähen. Dabei ggf. noch einmal Füllwatte nachstopfen

OHREN (2 x)

Mit Hase 2 Lm häkeln.

1. Rd: 6 fM in die erste Lm = 6 M
2. Rd: Jede 2. M verdoppeln, indem in jede 2 M 2 M gehäkelt werden = 9 M
3. Rd: 9 fM
4. Rd: Jede 3. M verdoppeln = 12 M
5. Rd: 12 fM
6. Rd: Jede 4. M verdoppeln = 15 M
7. Rd: 15 fM
8. Rd: Jede 5. M verdoppeln = 18 M
9.–13. Rd: 18 fM
14. Rd: 3x ***2 M zusammenhäkeln, 4 fM*** = 15 M
15. Rd: 15 fM
16. Rd: 3x ***2 M zusammenhäkeln, 3 fM*** = 12 M
17. Rd: 12 fM
18. Rd: 2x ***M zusammenhäkeln, 2 fM*** = 9 M
19. Rd: 9 fM

Mit einer Kett-M schließen. Die Ohren werden nicht mit Füllwatte gestopft. Die Öffnung zusammendrücken und mit 4 fM zusammenhäkeln, um eine gerade Kante zu erhalten. Den Faden lang abschneiden. Das zweite Ohr ebenso arbeiten und die Ohren in Höhe der 4./5. Runde des Kopfes annähen. (3)

ARME (2 x)

Mit Hase 2 Lm häkeln

1. Rd: 6 fM in die erste Lm = 6 M
2. Rd: Jede M verdoppeln, indem in jede M 2 M gehäkelt werden = 12 M
3.–17. Rd: 12 fM

Mit einer Kett-M schließen. Die Arme werden nicht mit Füllwatte gestopft. Die Öffnung zusammendrücken und mit 4 fM zusammenhäkeln, um eine gerade Kante zu erhalten. Den Faden lang abschneiden. Den zweiten Arm ebenso arbeiten. Die Arme 2 Runden unterhalb des Kopfes am Körper annähen. (4)

SCHWÄNZCHEN

Mit Hase 2 Lm häkeln.

1. Rd: 6 fM in die erste Lm = 6 M
2. Rd: Jede M verdoppeln, indem in jede M 2 M gehäkelt werden = 12 M
3. Rd: Jede 2. M verdoppeln = 18 M
4.–6. Rd: 18 fM
7. Rd: 6x ***2 M zusammenhäkeln, 1 fM*** = 12 M

Mit einer Kett-M schließen und den Faden lang abschneiden. Mit Füllwatte stopfen und das Schwänzchen an den Po des Hasen nähen. (5)

BAUCH

Mit Silber 3 Lm und eine Wende-Lm häkeln und in Reihen weiterarbeiten.

1. R: Ab der 2. Lm von der Nadel aus 3 fM häkeln = 3 M
2. R: 1 M verdoppeln, 1 fM, 1 M verdoppeln = 5 M
3. R: 1 M verdoppeln, 3 fM, 1 M verdoppeln = 7 M
4. R: 1 M verdoppeln, 5 fM, 1 M verdoppeln = 9 M

5. R: 1 M verdoppeln, 7 fM, 1 M verdoppeln = 11 M
6. R: 1 M verdoppeln, 9 fM, 1 M verdoppeln = 13 M
7.–21. R: 13 fM
22. R: 2 M zusammenhäkeln, 9 fM, 2 M zusammenhäkeln = 11 M
23. R: 2 M zusammenhäkeln, 7 fM, 2 M zusammenhäkeln = 9 M
24. R: 2 M zusammenhäkeln, 5 fM, 2 M zusammenhäkeln = 7 M
25. R: 2 M zusammenhäkeln, 3 fM, 2 M zusammenhäkeln = 5 M
26. R: 2 M zusammenhäkeln, 1 fM, 2 M zusammenhäkeln = 3 M

1 Lm häkeln und den Bauch mit fM umhäkeln. Mit einer Kett-M schließen und den Faden lang abschneiden. Den Bauch mittig auf den Körper nähen. (6)

BÄCKCHEN (2 x)

Mit Rosa in einen flexiblen Fadenring 6 fM häkeln.

1. Rd: Jede M verdoppeln, indem in jede M 2 M gehäkelt werden = 12 M
2. Rd: Jede 2. M verdoppeln = 18 M

Mit einer Kett-M schließen und den Faden lang abschneiden.

ZU GUTER LETZT

Mit Schwarz Augen und Nase aufsticken. Dabei darauf achten, dass die Augen mit einem Abstand von 5 M in Höhe der 9. Runde sitzen. Die Nase wird mittig, eine Runde unterhalb der Augen, aufgebracht. (7)

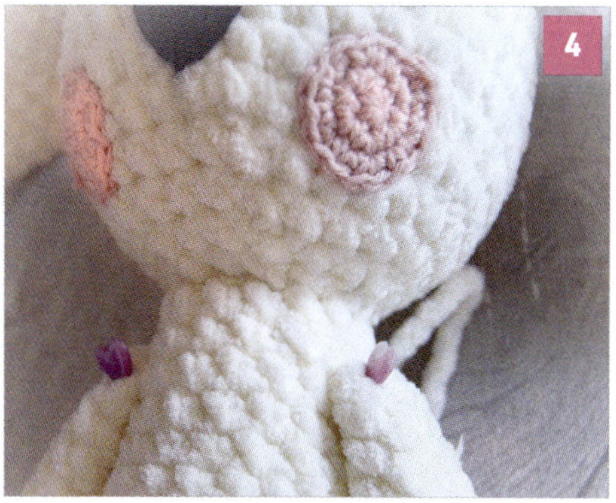

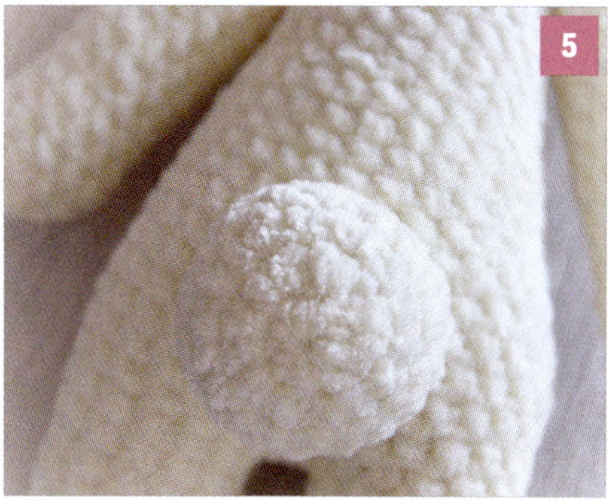

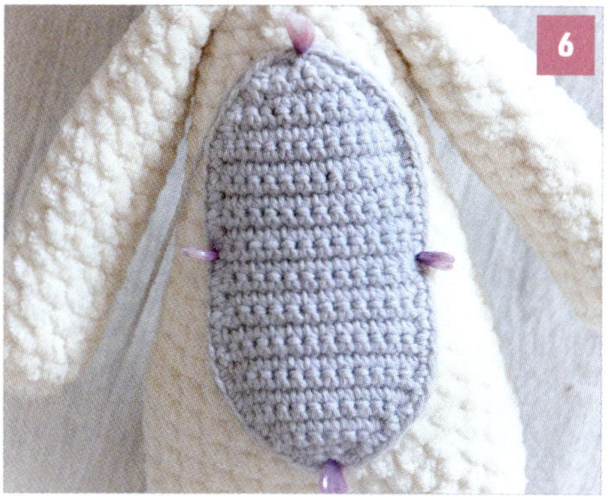

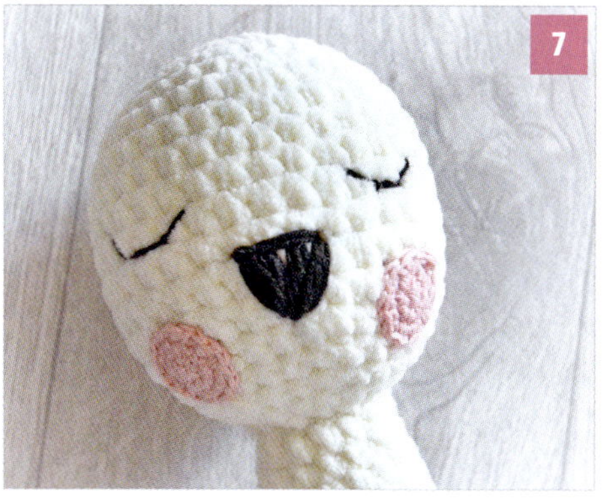

Flamingo Frieda

SCHWIERIGKEITSGRAD: LEICHT
GRÖSSE: CA. 25 CM HOCH

MATERIAL:

- Samt (100 % Polyester) von myboshi mit einer Lauflänge von 100 m / 100 g: 300 g in Flamingo
- No.2 (85 % Baumwolle, 15 % Kapok) von myboshi mit einer Lauflänge von 100 m / 50 g: je 50 g in Schwarz und Rouge
- 1 Paar schwarze Sicherheitsaugen mit einem Durchmesser von 11 mm
- ca. 200 g Füllwatte
- Basteldraht, Durchmesser 2 mm, Länge ca. 40 cm
- Stecknadeln oder Maschenmarkierer
- 1 Häkelnadel 5 mm und 3 mm

GRUNDMUSTER FESTE MASCHEN:

- In Rd und R fM oder wie angegeben häkeln. Die Maschen möglichst fest häkeln, damit die Füllwatte nicht herausschaut. Wenn nötig, die Nadelstärke entsprechend anpassen.
- R: Jede R mit einer Wende-Lm beginnen. Die Wende-Lm ersetzt nicht die 1. M und wird zusätzlich zur M-Zahl gehäkelt.
- Spiral-Rd: Die Rd werden endlos gehäkelt und weder mit einer Steige-Lm begonnen noch geschlossen.

KOPF MIT HALS

Mit Flamingo und Häkelnadel 5 mm in einen flexiblen Fadenring 6 fM häkeln.

1. Rd: Jede M verdoppeln, indem in jede M 2 M gehäkelt werden = 12 M
2. Rd: Jede 2. M verdoppeln = 18 M
3. Rd: Jede 3. M verdoppeln = 24 M
4. Rd: Jede 4. M verdoppeln = 30 M
5. Rd: Jede 5. M verdoppeln = 36 M
6. Rd: Jede 6. M verdoppeln = 42 M
7. Rd: Jede 7. M verdoppeln = 48 M
8.–14. Rd: 48 fM
15. Rd: 6x ***6 fM, 2 M zusammenhäkeln*** = 42 M
16. Rd: 6x ***5 fM, 2 M zusammenhäkeln*** = 36 M
17. Rd: 6x ***4 fM, 2 M zusammenhäkeln*** = 30 M

Die Sicherheitsaugen auf Höhe der 10. Runde einsetzen, dabei zwischen den Augen etwa 6 Maschen Abstand lassen.

18. Rd: 6x ***3 fM, 2 M zusammenhäkeln*** = 24 M
19. Rd: 6x ***2 fM, 2 M zusammenhäkeln*** = 18 M

Nun mit dem Stopfen mit Füllwatte des Kopfes beginnen. In den folgenden Runden immer weiter stopfen und nach und nach den Kopf formen.

20. Rd: 6x ***1 fM, 2 M zusammenhäkeln*** = 12 M
21. Rd: 6x ***4 fM, 2 M zusammenhäkeln*** = 10 M

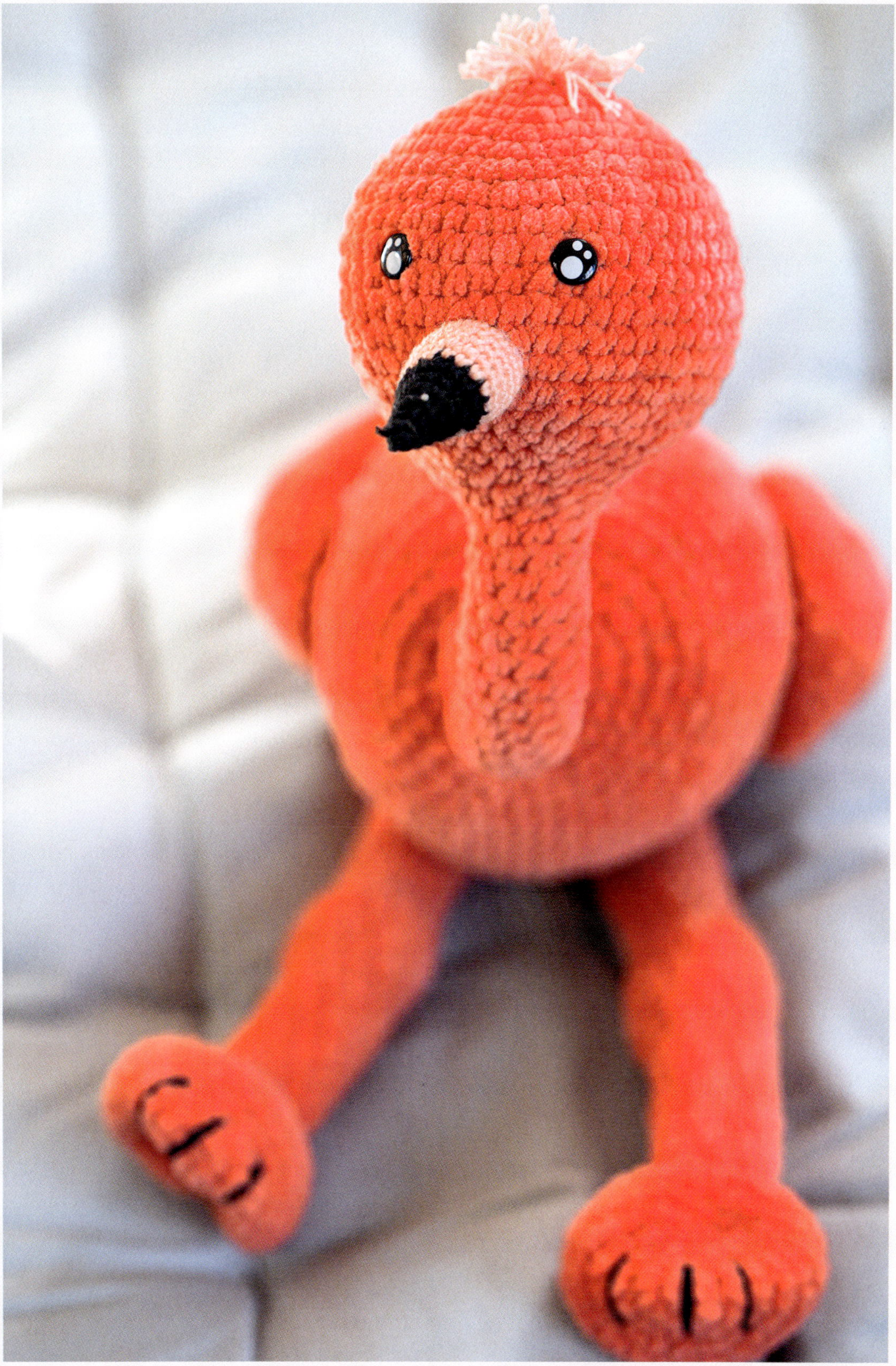

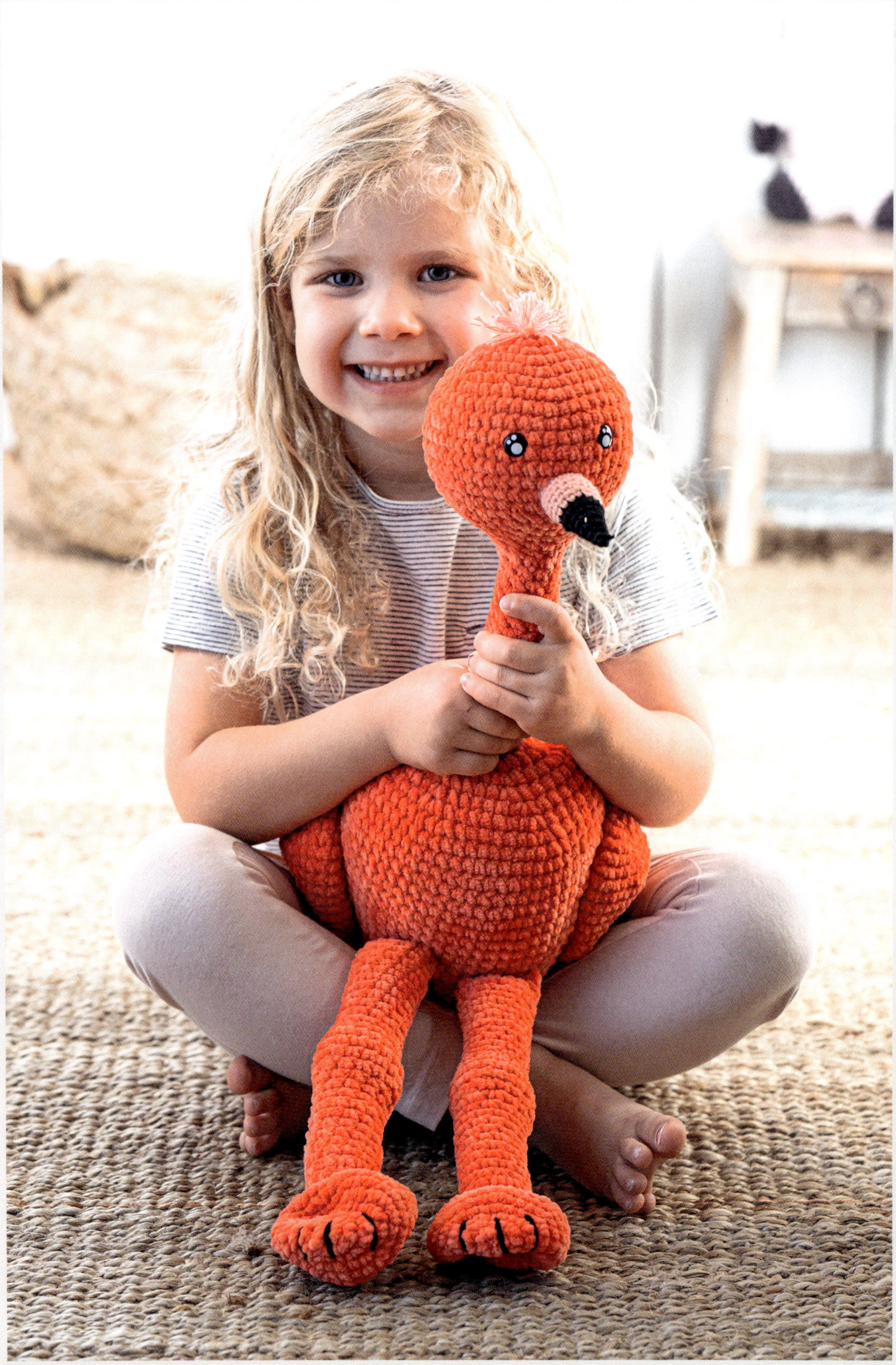

Nun den Draht einsetzen. Diesen dafür in der Hälfte biegen. Die Seite mit der Rundung erneut um 90 Grad umbiegen und in den Kopf stecken. In den folgenden Runden wird um den restlichen Draht herumgehäkelt.

22.-44.Rd: 10 fM

Die letzte Runde mit einer Kett-M beenden und den Faden lang abschneiden.

KÖRPER

Mit Flamingo und Häkelnadel 5 mm in einen flexiblen Fadenring 6 fM häkeln.

1. Rd: Jede M verdoppeln, indem in jede M 2 M gehäkelt werden = 12 M
2. Rd: Jede 2. M verdoppeln = 18 M
3. Rd: Jede 3. M verdoppeln = 24 M
4. Rd: Jede 4. M verdoppeln = 30 M
5. Rd: Jede 5. M verdoppeln = 36 M
6. Rd: Jede 6. M verdoppeln = 42 M
7. Rd: Jede 7. M verdoppeln = 48 M
8. Rd: Jede 8. M verdoppeln = 54 M
9. Rd: Jede 9. M verdoppeln = 60 M
10.-19. Rd: 60 fM
20. Rd: 6x ***8 fM, 2 M zusammenhäkeln*** = 54 M
21.-22. Rd: 54 fM
23. Rd: 6x ***7 fM, 2 M zusammenhäkeln*** = 48 M
24.-25. Rd: 48 fM
26. Rd: 6x ***6 fM, 2 M zusammenhäkeln*** = 42 M
27.-28. Rd: 42 fM
29. Rd: 6x ***5 fM, 2 M zusammenhäkeln*** = 36 M
30. Rd: 36 fM
31. Rd: 6x ***4 fM, 2 M zusammenhäkeln*** = 30 M
32. Rd: 30 fM
33. Rd: 6x ***3 fM, 2 M zusammenhäkeln*** = 24 M
34. Rd: 24 fM
35. Rd: 6x ***2 fM, 2 M zusammenhäkeln*** = 18 M
36. Rd: 18 fM

Nun mit dem Stopfen mit Füllwatte des Körpers beginnen. In den folgenden Runden immer weiter stopfen und nach und nach den Körper formen.

37. Rd: 6x ***1 fM, 2 M zusammenhäkeln*** = 12 M
38. Rd: 12 fM
39. Rd: 6x ***2 M zusammenhäkeln*** = 6 M
40. Rd: 6 fM

Die letzte Runde mit einer Kett-M beenden und den Faden lang abschneiden.

FLÜGEL (2 x)

Mit Flamingo und Häkelnadel 5 mm in einen flexiblen Fadenring 6 fM häkeln.

1. Rd: Jede M verdoppeln, indem in jede M 2 M gehäkelt werden = 12 M
2. Rd: Jede 2. M verdoppeln = 18 M
3. Rd: Jede 3. M verdoppeln = 24 M
4. Rd: Jede 4. M verdoppeln = 30 M
5. Rd: Jede 5. M verdoppeln = 36 M
6.-10. Rd: 36 fM
11. Rd: 6x ***4 fM, 2 M zusammenhäkeln*** = 30 M
12.-13. Rd: 30 fM
14. Rd: 6x ***3 fM, 2 M zusammenhäkeln*** = 24 M
15.-16. Rd: 24 fM
17. Rd: 6x ***2 fM, 2 M zusammenhäkeln*** = 18 M
18.-19. Rd: 18 fM
20. Rd: 6x ***1 fM, 2 M zusammenhäkeln*** = 12 M
21.-22. Rd: 12 fM
23. Rd: 6x ***2 M zusammenhäkeln*** = 6 M
24.-25.Rd: 6 fM

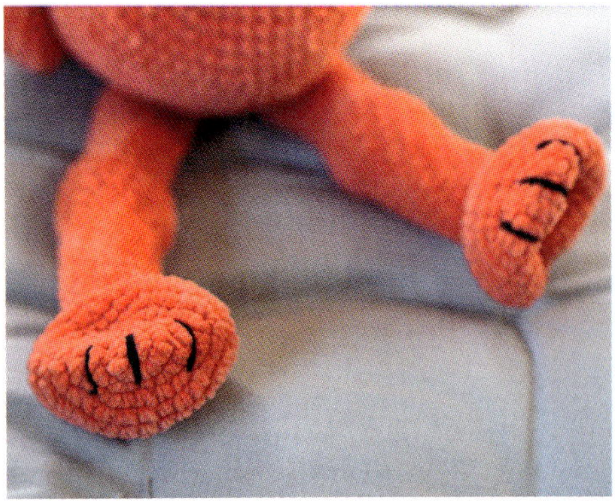

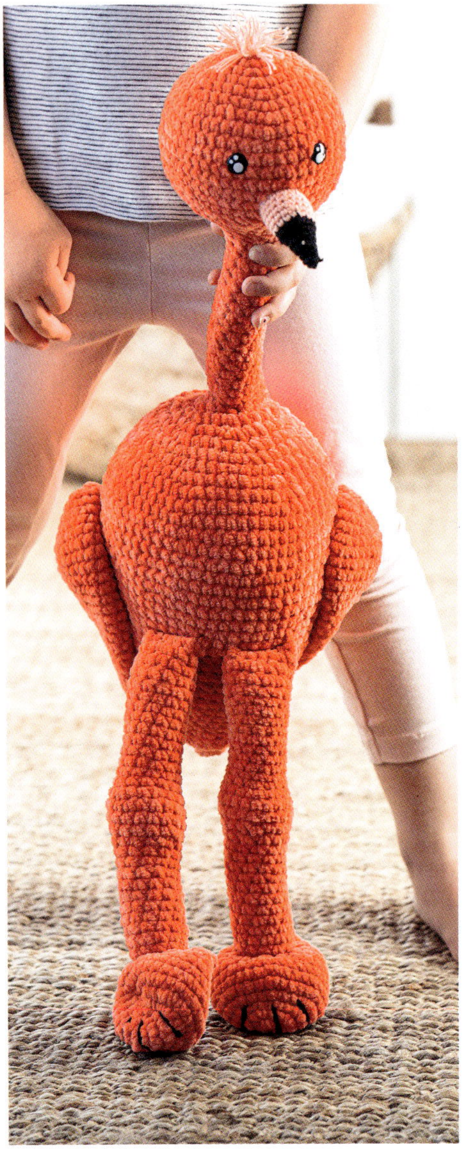

Die letzte Runde mit einer Kett-M beenden und den Faden sehr lang abschneiden.

FÜSSE (2 x)

Mit Flamingo und Häkelnadel 5 mm in einen flexiblen Fadenring 6 fM häkeln.

1. Rd: Jede M verdoppeln, indem in jede M 2 M gehäkelt werden = 12 M
2. Rd: Jede 2. M verdoppeln = 18 M
3. Rd: Jede 3. M verdoppeln = 24 M
4. Rd: Jede 4. M verdoppeln = 30 M
5.–9. Rd: 30 fM
10. Rd: 6x ***3 fM, 2 M zusammenhäkeln*** = 24 M
11. Rd: 6x ***2 fM, 2 M zusammenhäkeln*** = 18 M
12. Rd: 6x ***1 fM, 2 M zusammenhäkeln*** = 12 M

Die Füße werden nicht gestopft. Die Öffnung zusammendrücken und mit 6 fM verschließen. Mit einer Kett-M beenden, den Faden abschneiden und vernähen.

BEINE (2 x)

Mit Flamingo und Nadel 5 mm 12 Lm anschlagen und mit einer Kett-M zur Runde schließen. Den Anfangsfaden für das spätere Annähen dabei lang lassen.

1.–12. Rd: 12 fM
13. Rd: Jede 4. M verdoppeln = 15 M
14. Rd: Jede 5. M verdoppeln = 18 M
15.–16. Rd: 18 fM
17. Rd: 3x ***4 fM, 2 M zusammenhäkeln*** = 15 M
18. Rd: 3x ***3 fM, 2 M zusammenhäkeln*** = 12 M
19.–20. Rd: 12 fM

Die letzte Runde mit einer Kett-M beenden und den Faden lang abschneiden.

SCHNABEL

Mit Schwarz und Häkelnadel 3 mm in einen flexiblen Fadenring 4 fM häkeln.

1. Rd: 4 fM
2. Rd: Jede 2. M verdoppeln = 6 M
3. Rd: Jede 2. M verdoppeln = 9 M
4. Rd: 9 fM
5. Rd: Jede 3. M verdoppeln = 12 M
6. Rd: Jede 4. M verdoppeln = 15 M

Nun zu Rouge wechseln.

7. Rd: 15 fM
8. Rd: Jede 5. M verdoppeln = 18 M
9.–11. Rd: 18 fM

Die letzte Runde mit einer Kett-M beenden und den Faden lang abschneiden.

ZU GUTER LETZT

Den Schnabel stopfen und etwa 2 Runden unterhalb der Augen mittig annähen. Einzelne Fäden Rouge abschneiden und an den Rundenanfang des Kopfes knoten. Das Garn ein wenig aufzwirbeln und auf ca. 1 cm kürzen. Die Beine auf die Füße nähen. Dabei darauf achten, dass die Beine mit dem hinteren Ende der Füße abschließen. Nun die Beine mit Füllwatte stopfen. Die gestopften Beine an die Unterseite des Körpers, ca. in Höhe der 23. Runde des Körpers, nähen. Dabei zwischen den Beinen 2 M Abstand lassen und darauf achten, dass die Füße nach oben zeigen. Der Rundenanfang des Körpers ist dabei die Vorderseite.
Mit dem schwarzen Garn jeweils 3 Zehen auf die Füße sticken. Nun die Flügel links und rechts, ca. in Höhe der 11. Runde des Körpers, anbringen.
Den Hals mit Füllwatte stopfen, den restlichen Draht in den Körper schieben und den Hals auf Höhe des Rundenanfangs auf den Körper nähen. Den Hals zurechtbiegen und in die gewünschte Form bringen.

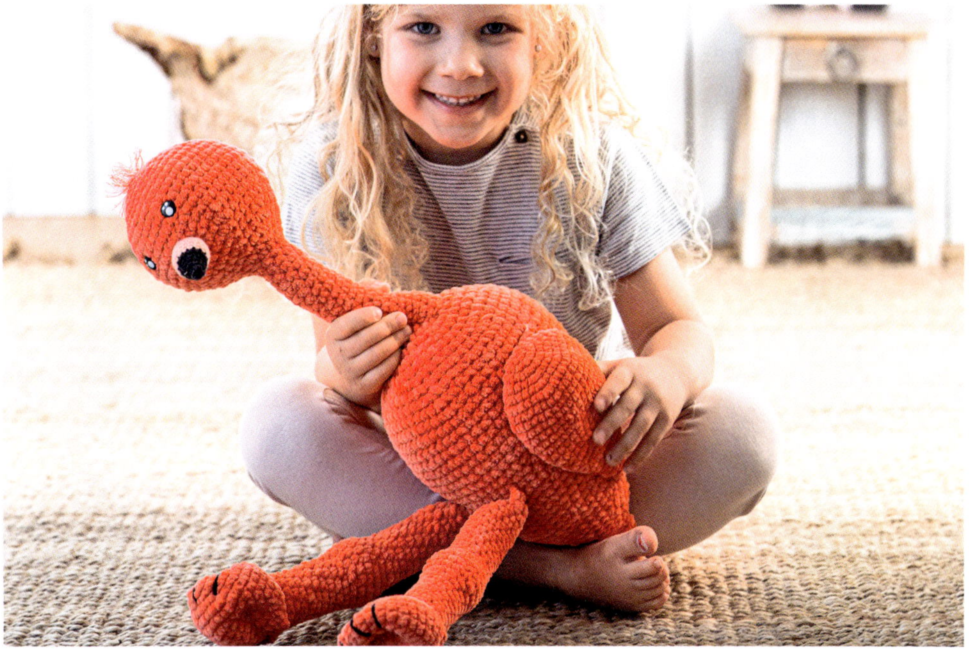

Dino Detlef

SCHWIERIGKEITSGRAD: MITTEL
GRÖSSE: CA. 25 CM HOCH

GRUNDMUSTER FESTE MASCHEN:

- In Rd und R fM oder wie angegeben häkeln. Die Maschen möglichst fest häkeln, damit die Füllwatte nicht herausschaut. Wenn nötig, die Nadelstärke entsprechend anpassen.
- R: Jede R mit einer Wende-Lm beginnen. Die Wende-Lm ersetzt nicht die 1. M und wird zusätzlich zur M-Zahl gehäkelt.
- Spiral-Rd: Die Rd werden endlos gehäkelt und weder mit einer Steige-Lm begonnen noch geschlossen.
- Büschelmaschen: 3 Stäbchen in einer M der Vorrunde bilden und zusammen abmaschen. Hierfür wie folgt vorgehen: 1 U, in die M einstechen und den Arbeitsfaden durchholen. Die ersten beiden Schlaufen auf der Nadel zusammen abmaschen. Diesen Vorgang noch zweimal wiederholen, bis 3 Stäbchen gebildet wurden. Den Arbeitsfaden nun durch die drei verbliebenen Schlaufen ziehen und die 3 Stäbchen gemeinsam abmaschen.

MATERIAL:

- Samt (100 % Polyester) von myboshi mit einer Lauflänge von 100 m / 100 g: 300 g in Dino
- No.2 (85 % Baumwolle, 15 % Kapok) von myboshi mit einer Lauflänge von 100 m / 50 g: 50 g in Minze
- 1 Paar schwarze Sicherheitsaugen mit einem Durchmesser von 11 mm
- ca. 200 g Füllwatte
- Stecknadeln oder Maschenmarkierer
- 1 Häkelnadel 5 mm und 3 mm

KOPF

Mit Dino und Häkelnadel 5 mm in einen flexiblen Fadenring 6 fM häkeln.

1. Rd: Jede M verdoppeln, indem in jede M 2 M gehäkelt werden = 12 M
2. Rd: Jede 2. M verdoppeln = 18 M
3. Rd: Jede 3. M verdoppeln = 24 M
4. Rd: Jede 4. M verdoppeln = 30 M
5. Rd: Jede 5. M verdoppeln = 36 M
6. Rd: Jede 6. M verdoppeln = 42 M
7. Rd: Jede 7. M verdoppeln = 48 M
8.–14. Rd: 48 fM
15. Rd: 6x ***2 M zusammenhäkeln***, 36 fM = 42 M
16. Rd: 6x ***5 fM, 2 M zusammenhäkeln*** = 36 M
17. Rd: 6x ***4 fM, 2 M zusammenhäkeln*** = 30 M
18. Rd: 30 fM
19. Rd: Jede 5. M verdoppeln = 36 M
20. Rd: 36 fM
21. Rd: Jede 6. M verdoppeln = 42 M
22.–24. Rd: 42 fM

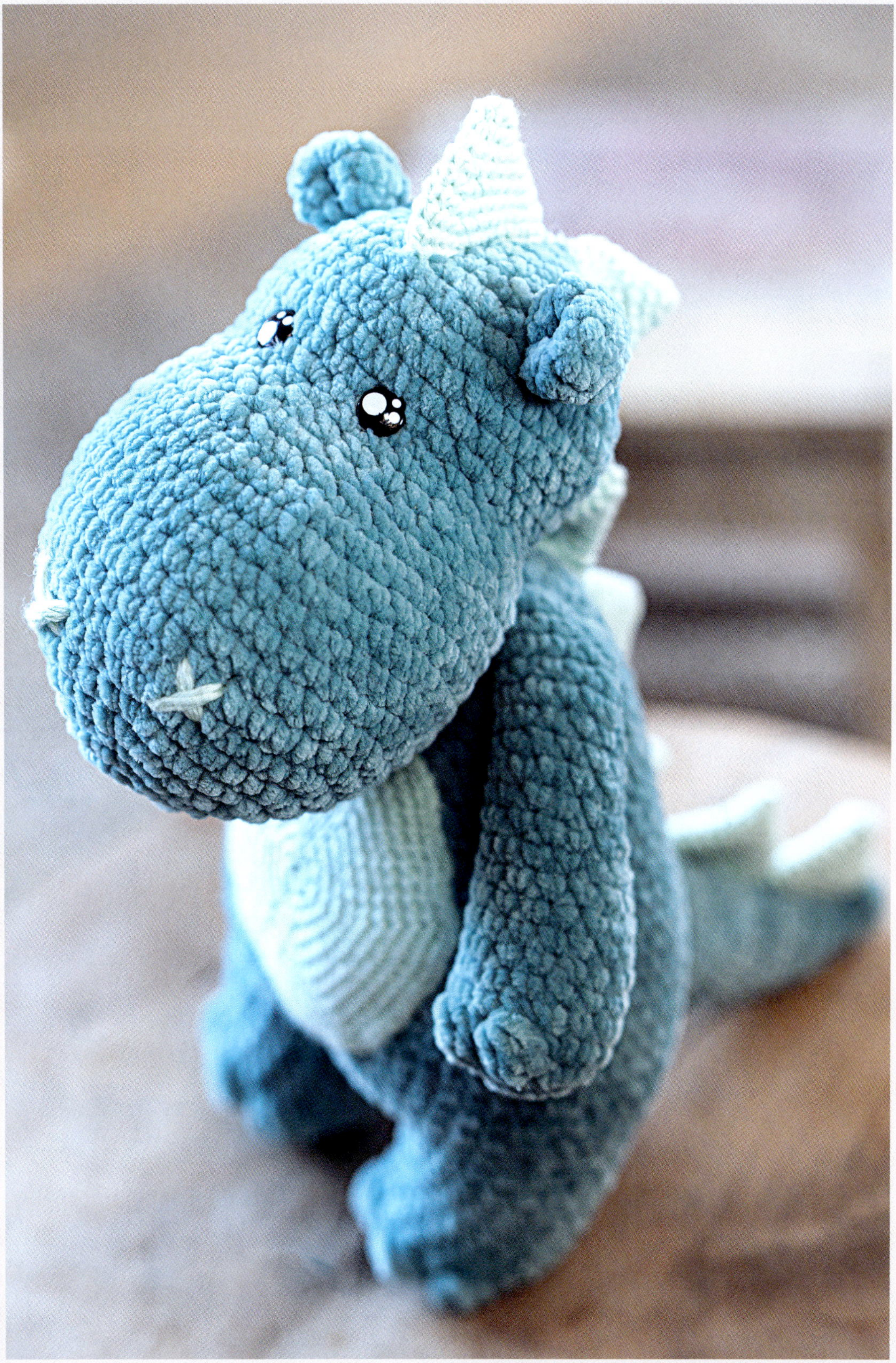

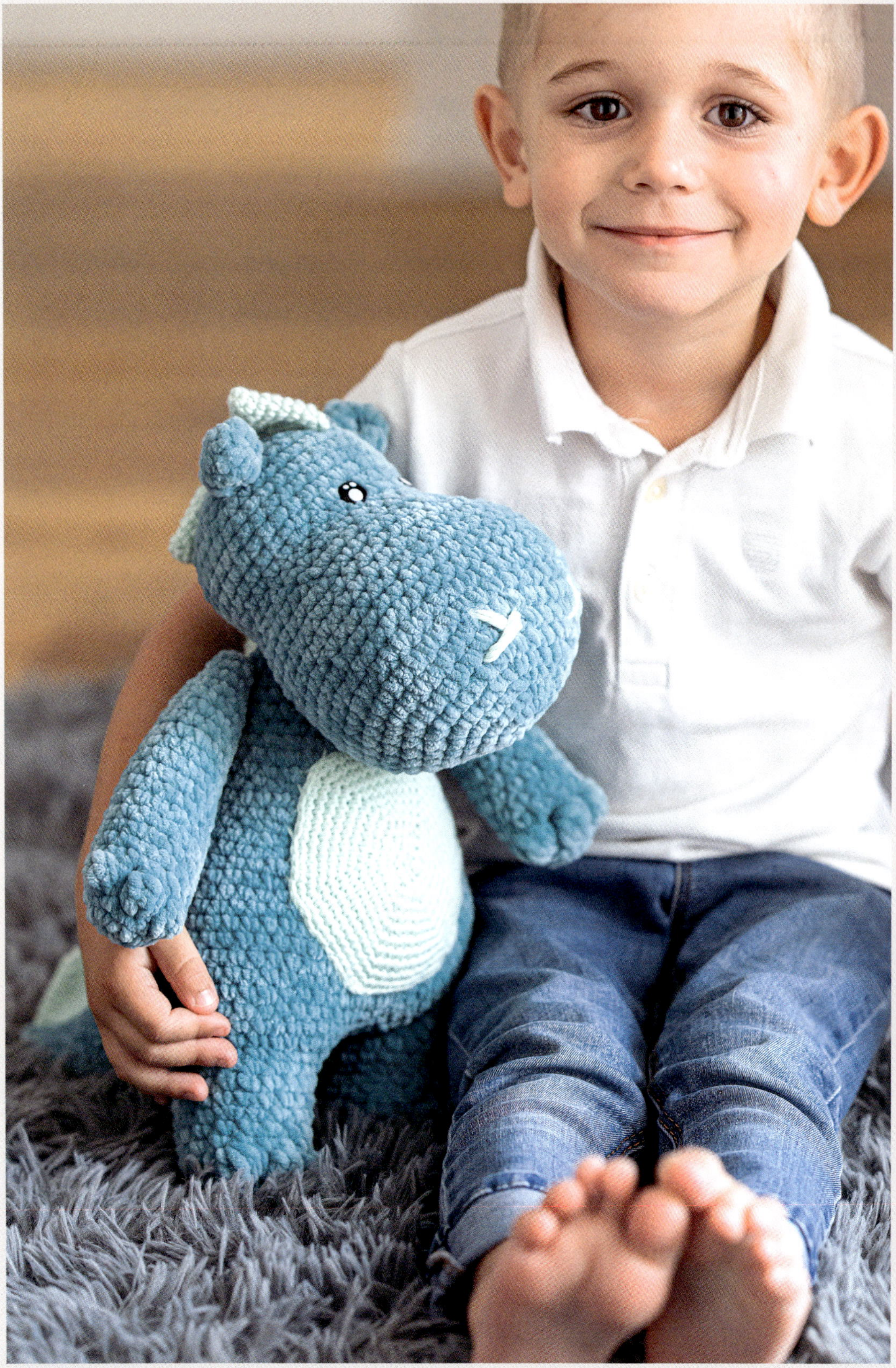

Nun die Sicherheitsaugen auf Höhe der 21. Rd einsetzen. Zwischen den Augen etwa 5 M Abstand lassen.

25. Rd: 6x ***5 fM, 2 M zusammenhäkeln*** = 36 M
26. Rd: 6x ***4 fM, 2 M zusammenhäkeln*** = 30 M
27. Rd: 6x ***3 fM, 2 M zusammenhäkeln*** = 24 M
28. Rd: 6x ***2 fM, 2 M zusammenhäkeln*** = 18 M

Nach dieser Runde mit dem Stopfen des Kopfes beginnen und in den folgenden Runden fortführen. Dabei den Kopf formen.

29. Rd: 6x ***1 fM, 2 M zusammenhäkeln*** = 12 M
30. Rd: 6x ***2 M zusammenhäkeln*** = 6 M

Runde mit 1 Kett-M beenden, den Faden abschneiden und die Öffnung schließen. Den Faden vernähen.

BEINE (2 x)

Mit Dino und Häkelnadel 5 mm in einen flexiblen Fadenring 6 fM häkeln.

1. Rd: Jede M verdoppeln, indem in jede M 2 M gehäkelt werden = 12 M
2. Rd: Jede 2. M verdoppeln = 18 M
3. Rd: 18 fM ins hintere Maschenglied
4. Rd: 3x ***1 Büschelmasche, 1 fM***, 12 fM = 18 M
5.–7. Rd: 18 fM
8. Rd: Jede 6. M verdoppeln = 21 M
9.–10. Rd: 21 fM

Mit einer Kett-M beenden und den Faden lang abschneiden.

Das zweite Bein ebenso arbeiten, allerdings am Schluss den Faden nicht abschneiden sondern die Beine verbinden. Dabei darauf achten, dass die Zehen in die gleiche Richtung zeigen.

11. Rd: 10 fM, 3 Lm, 21 fM in 1. Bein (beginne in der letzten M), 3 fM in die Lm, 11 fM = 48 M

Nun direkt mit dem Körper weiterhäkeln.

KÖRPER

12. Rd: Jede 8. M verdoppeln, indem in jede jede 8. M 2 M gehäkelt werden = 54 M
13. Rd: Jede 9. M verdoppeln = 60 M
14.–19. Rd: 60 fM
20. Rd: 6x ***8 fM, 2 M zusammenhäkeln*** = 54 M
21.–22. Rd: 54 fM
23. Rd: 6x ***7 fM, 2 M zusammenhäkeln*** = 48 M
24.–25. Rd: 48 fM
26. Rd: 6x ***6 fM, 2 M zusammenhäkeln*** = 42 M
27.–28. Rd: 42 fM
29. Rd: 6x ***5 fM, 2 M zusammenhäkeln*** = 36 M
30.–31. Rd: 36 fM
32. Rd: 6x ***4 fM, 2 M zusammenhäkeln*** = 30 M
33.–34. Rd: 30 fM
35. Rd: 6x ***3 fM, 2 M zusammenhäkeln*** = 24 M
36.–37. Rd: 24 fM
38. Rd: 6x ***2 fM, 2 M zusammenhäkeln*** = 18 M

Mit einer Kett-M beenden und den Faden lang abschneiden.

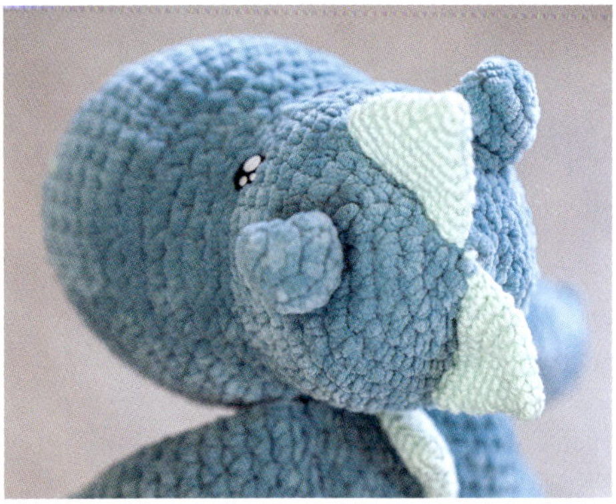

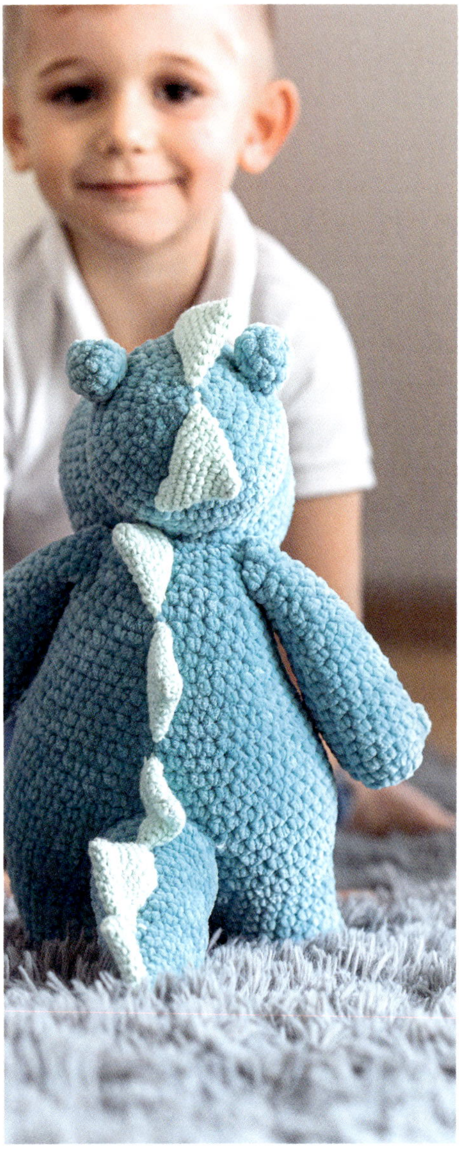

ARME (2 x)

Mit Dino und Häkelnadel 5 mm in einen flexiblen Fadenring 6 fM häkeln.

1. Rd: Jede M verdoppeln, indem in jede M 2 M gehäkelt werden = 12 M
2. Rd: Jede 4. M verdoppeln = 15 M
3. Rd: 3x ***1 Büschelmasche, 1 fM***, 9 fM = 15 M
4.–7. Rd: 15 fM
8. Rd: 13 fM, 2 M zusammenhäkeln = 14 M
9. Rd: 14 fM
10. Rd: 12 fM, 2 M zusammenhäkeln = 13 M
11. Rd: 13 fM
12. Rd: 11 fM, 2 M zusammenhäkeln = 12 M
13. Rd: 12 fM
14. Rd: 10 fM, 2 M zusammenhäkeln = 11 M
15. Rd: 11 fM
16. Rd: 9 fM, 2 M zusammenhäkeln = 10 M
17. Rd: 10 fM
18. Rd: 8 fM, 2 M zusammenhäkeln = 9 M
19.–21. Rd: 9 fM

Mit einer Kett-M beenden und Faden lang abschneiden.

OHREN (2 x)

Mit Dino und Häkelnadel 5 mm in einen flexiblen Fadenring 6 fM häkeln.

1. Rd: Jede M verdoppeln, indem in jede M 2 M gehäkelt werden = 12 M
2.–3. Rd: 12 fM

Mit einer Kett-M beenden und Faden lang abschneiden.

SCHWÄNZCHEN

Mit Dino und Häkelnadel 5 mm in einen flexiblen Fadenring 4 fM häkeln.

1. Rd: Jede 2. M verdoppeln, indem in jede 2. M 2 M gehäkelt werden = 6 M
2. Rd: 6 fM

3. Rd: Jede 2. M verdoppeln = 9 M
4. Rd: 9 fM
5. Rd: Jede 3. M verdoppeln = 12 M
6.–7. Rd: 12 fM
8. Rd: Jede 4. M verdoppeln = 15 M
9.–11. Rd: 15 fM
12. Rd: Jede 5. M verdoppeln = 18 M
13.–16. Rd: 18 fM
17. Rd: Jede 6. M verdoppeln = 21 M
18.–22. Rd.: 21 fM

Mit einer Kett-M beenden und Faden lang abschneiden.

ZACKEN (7 x)

Mit Minze und Häkelnadel 3 mm in einen flexiblen Fadenring 4 fM häkeln.

1. Rd: Jede 2. M verdoppeln, indem in jede 2. M 2 M gehäkelt werden = 6 M
2. Rd: Jede 2. M verdoppeln = 9 M
3. Rd: Jede 3. M verdoppeln = 12 M
4. Rd: Jede 4. M verdoppeln = 15 M
5. Rd: Jede 5. M verdoppeln = 18 M
6. Rd: Jede 6. M verdoppeln = 21 M
7. Rd: Jede 7. M verdoppeln = 24 M
8. Rd: 24 fM

Mit einer Kett-M beenden und Faden lang abschneiden.

BAUCHFLECK

Mit Minze und Häkelnadel 3 mm in einen flexiblen Fadenring 6 fM häkeln.

1. Rd: Jede M verdoppeln, indem in jede M 2 M gehäkelt werden = 12 M
2. Rd: Jede 2. M verdoppeln = 18 M
3. Rd: Jede 3. M verdoppeln = 24 M
4. Rd: Jede 4. M verdoppeln = 30 M
5. Rd: Jede 5. M verdoppeln = 36 M
6. Rd: Jede 6. M verdoppeln = 42 M
7. Rd: Jede 7. M verdoppeln = 48 M
8. Rd: Jede 8. M verdoppeln = 54 M
9. Rd: Jede 9. M verdoppeln = 60 M
10. Rd: Jede 10. M verdoppeln = 66 M
11. Rd: Jede 11. M verdoppeln = 72 M

Mit einer Kett-M beenden und Faden lang abschneiden.

ZU GUTER LETZT

Die Beine und den Körper gut mit Füllwatte ausstopfen und formen. Den Bauchfleck mittig auf die Vorderseite des Körpers oberhalb der Beine nähen. Nun das Schwänzchen auf dem Rücken anbringen. Die Arme werden jeweils rechts bzw. links seitlich am Körper angenäht. Darauf achten, dass die Finger nach vorne zeigen.
Den Kopf auf die Öffnung des Körpers nähen. Die Schnauze zeigt dabei nach unten und liegt auf dem Körper auf. Auch dort den Kopf festnähen.
Die Zacken werden mittig auf den Kopf, Rücken und Schwänzchen genäht. Dabei mit der Zacke an der Schwanzspitze beginnen. Nun Zacke an Zacke ohne Abstand fixieren und annähen. Die siebte Zacke sollte auf der Oberseite des Kopfes liegen.
Jetzt die Ohren 3 M rechts bzw. links vom vordersten Zacken auf dem Kopf annähen. Sie liegen etwa 4 Rd oberhalb der Augen.
Zuletzt die Nüstern in Runde 6 und 7 des Kopfes mit Minze aufsticken. Zwei Kreuze mit einem Abstand von 5–6 M sticken.

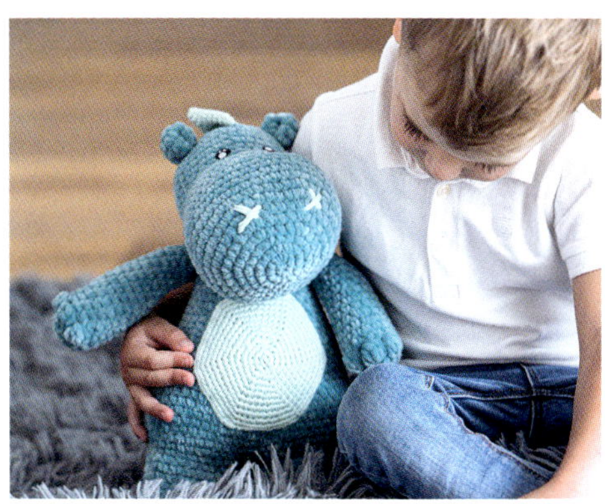

Einhorn Ella

SCHWIERIGKEITSGRAD: MITTEL
GRÖSSE: CA. 30 CM HOCH

MATERIAL:

- Samt (100 % Polyester) von myboshi mit einer Lauflänge von 100 m / 100 g: 300 g in Einhorn
- No.2 (85 % Baumwolle, 15 % Kapok) von myboshi mit einer Lauflänge von 100 m / 50 g: je 50 g in Elfenbein, Magnolie, Löwenzahn, Minze, Meerblau und einen Rest in Schwarz
- ca. 200 g Füllwatte
- Maschenmarkierer
- 1 Häkelnadel 3 mm und 3,5 mm

GRUNDMUSTER FESTE MASCHEN:

- In Rd und R fM oder wie angegeben häkeln. Die Maschen möglichst fest häkeln, damit die Füllwatte nicht herausschaut. Wenn nötig, die Nadelstärke entsprechend anpassen.
- R: Die R werden mit Wendeluftmaschen gehäkelt.
- Spiral-Rd: Die Rd werden endlos gehäkelt und weder mit einer Steige-Lm begonnen noch geschlossen.

KÖRPER

Mit Einhorn und Häkelnadel 3,5 mm in einen flexiblen Fadenring 6 fM häkeln.

1. Rd: Jede M verdoppeln, indem in jede M 2 M gehäkelt werden = 12 M
2. Rd: Jede 2. M verdoppeln = 18 M
3. Rd: Jede 3. M verdoppeln = 24 M
4. Rd: Jede 4. M verdoppeln = 30 M
5. Rd: Jede 5. M verdoppeln = 36 M
6. Rd: Jede 6. M verdoppeln = 42 M
7. Rd: Jede 7. M verdoppeln = 48 M
8. Rd: Jede 8. M verdoppeln = 54 M
9. Rd: Jede 9. M verdoppeln = 60 M
10.–14. Rd: 60 fM
15. Rd: 6x ***8 fM, 2 M zusammenhäkeln*** = 54 M
16.–17. Rd: 54 fM
18. Rd: 6x ***7 fM, 2 M zusammenhäkeln*** = 48 M
19. Rd: 48 fM
20. Rd: 6x ***6 fM, 2 M zusammenhäkeln*** = 42 M
21. Rd: 6x ***5 fM, 2 M zusammenhäkeln*** = 36 M
Mit dem Stopfen des Körpers beginnen.
22. Rd: 6x ***4 fM, 2 M zusammenhäkeln*** = 30 M
23. Rd: 6x ***3 fM, 2 M zusammenhäkeln*** = 24 M
24. Rd: 6x ***2 fM, 2 M zusammenhäkeln*** = 18 M
25.–26. Rd: 18 fM
27. Rd: 9x ***1 fM, 1M verdoppeln, indem in jede M 2 fM gehäkelt werden ***, dabei nur in das vordere Maschenglied stechen = 27 M

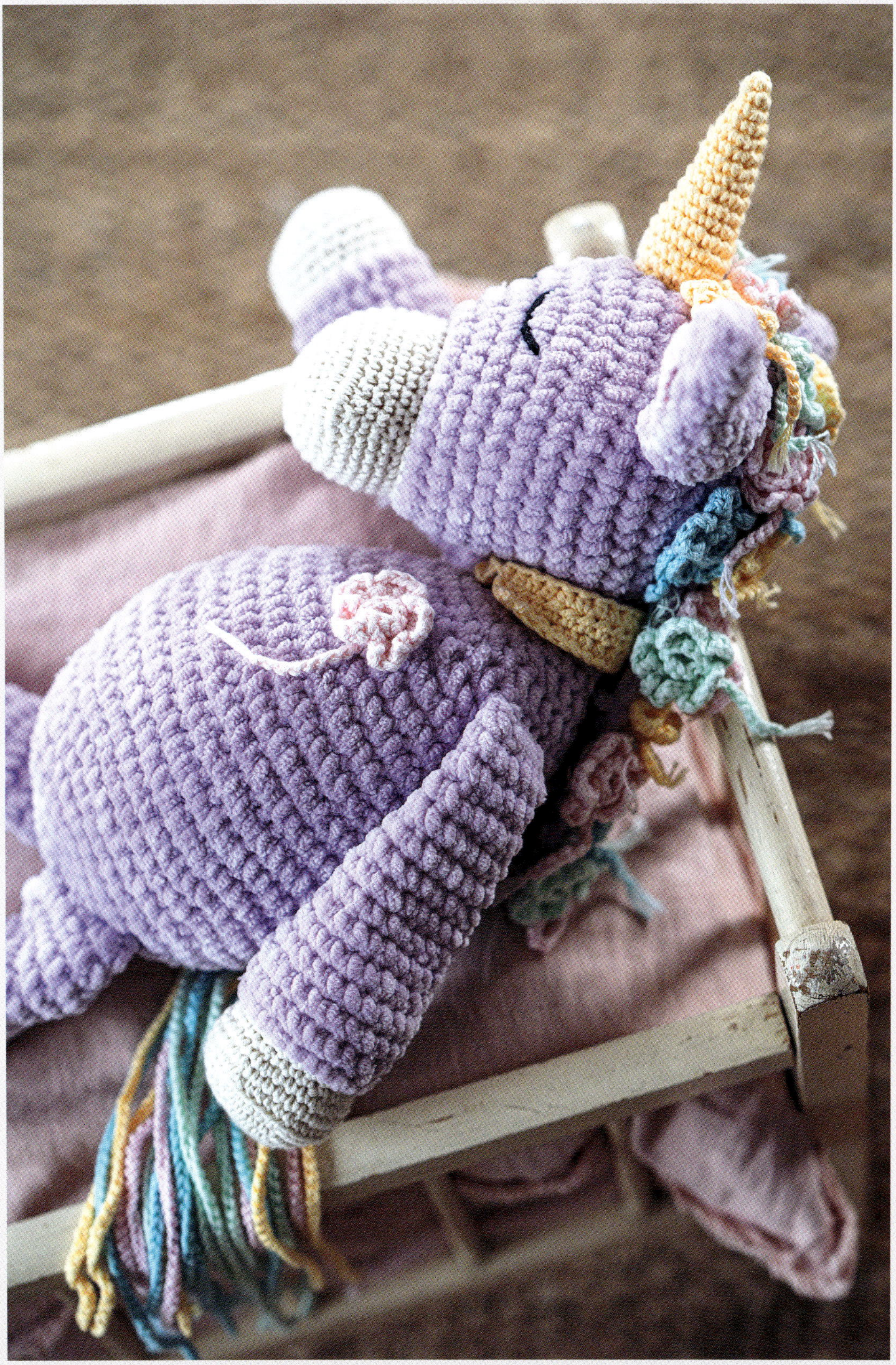

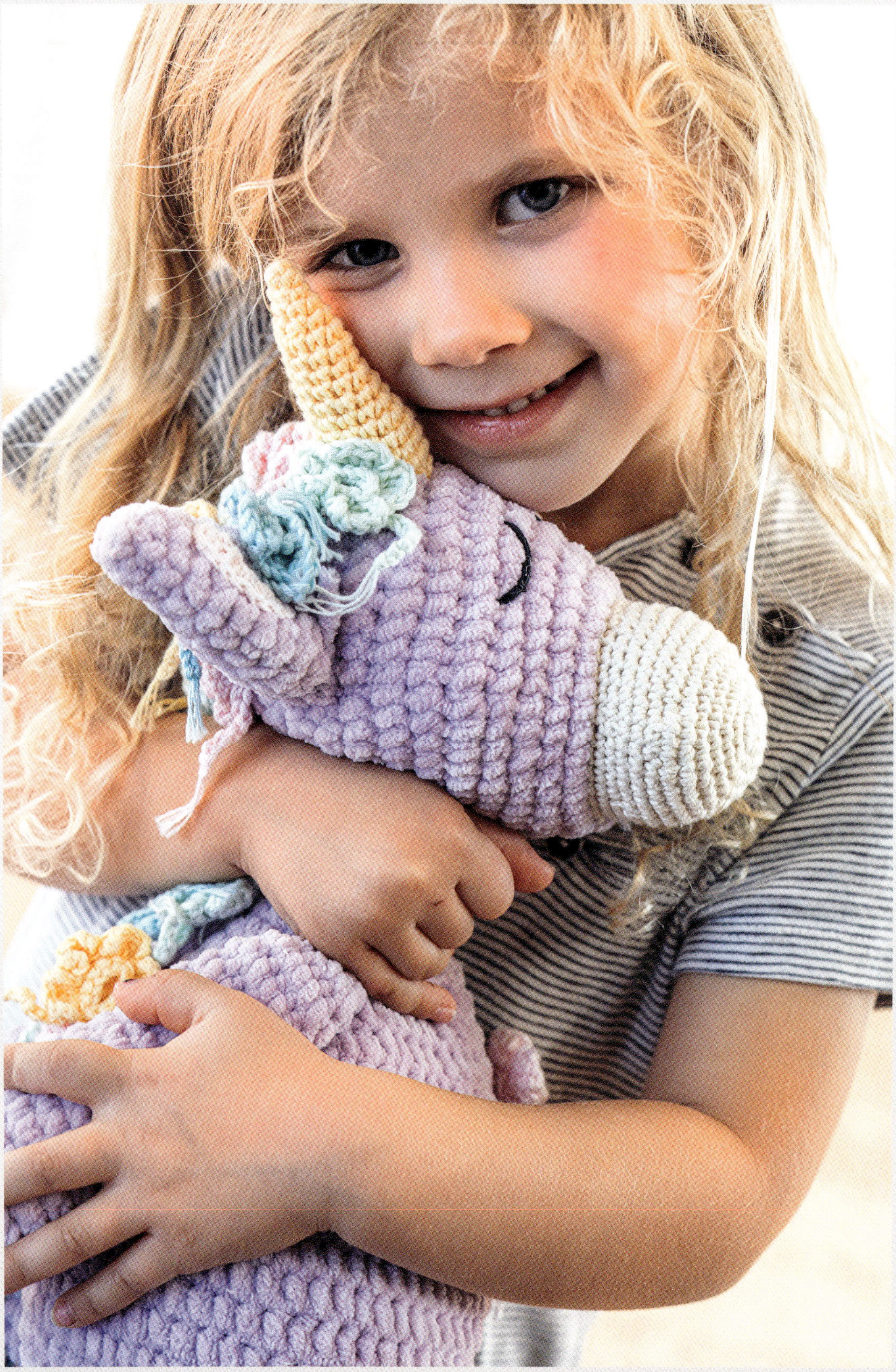

Die Arbeit beenden und einen Faden mit ca. 40 cm Länge zum Annähen des Kopfes hängen lassen. (1)

KOPF

Mit Elfenbein und Nadel 3 mm 6 Lm anschlagen. In der 2 M von der Nadel aus wie folgt beginnen:

1. Rd: 4 fM, 3 fM in eine M, nun weiter auf der gegenüberliegenden Seite der Lm-Kette entlang zurück: 3 fM, 2 fM in eine Masche = 12 M
2. Rd: 1 M verdoppeln, 3 fM, 3 M verdoppeln, 3 fM, 2 M verdoppeln = 18 M
3. Rd: 1 fM, 1 M verdoppeln, 3 fM, 3x ***1 fM, 1 M verdoppeln***, 3 fM, 2x ***1 fM, 1x verdoppeln*** = 24 M
4. Rd: 2 fM, 1 M verdoppeln, 3 fM, 3x ***2 fM, 1 M verdoppeln***, 3 fM, 2x ***2 fM, 1x verdoppeln*** = 30 M
5. Rd: 3 fM, 1 M verdoppeln, 3 fM, 3x ***3 fM, 1 M verdoppeln***, 3 fM, 2x ***3 fM, 1x verdoppeln*** = 36 M
6. Rd: 2 M verdoppeln, 12 fM, 6 M verdoppeln, 12 fM, 4 M verdoppeln = 48 M
7. Rd: 48 fM
8. Rd: 2 M zusammenhäkeln, 18 fM, 3x ***2 M zusammenhäkeln***, 18 fM, 2x *** 2 M zusammenhäkeln*** = 42 M
9.–10.Rd: 42 fM
11. Rd: 6x ***5 fM, 2 M zusammenhäkeln*** = 36 M
12. Rd: 6x ***4 fM, 2 M zusammenhäkeln*** = 30 M
13. Rd: 30 fM

Die Arbeit nicht beenden. Weiterhäkeln bis zur Mitte der langen Seite und einen Maschenmarkierer setzen. Dies ist der neue Rundenanfang, welcher später unten liegt.

Die Schnauze mit Füllwatte stopfen. (2)

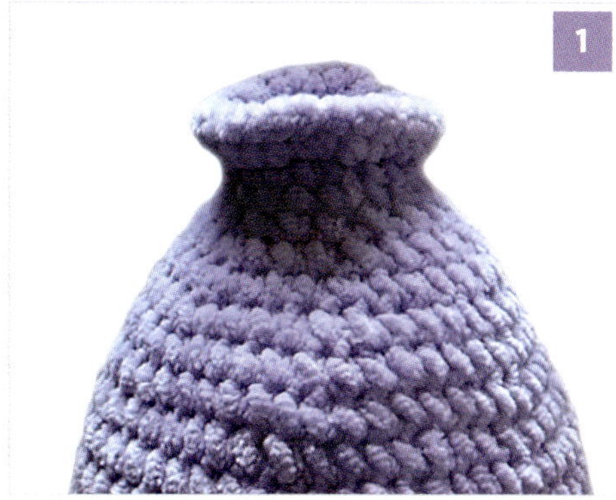

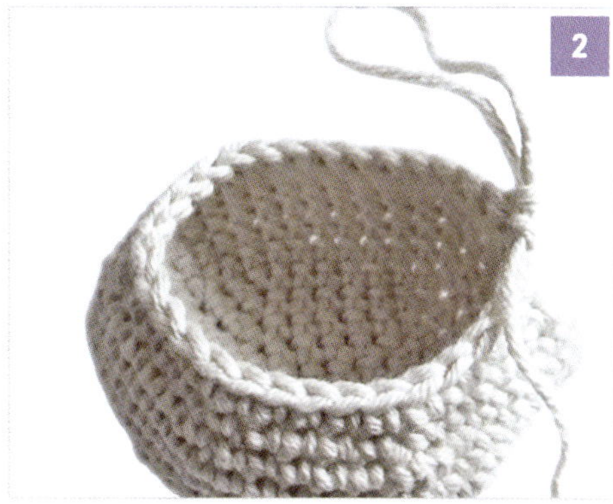

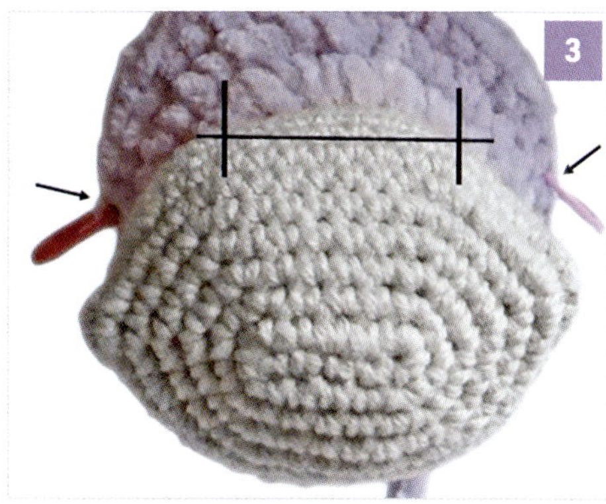

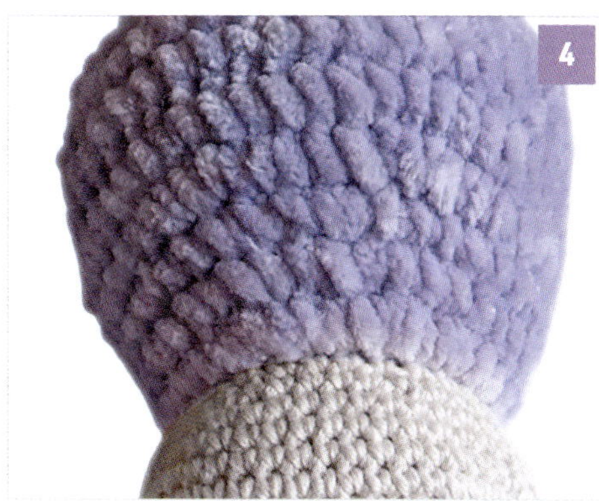

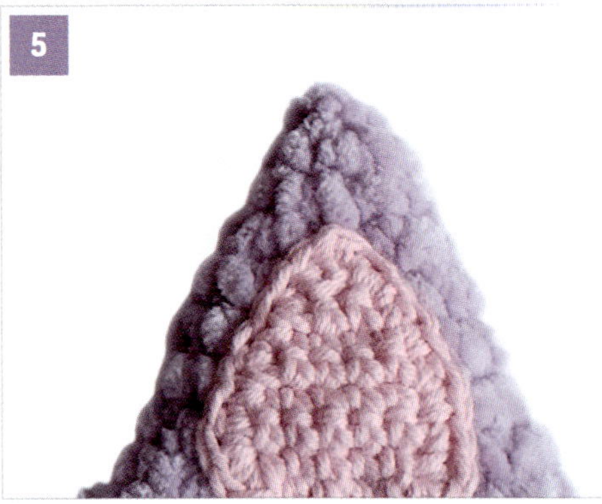

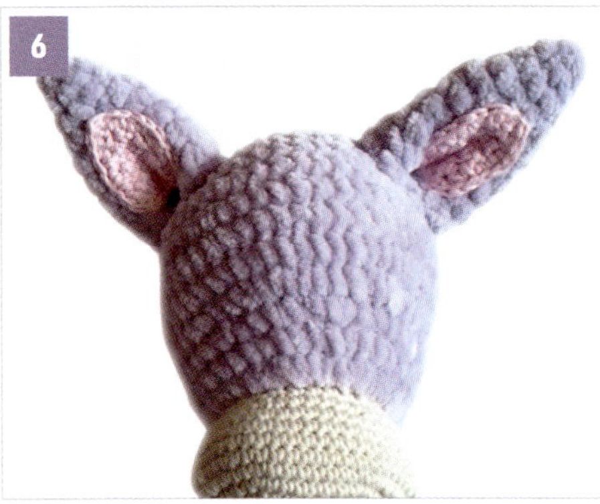

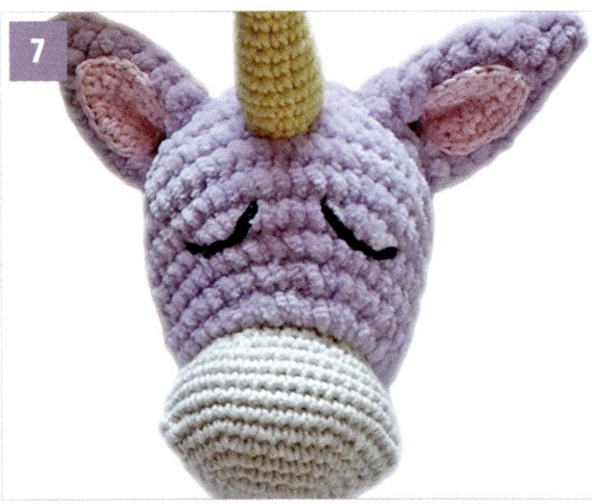

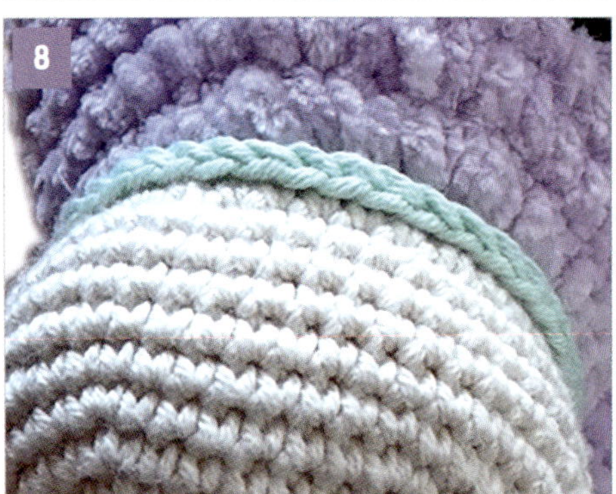

Zu Einhorn wechseln und mit Nadel 3,5 mm weiterarbeiten.

14. Rd: 10 fM, 6 M verdoppeln, 14 fM = 36 M

Bitte darauf achten, dass die verdoppelten M mittig an der langen Seite der Schnauze liegen.

15. Rd: 36 fM
16. Rd: Jede 6. M verdoppeln = 42 M

Die Schnauze hinlegen und rechts und links an den Seiten einen Maschenmarkierer setzen. Dabei darauf achten, dass auf der Oberseite 20 M zwischen diesen liegen. (3)

17. Rd: fM bis zum ersten Maschenmarkierer arbeiten, zwischen den Maschenmarkierern werden nun 6 fM, 3 M verdoppeln, 2 fM, 3 M verdoppeln, 6 fM gearbeitet, fM bis zum Ende der Rd. = 48 M
18.–21. Rd: 48 fM
22. Rd: 6x ***6 fM, 2 M zusammenhäkeln*** = 42 M
23. Rd: 6x ***5 fM, 2 M zusammenhäkeln*** = 36 M
24. Rd: 6x ***4 fM, 2 M zusammenhäkeln*** = 30 M

Den Kopf weiter stopfen.

25. Rd: 6x ***3 fM, 2 M zusammenhäkeln*** = 24 M
26. Rd: 6x ***2 fM, 2 M zusammenhäkeln*** = 18 M

Den Kopf fertig stopfen.

27. Rd: 6x ***1 fM, 2 M zusammenhäkeln*** = 12 M
28. Rd: *** 6x 2 M zusammenhäkeln = *** 6 M

Die Arbeit beenden, die Öffnung schließen und den Faden vernähen. (4)

OHR (2 x)

Mit Einhorn und Nadel 3,5 mm in einen flexiblen Fadenring 4 fM häkeln.

1. Rd: Jede 2. M verdoppeln = 6 M
2. Rd: Jede 3. M verdoppeln = 8 M
3. Rd: Jede 4. M verdoppeln = 10 M
4. Rd: Jede 5. M verdoppeln = 12 M
5. Rd: 12 fM
6. Rd: Jede 6. M verdoppeln = 14 M
7. Rd: 1 M verdoppeln, 5 fM, 2 M verdoppeln, 5 fM, 1 M verdoppeln = 18 M
8. Rd: Jede 3. M verdoppeln = 24 M
9. Rd: 24 fM

Das Ohr wird nicht gestopft. Die Arbeit beenden und einen Faden mit ca. 30 cm Länge zum Annähen an den Kopf hängen lassen. (5)

INNENOHR (2 x)

Das Innenohr wird in Reihen gearbeitet. Mit Magnolie und Nadel 3 mm eine Lm-Kette aus 7 Lm häkeln. In der 2. M von der Nadel aus beginnen und nach jeder R wenden.

1.–3. R: 6 fM
4. R: 1 M überspringen, 5 fM = 5 M
5. R: 1 M überspringen, 4 fM = 4 M
6. R: 1 M überspringen, 3 fM = 3 M
7. R: 1 M überspringen, 2 fM = 2 M
8. R: 1 M überspringen, 1 fM = 1 M

Nun das Innenohr mit einer Runde fM umhäkeln. Die Arbeit beenden und einen Faden mit ca. 30 cm Länge zum Annähen auf dem Ohr hängen lassen. Das Innenohr wird mittig auf eine Seite des Ohrs genäht. (5) Beim Annähen darauf achten, dass mit der Nadel nicht durch das gesamte Ohr gestochen wird, sondern nur durch eine Seite. Die Fadenenden im Ohr verstecken. Die Ohren seitlich, rechts und links leicht schräg am Hinterkopf festnähen. Dabei das Ohr erst einmal mittig falten und in der gewünschten Position mit Nadeln fixieren. (6)

HORN

Mit Löwenzahn und Nadel 3 mm in einen flexiblen Fadenring 4 fM häkeln.

1. Rd: Jede 2. M verdoppeln = 6 M
2. Rd: 6 fM
3. Rd: Jede 3. M verdoppeln = 8 M
4. Rd: 8 fM
5. Rd: Jede 4. M verdoppeln = 10 M
6.–7. Rd: 10 fM
8. Rd: Jede 5. M verdoppeln = 12 M
9. Rd: 12 fM
10. Rd: Jede 6. M verdoppeln = 14 M
11. Rd: Jede 7. M verdoppeln = 16 M
12.–13. Rd: 16 fM
14. Rd: Jede 8. M verdoppeln = 18 M

Das Horn formen und sehr fest stopfen.

Die Arbeit beenden und einen Faden mit ca. 20 cm Länge zum Annähen an den Kopf hängen lassen.

Das Horn mittig zwischen den Ohren an der Stirn festnähen. Dazu in der gewünschten Position fixieren und dann annähen. (7)

Mit Schwarz über die Breite von 4 M Schlafaugen aufsticken. Nach Wunsch doppelt sticken, damit die Augen besser zur Geltung kommen.

ZAUMZEUG

Mit Minze und Nadel 3 mm eine Lm-Kette aus 45 Lm häkeln. Um den Übergang von Elfenbein zu Einhorn um die Schnauze zu legen, auf der Unterseite zusammennähen und mit einigen Stichen an der Schnauze fixieren. Die Fadenenden vernähen und abschneiden. (8)

Den Kopf nach Wunsch auf dem Körper positionieren, fixieren und mit dem überhängenden Faden des Körpers annähen.

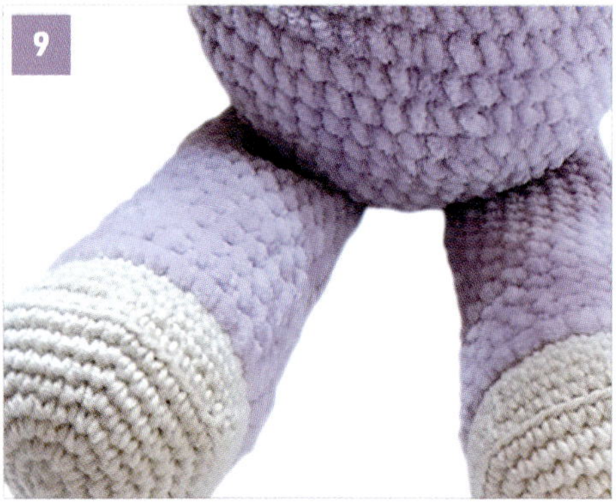

9

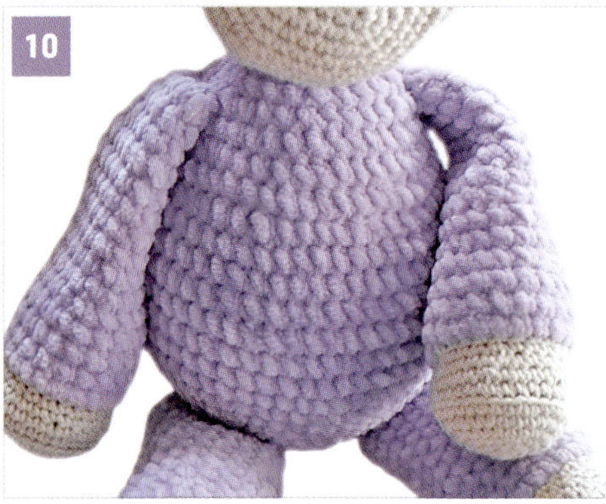

10

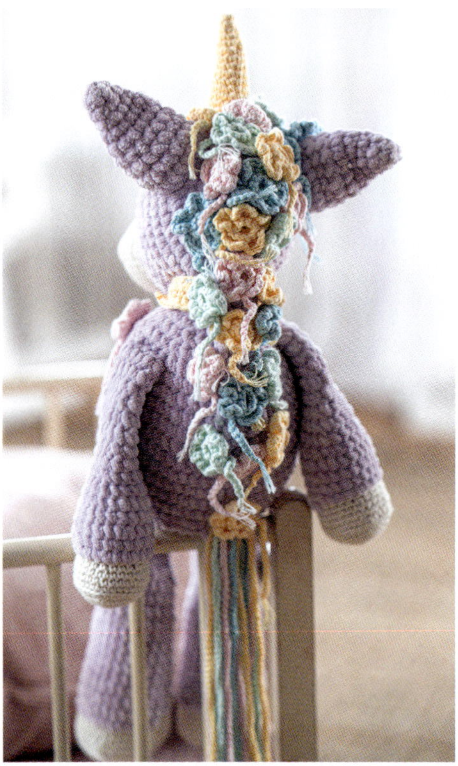

BEIN (2 x)

Mit Elfenbein und Nadel 3 mm in einen flexiblen Fadenring 4 fM häkeln.

1. Rd: Jede M verdoppeln, indem in jede M 2 M gehäkelt werden = 12 M
2. Rd: Jede 2. M verdoppeln = 18 M
3. Rd: Jede 3. M verdoppeln = 24 M
4. Rd: Jede 4. M verdoppeln = 30 M
5. Rd: Jede 5. M verdoppeln = 36 M
6. Rd: Jede 6. M verdoppeln = 42 M
7. Rd: Jede 7. M verdoppeln = 48 M
8. Rd: 48 fM, dabei nur in das hintere Maschenglied stechen
9. Rd: 6x ***6 fM, 2 M zusammenhäkeln*** = 42 M
10. Rd: 6x ***5 fM, 2 M zusammenhäkeln*** = 36 M
11. Rd: 36 fM
12. Rd: 6x ***4 fM, 2 M zusammenhäkeln*** = 30 M

Zu Einhorn wechseln und mit Nadel 3,5 mm weiterarbeiten.

13.–14. Rd: 30 fM
15. Rd: 6x ***3 fM, 2 M zusammenhäkeln*** = 24 M
16.–17. Rd: 24 fM
Mit dem Stopfen beginnen.
18. Rd: 2x ***10 fM, 2 M zusammenhäkeln*** = 22 M
19.–21. Rd: 22 fM

Das Bein weiter nicht zu fest stopfen und wenig Füllwatte verwenden.

22. Rd: 2x ***9 fM, 2 M zusammenhäkeln*** = 20 M
23.–24. Rd: 20 fM
25. Rd: 2x ***8 fM, 2 M zusammenhäkeln*** = 18 M
26.–27. Rd: 18 fM

28. Rd: 2x ***7 fM, 2 M zusammenhäkeln*** = 16 M
29. Rd: 16 fM

Das Bein nun nicht weiter stopfen. Die Öffnung flach drücken und mit 8 fM durch die vorderen und hinteren M verschließen.

Die Arbeit beenden und einen Faden mit ca. 25 cm Länge zum Annähen an den Körper hängen lassen. Nun die Beine flach hinlegen und den Körper daraufsetzen, mit Stecknadeln fixieren und unten am Körper annähen. (9)

ARM (2 x)

Mit Elfenbein und Nadel 3 mm in einen flexiblen Fadenring 4 fM häkeln.

1. Rd: Jede M verdoppeln, indem in jede M 2 M gehäkelt werden = 12 M
2. Rd: Jede 2. M verdoppeln = 18 M
3. Rd: Jede 3. M verdoppeln = 24 M
4. Rd: Jede 4. M verdoppeln = 30 M
5. Rd: Jede 5. M verdoppeln = 36 M
6. Rd: 36 fM, dabei nur in das hintere Maschenglied stechen
7. Rd: 6x ***4 fM, 2 M zusammenhäkeln*** = 30 M
8. Rd: 30 fM
9. Rd: 6x ***3 fM, 2 M zusammenhäkeln*** = 24 M
10. Rd: 24 fM

Zu Einhorn wechseln und mit Nadel 3,5 mm weiterarbeiten.

11. Rd: 24 fM
12. Rd: 2x ***10 fM, 2 M zusammenhäkeln*** = 22 M
13.–14. Rd: 22 fM
Den Arm mit Füllwatte stopfen und nicht zu fest stopfen
15. Rd: 2x ***9 fM, 2 M zusammenhäkeln*** = 20 M
16. Rd: 20 fM
17. Rd: 2x ***8 fM, 2 M zusammenhäkeln*** = 18 M
18. Rd: 18 fM
19. Rd: 2x ***7 fM, 2 M zusammenhäkeln*** = 16 M
20. Rd: 16 fM
21. Rd: 2x ***6 fM, 2 M zusammenhäkeln*** = 14 M
22. Rd: 14 fM
23. Rd: 2x ***5 fM, 2 M zusammenhäkeln*** = 12 M
24.–25. Rd: 12 fM

Den Arm nun nicht weiter stopfen. Die Öffnung flach drücken und mit 6 fM durch die vorderen und hinteren M verschließen.

Die Arbeit beenden und einen Faden mit ca. 25 cm Länge zum Annähen an den Körper hängen lassen. Die Arme werden seitlich rechts und links unterhalb des Kopfes in Höhe der Rd 24–25 des Körpers angenäht. (10)

HALSBAND

Das Halsband wird in R gearbeitet. Mit Löwenzahn und Nadel 3 mm eine Lm-Kette aus 32 Lm häkeln. In der 2. M von der Nadel aus beginnen und nach jeder R wenden.

1. R: 30 hStb = 30 M
2.–3. R: 30 hStb

Die Arbeit beenden und einen Faden mit ca. 15 cm Länge zum Zusammennähen hängen lassen. Das Halsband um den Hals legen und am Rücken entlang der schmalen Seite zusammennähen. Die Fadenenden vernähen und abschneiden.

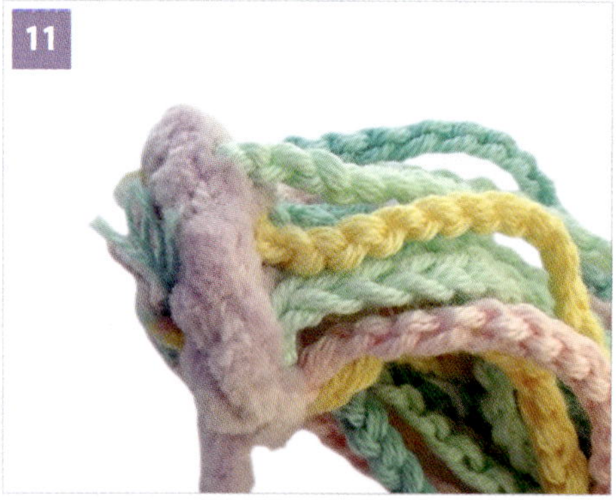

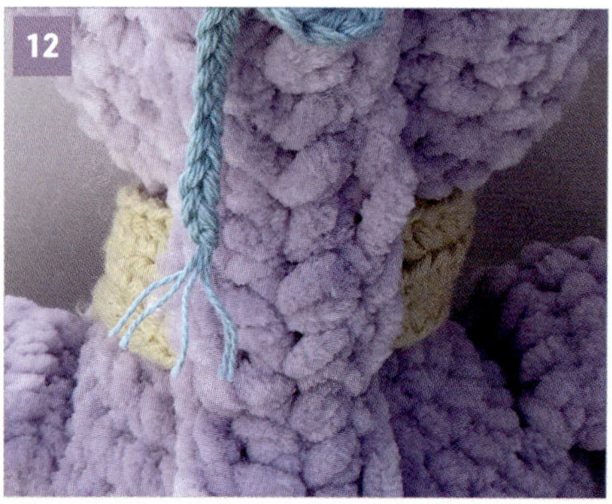

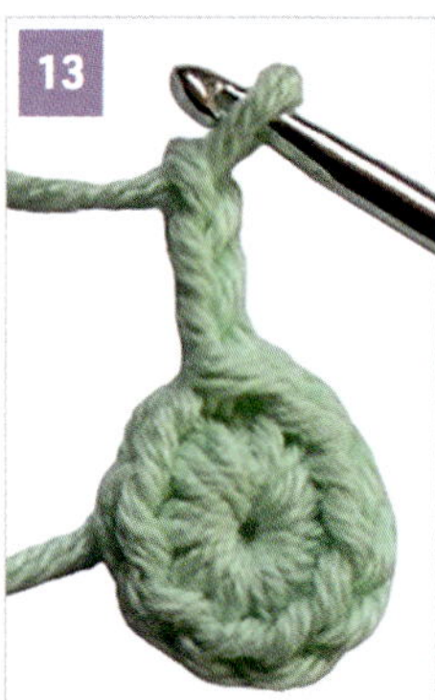

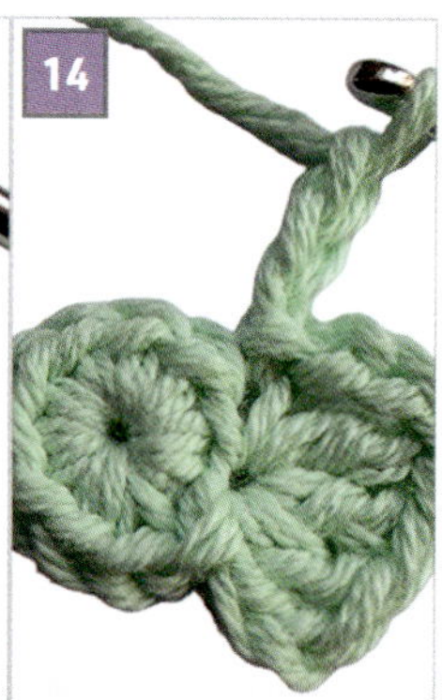

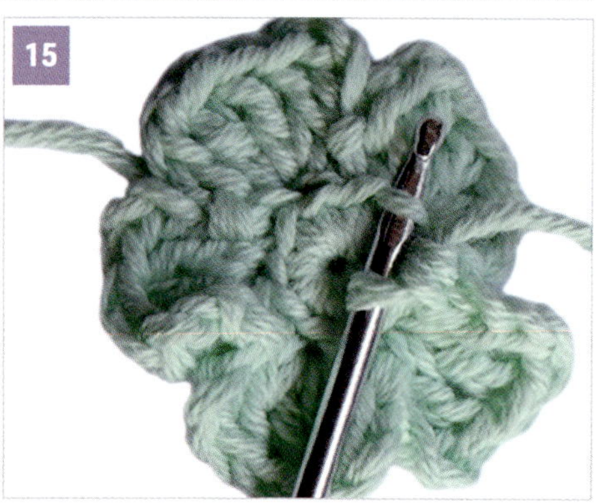

SCHWEIF

Mit Einhorn und Häkelnadel 3,5 mm in einen flexiblen Fadenring 6 fM häkeln.

1. Rd: Jede M verdoppeln, indem in jede M 2 M gehäkelt werden = 12 M

Die Arbeit beenden und einen Faden mit ca. 20 cm Länge zum Annähen an den Körper hängen lassen. Den Kreis beiseitelegen und die einzelnen Haare arbeiten.

Dafür mit der Nadel 3 mm folgende Lm-Ketten häkeln:

Je 5x Lm-Ketten aus 60 Lm in Magnolie, Minze und Meerblau

5x Lm-Kette aus 50 Lm in Löwenzahn

Die Luftmaschenketten mit den Anfangsfäden in beliebiger Anordnung durch den Kreis fädeln und auf der Rückseite verknoten. Den Kreis mittels des überstehenden Fadens hinten mittig an den Po des Einhorns nähen. Um die richtige Position zu ermitteln, das Einhorn hinsetzen. (11)

MÄHNE MIT BLUMEN

Das Band für die Mähne wird in Reihen gearbeitet. Mit Einhorn und Nadel 3,5 mm 22 Lm anschlagen. In der 2. M von der Nadel aus wie folgt beginnen:

1. R: 20 hStb = 20 M
2. R: 20 hStb

Die Arbeit beenden und einen ca. 1 m langen Faden zum Annähen an den Kopf und Rücken hängen lassen. Das Band wird beginnend am Oberkopf entlang des Hinterkopfes über den Hals und den oberen Rücken angenäht. Das Band dabei liegt über dem Halsband. (12)

Nun werden insgesamt 24 Blumen (6 je Farbe) in Löwenzahn, Magnolie, Minze und Meerblau in Runden gearbeitet. Dabei jeweils mit 3 Steige-Luftmaschen beginnen und mit einer Kettmasche in eine Steige-Luftmasche schließen. Jeweils einen 20 cm langen Anfangsfaden stehen lassen. Dieser wird benötigt, um die Stängel anzuhäkeln.

Mit der jeweiligen Farbe und Häkelnadel 3 mm in einen flexiblen Fadenring 10 fM häkeln.

1. Rd: Bei den folgenden Maschen immer nur in das hintere Maschenglied stechen, 5x ***3 Stb in eine M, 3 Lm, Kett-M in die nächste M, 3 Lm***, 1 Kett-M in eine M des Fadenringes (13,14)
2. Rd: Bei den folgenden Maschen immer nur in die freien vorderen Maschenglieder der Vorrunde stechen:10 fM (15)

Die Arbeit beenden und den Faden abschneiden. Den End- mit dem Anfangsfaden verknoten.

Den Endfaden kurz abschneiden oder vernähen. Aus dem langen Anfangsfaden wird eine Lm-Kette bestehend aus 10 Lm angehäkelt. Den überstehenden Restfaden auf ca. 1 cm kürzen und aufzwirnen. (16)

ZU GUTER LETZT

Zum Annähen der Blumen einen 10–15 cm langen Faden der gleichen Farbe abschneiden. Jeweils durch eine Masche auf der Rückseite der Blume und eine Masche an der gewünschten Stelle am Einhorn fädeln und fest verknoten. Die Fadenenden anschließend in den Körper stechen und so unsichtbar vernähen. Jeweils eine Blume auf die linke Brustseite und über dem Schweif annähen. Jeweils zwei Blumen am Kopf zwischen Ohr und Horn befestigen. Die restlichen Blumen nach Wunsch an der Mähne und am Kopf anbringen.

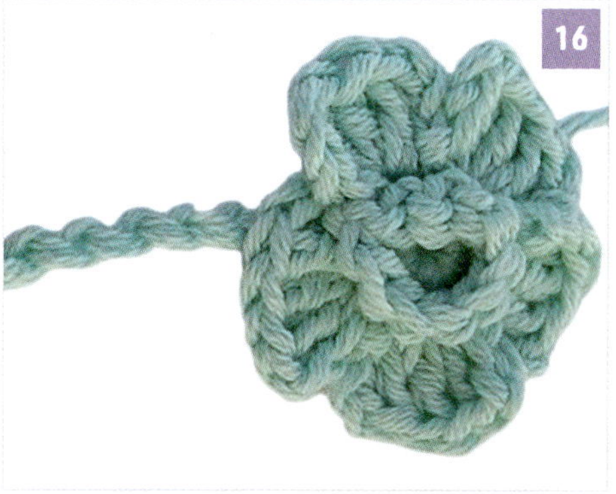

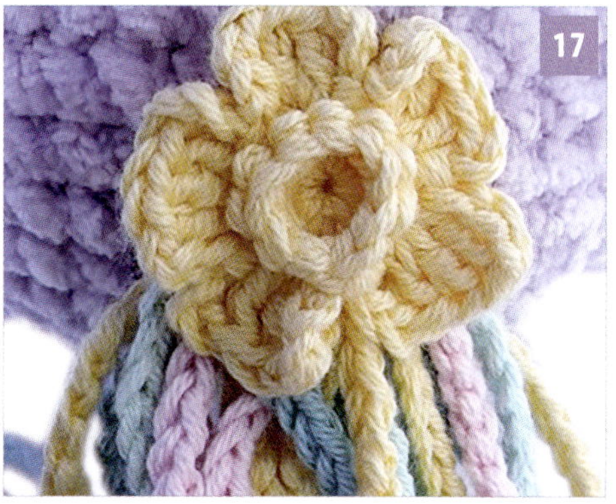

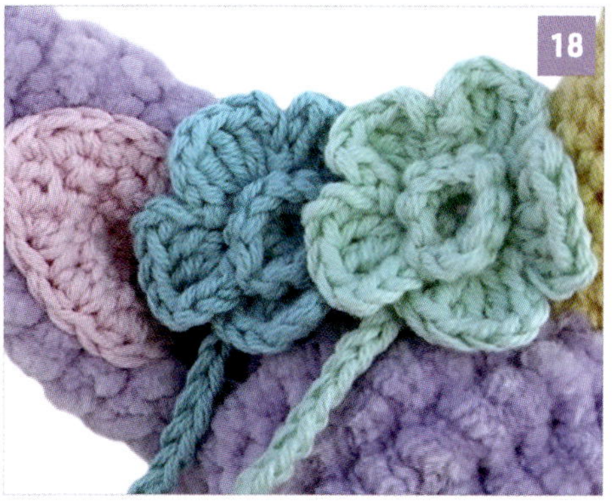

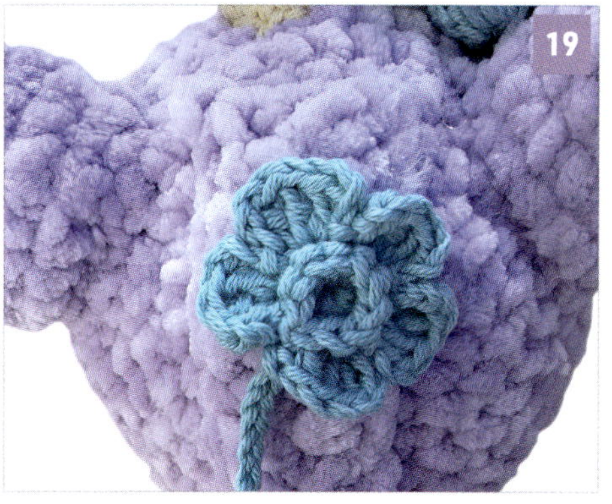

Affe Anton

SCHWIERIGKEITSGRAD: MITTEL
GRÖSSE: CA. 30 CM HOCH

MATERIAL:

- Samt (100 % Polyester) von myboshi mit einer Lauflänge von 100 m / 100 g: 200 g in Biber
- No.2 (85 % Baumwolle, 15 % Kapok) von myboshi mit einer Lauflänge von 100 m / 50 g: 100 g in Rose
- 1 Paar schwarze Sicherheitsaugen mit einem Durchmesser von 12 mm
- ca. 200 g Füllwatte
- Stecknadeln oder Maschenmarkierer
- 1 Häkelnadel 3,5 mm

GRUNDMUSTER FESTE MASCHEN:

- In Rd und R fM oder wie angegeben häkeln. Die Maschen möglichst fest häkeln, damit die Füllwatte nicht herausschaut. Wenn nötig, die Nadelstärke entsprechend anpassen.
- R: Jede R mit einer Wende-Lm beginnen. Die Wende-Lm ersetzt nicht die 1. M und wird zusätzlich zur M-Zahl gehäkelt.
- Spiral-Rd: Die Rd werden endlos gehäkelt und weder mit einer Steige-Lm begonnen noch geschlossen.
- Ovale-Rd: Die Rd werden endlos gehäkelt und weder mit einer Steige-Lm begonnen noch geschlossen. Die erste Rd beginnt mit einer LMK welche auf beiden Seiten behäkelt wird.

KOPF

Mit Biber und Häkelnadel 3,5 mm in einen flexiblen Fadenring 6 fM häkeln.

1. Rd: Jede M verdoppeln, indem in jede M 2 M gehäkelt werden = 12 M
2. Rd: Jede 2. M verdoppeln = 18 M
3. Rd: Jede 3. M verdoppeln = 24 M
4. Rd: Jede 4. M verdoppeln = 30 M
5. Rd: Jede 5. M verdoppeln = 36 M
6. Rd: Jede 6. M verdoppeln = 42 M
7. Rd: Jede 7. M verdoppeln = 48 M
8. Rd: Jede 8. M verdoppeln = 54 M
9. Rd: Jede 9. M verdoppeln = 60 M
10. Rd: Jede 10. M verdoppeln = 66 M
11.–24. Rd: 66 fM
25. Rd: 6x ***9 fM, 2 M zusammenhäkeln*** = 60 M
26. Rd: 6x ***8 fM, 2 M zusammenhäkeln*** = 54 M
27. Rd: 6x ***7 fM, 2 M zusammenhäkeln*** = 48 M
28. Rd: 6x ***6 fM, 2 M zusammenhäkeln*** = 42 M

Mit dem Stopfen des Kopfes beginnen.

29. Rd: 6x ***5 fM, 2 M zusammenhäkeln*** = 36 M
30. Rd: 6x ***4 fM, 2 M zusammenhäkeln*** = 30 M
31. Rd: 6x ***3 fM, 2 M zusammenhäkeln*** = 24 M
32. Rd: 6x ***2 fM, 2 M zusammenhäkeln*** = 18 M
33. Rd: 6x ***1 fM, 2 M zusammenhäkeln*** = 12 M

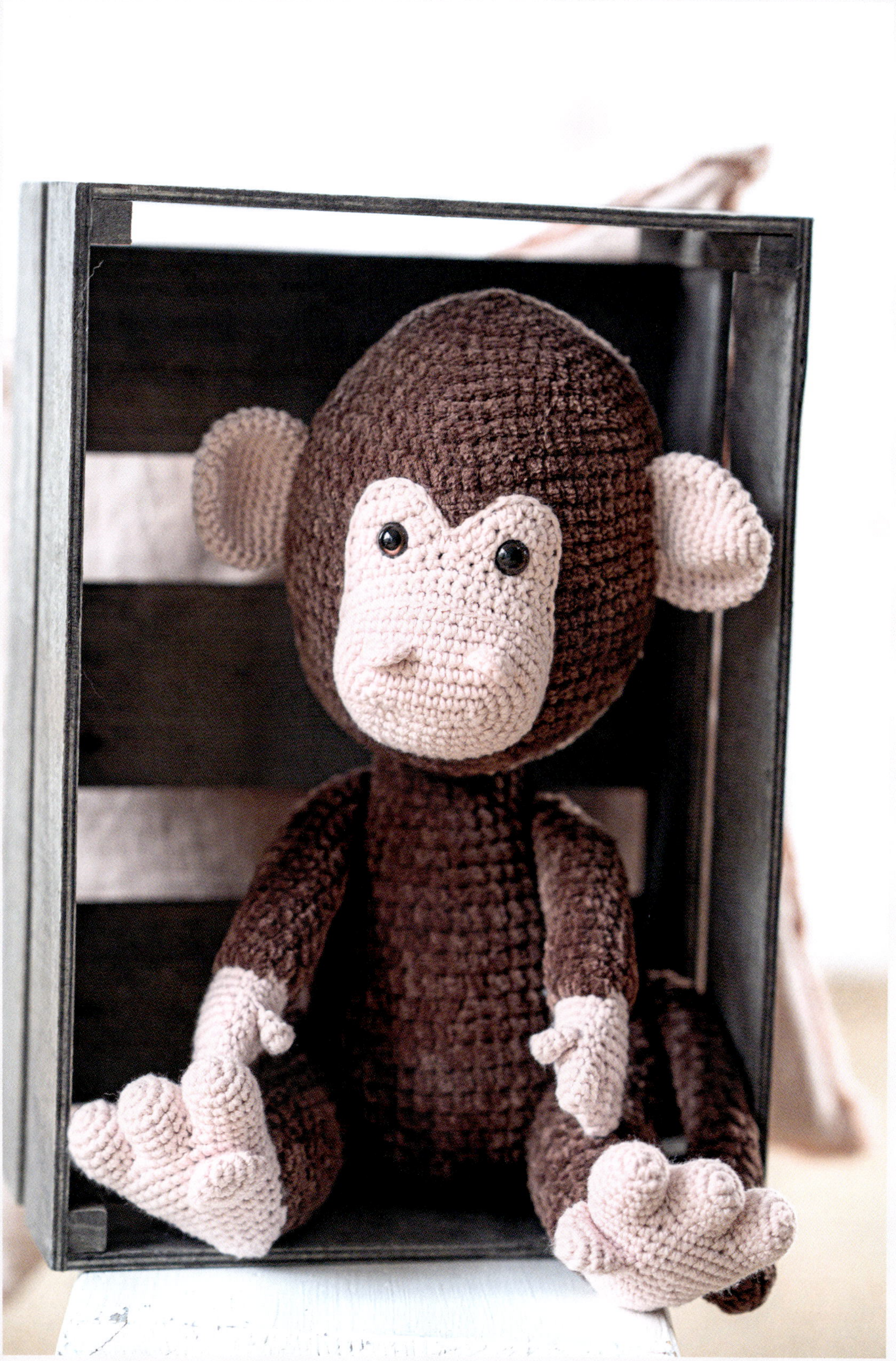

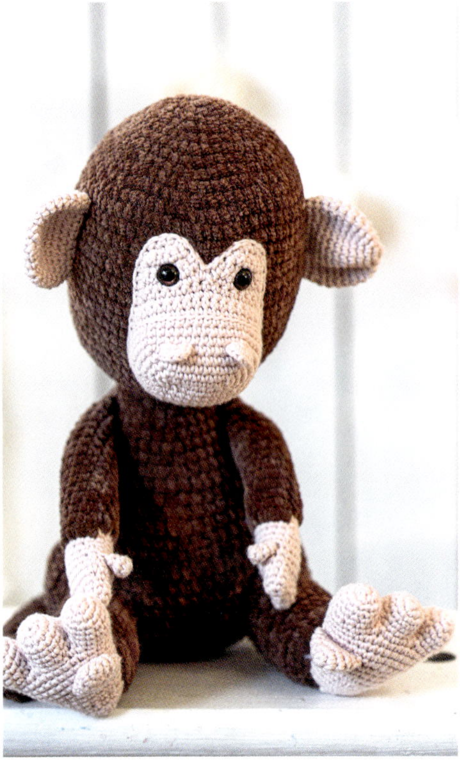

1

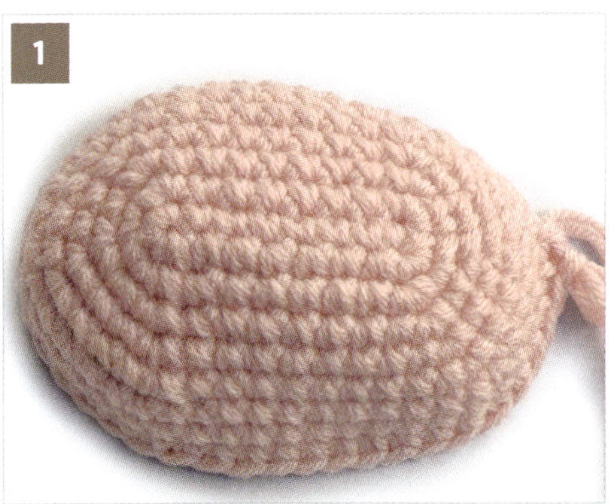

Den Kopf fertig stopfen und formen. Er sollte schön rund sein.

34. Rd: 6x ***2 M zusammenhäkeln*** = 6 M

Die Öffnung schließen und den Faden unsichtbar vernähen.

SCHNAUZE UND GESICHT

Mit Rose eine Lm-Kette aus 9 Lm häkeln.

1. Rd: Ab der 2ten M von der Nadel aus 7 fM, 3 fM in eine M, weiter auf der anderen Seite der Lm-Kette mit 6 fM, 2 fM in eine M = 18 M
2. Rd: 1 M verdoppeln, 6 fM, 3 M verdoppeln, 6 fM, 2 M verdoppeln = 24 M
3. Rd: 1 fM, 1 M verdoppeln, 6 fM, 3x ***1 fM, 1 M verdoppeln***, 6 fM, 2x ***1 fM, 1x verdoppeln*** = 30 M
4. Rd: 2 fM, 1 M verdoppeln, 6 fM, 3x ***2 fM, 1 M verdoppeln***, 6 fM, 2x ***2 fM, 1x verdoppeln*** = 36 M
5. Rd: 3 fM, 1 M verdoppeln, 6 fM, 3x ***3 fM, 1 M verdoppeln***, 6 fM, 2x ***3 fM, 1x verdoppeln*** = 42 M
6.–8. Rd: 42 fM

Die Arbeit nicht beenden. (1) Nun wird in Reihen das Gesicht angehäkelt.

9. R: 18 fM, dabei nur in das hintere Maschenglied einstechen
10. R: 2 M zusammenhäkeln, 14 fM, 2 M zusammenhäkeln = 16 M
11. R: 2 M zusammenhäkeln, 12 fM, 2 M zusammenhäkeln = 14 M
12. R: 14 fM

Die Arbeit nicht beenden. Es werden nun die Augenbögen separat angehäkelt. Für den linken Augenbogen die nächste Reihe mittig beenden und wenden.

13.–14. R: 7 fM
15. R: 2 M zusammenhäkeln, 3 fM, 2 M zusammenhäkeln = 5 M
16. R: 5 fM
17. R: 2 M zusammenhäkeln, 1 fM, 2 M zusammenhäkeln = 3 M

Den linken Augenbogen beenden. (2)

Für den rechten Augenbogen mittig an der Reihe 12 neu ansetzen und die Reihe 13–17 wiederholen. Die Arbeit nach dem rechten Augenbogen nicht beenden. Nun das komplette Gesicht mit einer Runde fM umhäkeln.

Die Arbeit beenden und einen Faden mit ca. 100 cm Länge zum Annähen an den Kopf hängen lassen.

Die Sicherheitsaugen mittig der Augenbögen zwischen den Reihen 12/13 anbringen. (3)

Die Schnauze stopfen und das Gesicht zwischen den Runden 12–29 an den Kopf nähen. (4)

NASENLÖCHER (2 x)

Mit Hautfarbe in einen flexiblen Fadenring 4 fM häkeln. Nun wird in Reihen weitergehäkelt.

1. R: Jede M verdoppeln, indem in jede M 2 M gehäkelt werden = 8 M

Die Arbeit beenden und einen Faden mit ca. 20 cm Länge zum Annähen an die Schnauze hängen lassen.
Die Nasenlöcher zwischen den Runden 5/6 parallel zu den Augen an die Schnauze nähen. (5)

OHR (2 x)

Mit Rose in einen flexiblen Fadenring 6 fM häkeln. Flexiblen Fadenring 6 fM häkeln.

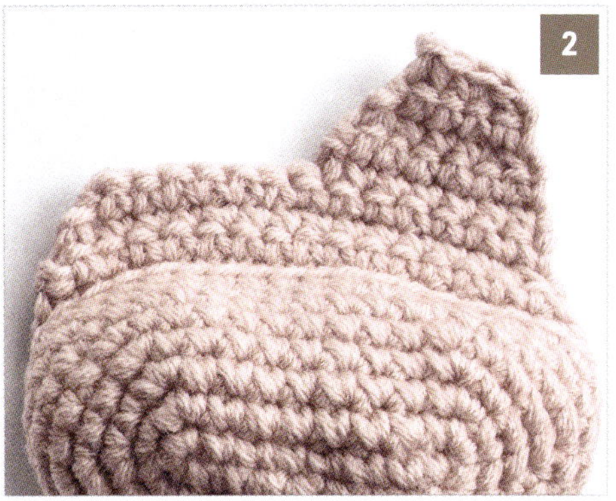

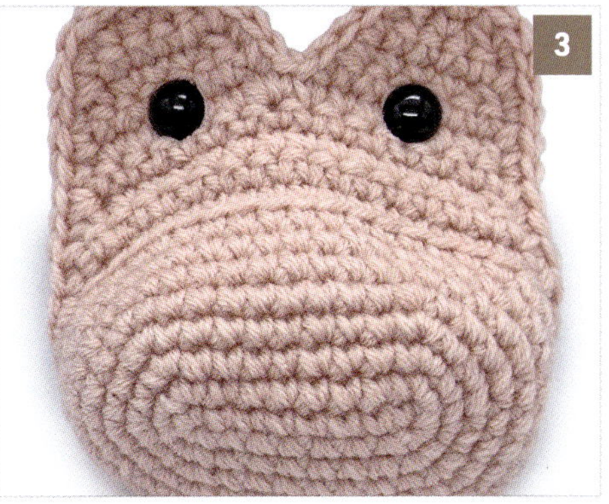

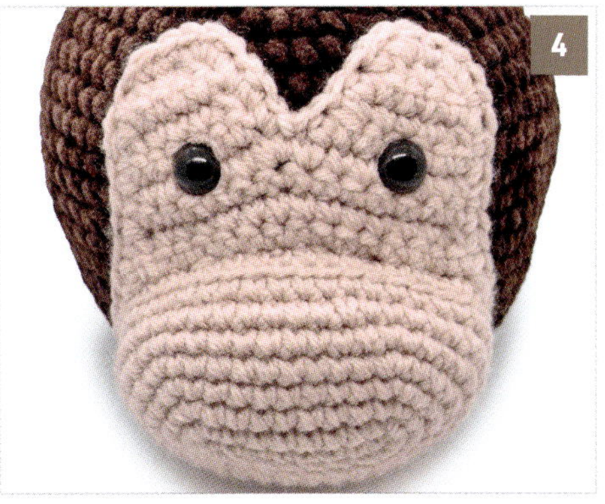

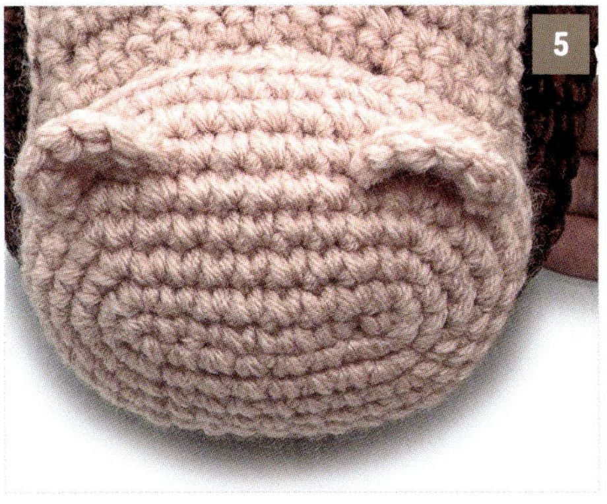

6

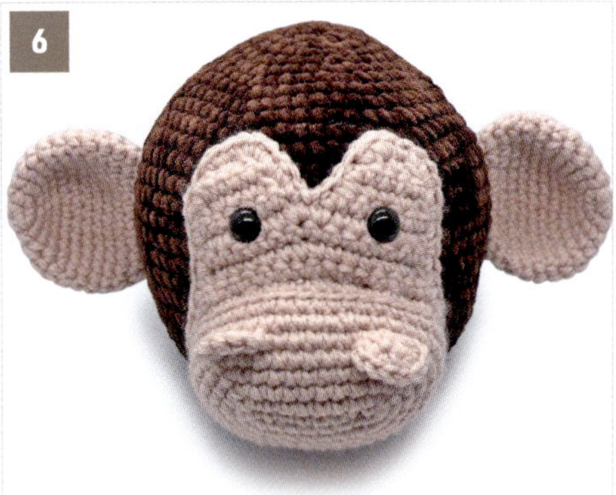

7

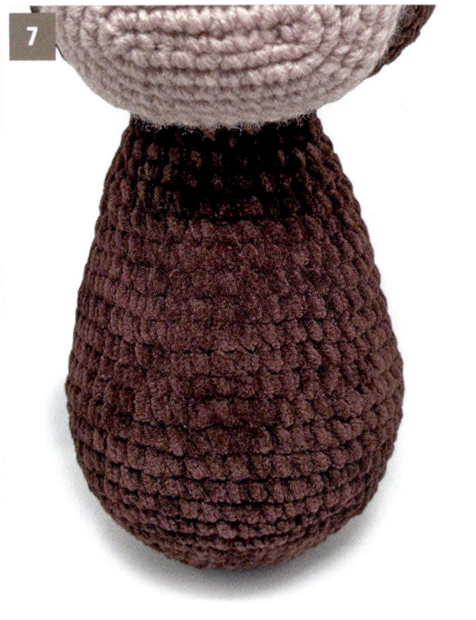

1. Rd: Jede M verdoppeln, indem in jede M 2 M gehäkelt werden = 12 M
2. Rd: Jede 2. M verdoppeln = 18 M
3. Rd: Jede 3. M verdoppeln = 24 M
4. Rd: Jede 4. M verdoppeln = 30 M
5.–9. Rd: 30 fM
10. Rd: 6x ***3 fM, 2 M zusammenhäkeln*** = 24 M
11. Rd: 6x ***2 fM, 2 M zusammenhäkeln*** = 18 M

Das Ohr wird nicht gestopft. Die Arbeit beenden und einen Faden mit ca. 30 cm Länge zum späteren Annähen hängen lassen.
Die Ohren werden seitlich, rechts und links zwischen den Runden 11/12–18/19 an den Kopf genäht. Der Abstand zu den Augen beträgt dabei ca. 7–8 M. (6)

KÖRPER

Mit Biber in einen flexiblen Fadenring 6 fM häkeln.

1. Rd: Jede M verdoppeln, indem in jede M 2 M gehäkelt werden = 12 M
2. Rd: Jede 2. M verdoppeln = 18 M
3. Rd: Jede 3. M verdoppeln = 24 M
4. Rd: Jede 4. M verdoppeln = 30 M
5. Rd: Jede 5. M verdoppeln = 36 M
6. Rd: Jede 6. M verdoppeln = 42 M
7. Rd: Jede 7. M verdoppeln = 48 M
8. Rd: Jede 8. M verdoppeln = 54 M
9.–15. Rd: 54 fM
16. Rd: 6x ***7 fM, 2 M zusammenhäkeln*** = 48 M
17.–18. Rd: 48 fM
19. Rd: 6x ***6 fM, 2 M zusammenhäkeln*** = 42 M
20.–21. Rd: 42 fM
22. Rd: 6x ***5 fM, 2 M zusammenhäkeln*** = 36 M
23.–24. Rd: 36 fM
25. Rd: 6x ***4 fM, 2 M zusammenhäkeln*** = 30 M

26. Rd: 30 fM
27. Rd: 6x ***3 fM, 2 M zusammenhäkeln*** = 24 M
28.–29. Rd: 24 fM

Den Körper fest stopfen und dabei formen.

Die Arbeit beenden und einen Faden mit ca. 60 cm Länge zum späteren Annähen hängen lassen. Den Körper mittig unter den Kopf nähen und bei Bedarf nachstopfen. (7)

FUSS (2 x)

Der Fuß besteht aus drei plus einer Zehe, welche zusammengehäkelt werden. Danach wird an ihnen direkt der Fuß angehäkelt. Dafür zunächst vier Zehen wie folgt anfertigen:

Mit Rose in einen flexiblen Fadenring 6 fM häkeln.

1. Rd: Jede M verdoppeln, indem in jede M 2 M gehäkelt werden = 12 M
2.–4. Rd: 12 fM

Die vierte Zehe nicht beenden, sondern beiseitelegen. Sie wird später direkt in Runde 5 angehäkelt. (8)

Nun werden in der 5. Runde alle drei Zehen miteinander verbunden. Dafür wird eine Runde fM auf der einen Seite hin und auf der anderen Seite zurück über alle Zehen gehäkelt. (9)

5. Rd: 6 fM Zeh 1, 6 fM Zeh 2, 12 fM Zeh 3, 6 fM Zeh 2, 6 fM Zeh 1 = 36 M

Die Löcher zwischen den Zehen mit den hängen gelassenen Fäden verschließen oder belassen. Sie sind später nicht mehr sichtbar.

Nun weiter den Fuß arbeiten.

6. Rd: 6x ***4 fM, 2 M zusammenhäkeln*** = 30 M

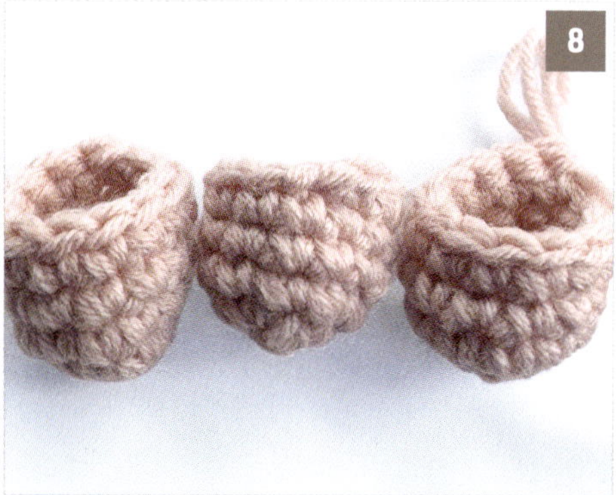

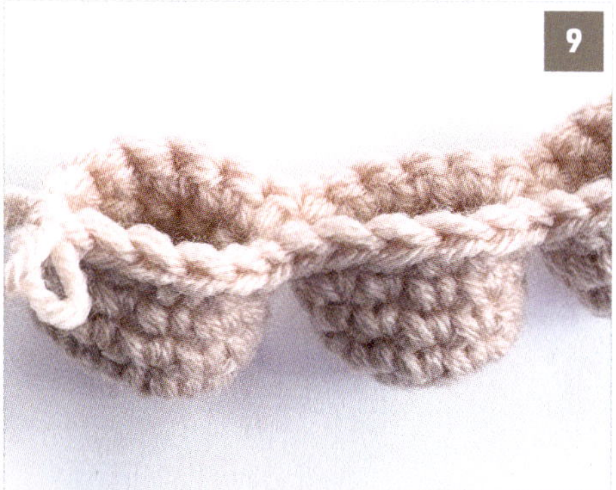

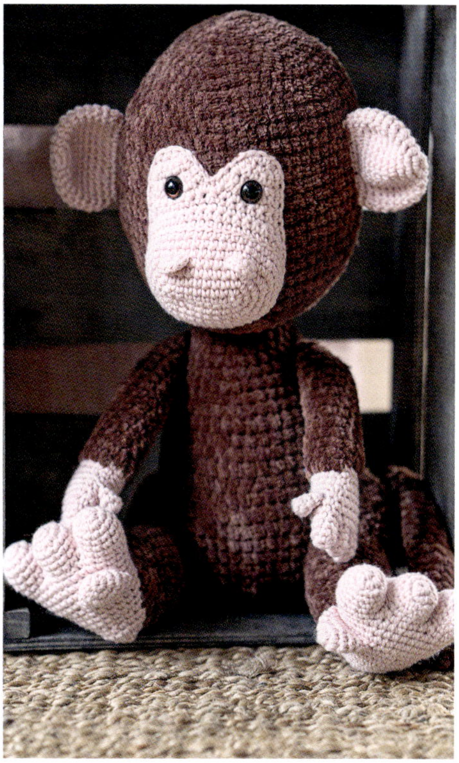

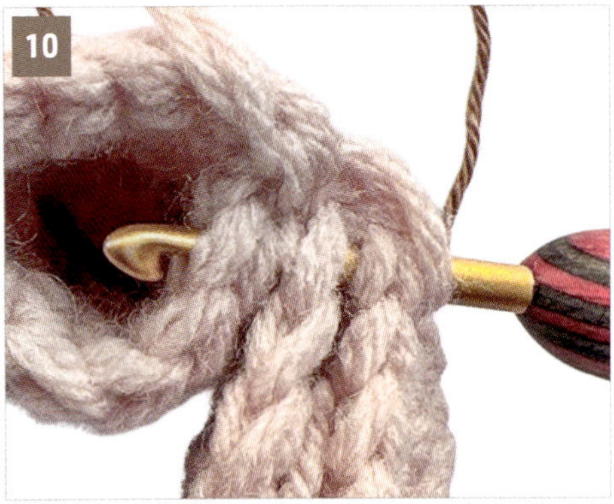

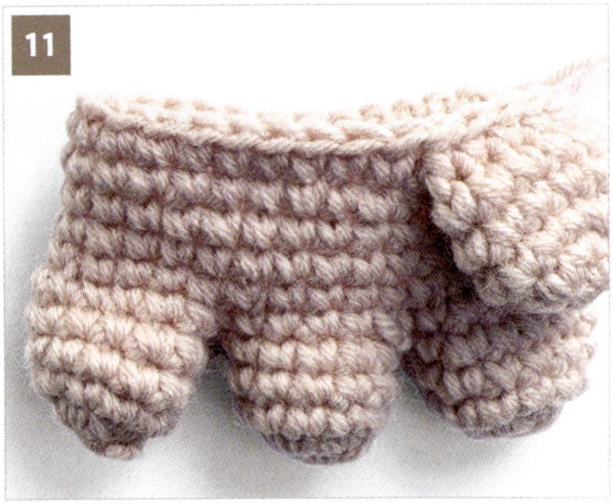

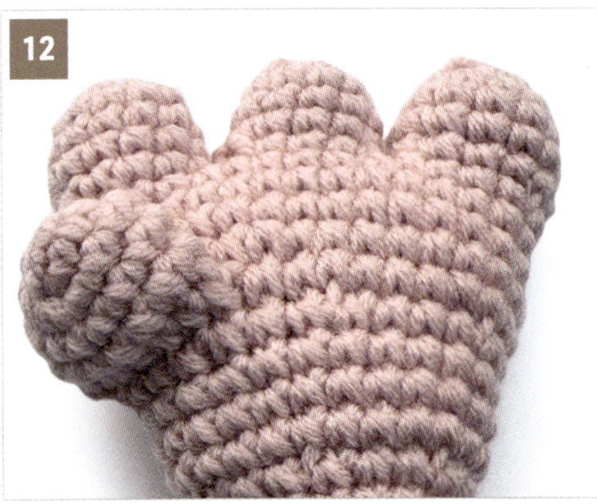

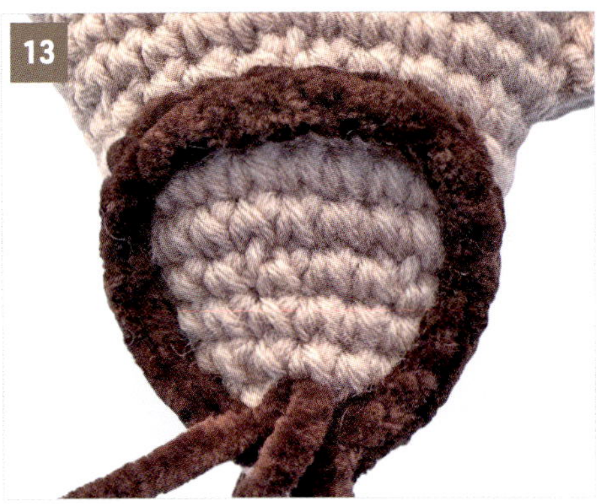

7.–9. Rd: 30 fM

Ab hier wird durch die Position der vierten Zehe in linken und rechten Fuß unterschieden.

Für den linken Fuß wie folgt häkeln:

10. Rd: 6 fM durch die 2 Lagen der Zehe und die M am Fuß, 24 fM = 30 M

Die vierte Zehe wird zusammen mit den ersten sechs Maschen der Runde 11 angehäkelt. Dabei darauf achten, dass alle drei Lagen durchstochen werden. (10,11)

11. Rd: 6x ***3 fM, 2 M zusammenhäkeln*** = 24 M
12.–14. Rd: 24 fM
15. Rd: 6x ***2 fM, 2 M zusammenhäkeln*** = 18 M
16.–17. Rd: 18 fM

Den Fuß nicht zu fest bis in die Zehen stopfen und formen.

18. Rd: 6x ***1 fM, 2 M zusammenhäkeln*** = 12 M
19. Rd: 6x 2 M zusammenhäkeln = 6 M

Die Arbeit beenden, die Öffnung schließen und den Faden unsichtbar vernähen. (12)

Den rechten Fuß gegengleich arbeiten. Darauf achten, dass die vierte Zehe auf der anderen Seite angehäkelt wird. Hierzu in der Runde 11 mit den letzten sechs Maschen der Runde zusammenhäkeln.

BEIN (2 x)

Gehäkelt wird zunächst in Runden, dann in Reihen. Mit Biber eine Runde aus 22 fM auf den Fuß häkeln. Hierbei in der ersten Runde mittig zwischen Runde 18/19 des Fußes beginnen und bis Runde 11/12 des Fußes reichen. (13) Dies erleichtert später die Unterscheidung zwischen linkem und rechtem Fuß. Die erste Runde des Beines liegt hierbei oben auf dem Fuß (Seite ohne vierte Zehe). (14)

1.–9. Rd: 22 fM
10. Rd: 2 M zusammenhäkeln, 18 fM, 2 M zusammenhäkeln = 20 M

Nun wird in Reihen weitergearbeitet. Dafür die Stellung der vierten Zehe beachten, um das richtige Bein zu erhalten. Die Zehe muss sich bei Draufsicht für das rechte Bein links unten und für das linke Bein rechts unten befinden. Vor der 11. Reihe noch für das rechte Bein eine M und für das linke Bein 2 M in der Runde weiterhäkeln. Dies ist nötig, um jeweils die Mitte des Beines zu erreichen.

Für das rechte Bein eine zusätzliche fM in der Runde arbeiten.

11. R: Arbeit wenden, 10 fM
12. R: 1 M verdoppeln, 8 fM, 1 M verdoppeln = 12 M
13. R: 5 fM, 2 M verdoppeln, 5 fM = 14 M
14. R: 14 fM
15. R: 5 fM, 2x ***2 M zusammenhäkeln***, 5 fM = 12 M
16. R: 2 M zusammenhäkeln, 8 fM, 2 M zusammenhäkeln = 10 M
17. R: 2 M zusammenhäkeln, 6 fM, 2 M zusammenhäkeln = 8 M
18. R: 2 M zusammenhäkeln, 4 fM, 2 M zusammenhäkeln = 6 M
19. R: 3x ***2 M zusammenhäkeln*** = 3 M
20. R: 3 M zusammenhäkeln

Die Arbeit nicht beenden. Die Öffnung mit einer Runde fM umhäkeln.

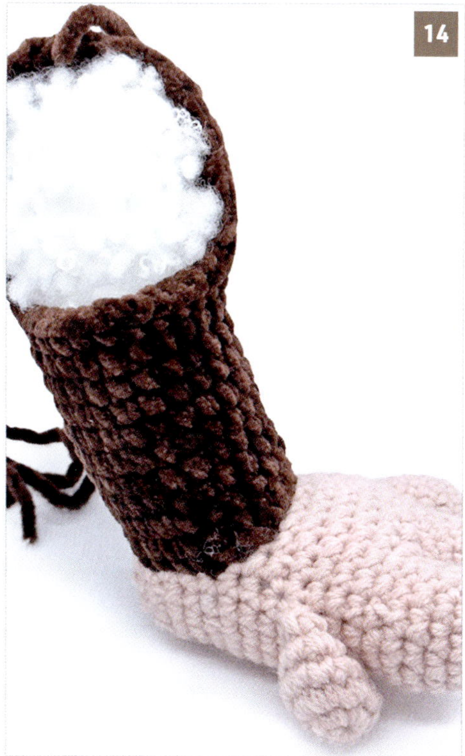
14

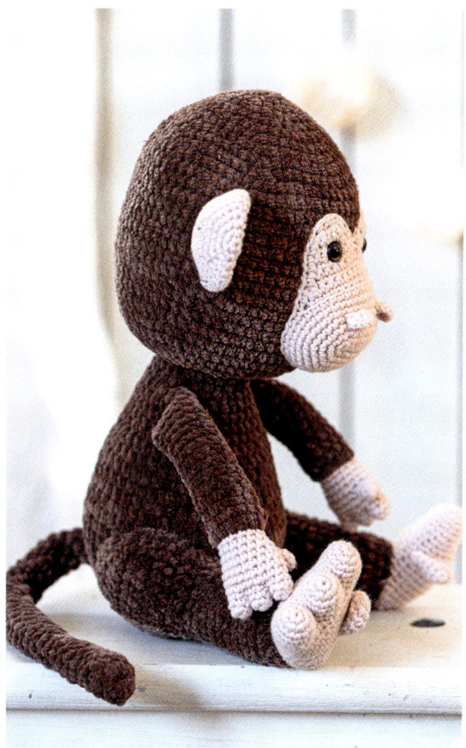

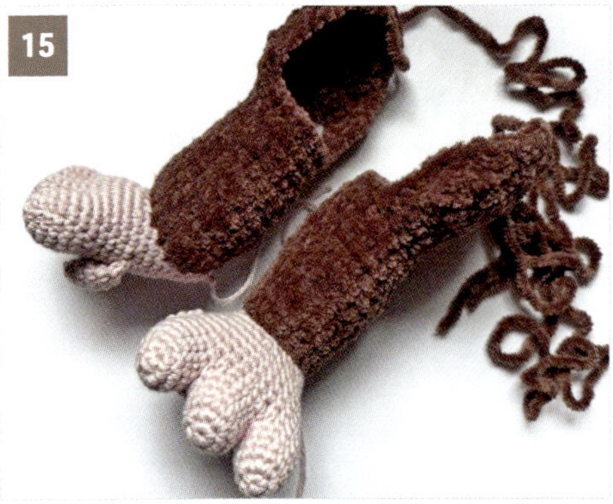

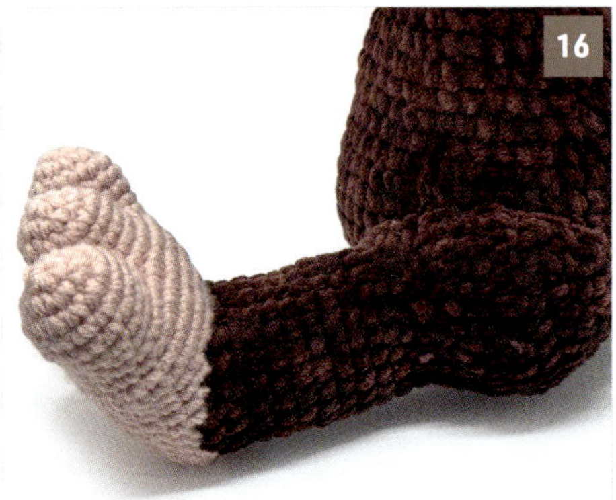

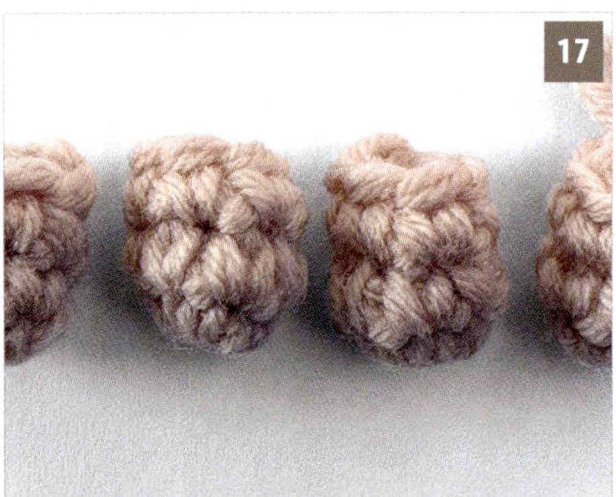

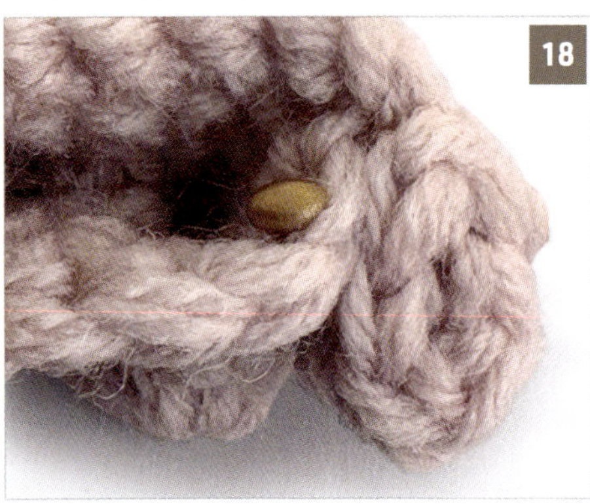

Nun den Faden lang abschneiden und mit ca. 70 cm Länge zum Annähen an den Körper hängen lassen.

Das Bein und den Schenkel mit Füllwatte stopfen und formen.

Das linke Bein gegengleich arbeiten und vor dem Beginn der Reihen 12 zusätzliche fM in der Runde arbeiten. Nun weiter ab Reihe 11 wie beim rechten Bein. (15)

Die Beine werden zwischen den Runden 5–15 des Körpers seitlich angenäht. Der Abstand zwischen den Beinen beträgt am Bauch 8 M. Wenn notwendig während des Annähens nochmals etwas nachstopfen. (16)

HAND MIT ARM (2 x)

Die Hand besteht aus drei plus einem Finger, welche zusammengehäkelt werden. Danach wird an ihnen direkt die Hand angehäkelt. Dafür zunächst vier Finger wie folgt anfertigen:

Mit Rose in einen flexiblen Fadenring 6 fM häkeln.

1.–2. Rd: 6 fM

Den vierten Finger nicht beenden, sondern beiseitelegen. Er wird später direkt in Runde 3 angehäkelt. (17)

Nun werden in der 3. Runde alle drei Finger miteinander verbunden. Dafür wird eine Runde fM auf der einen Seite hin und auf der anderen Seite zurück über alle Finger gehäkelt.

3. Rd: 3 fM Finger 1, 3 fM Finger 2, 6 fM Finger 3, 3 fM Finger 2, 3 fM Finger 1 = 18 M
4.–5. Rd: 18 fM

Die Löcher zwischen den Fingern mit den hängen gelassenen Fäden verschließen oder belassen. Sie sind später nicht mehr sichtbar.

Nun weiter die Hand arbeiten. Ab hier wird durch die Position des vierten Fingers in linke und rechte Hand unterschieden.

Für die linke Hand den vierten Finger zusammen mit den ersten 3 M der Runde 6 anhäkeln. Dabei darauf achten, dass alle drei Lagen durchstochen werden. (18)

6. Rd: 3 fM durch die 2 Lagen des Fingers und die M an der Hand, 15 fM = 18 M
7. Rd: 2x ***7 fM, 2 M zusammenhäkeln*** = 16 M
8. Rd: 16 fM
9. Rd: 2x ***6 fM, 2 M zusammenhäkeln*** = 14 M
10. Rd: 14 fM

Die Hand nicht zu fest stopfen und formen. (19)

Nun für den Arm zu Biber wechseln.

11. Rd: 14 fM
12. Rd: 2x ***5 fM, 2 M zusammenhäkeln*** = 12 M
13.–25. Rd: 12 fM

Den Arm leicht nachstopfen und noch nicht beenden.

Die Öffnung flach drücken und mit 6 fM zuhäkeln. Vorher ggf. zusätzliche M in der Runde häkeln, um die Mitte des Armes zu erreichen.

Die Arbeit beenden und einen Faden mit ca. 30 cm Länge zum Annähen an den Körper hängen lassen.

Die rechte Hand mit dem rechten Arm gegengleich arbeiten. Dabei darauf achten, dass der vierte Finger auf der anderen Seite angehäkelt wird. Dafür den Finger in der Runde 6 mit den letzten 3 Maschen zusammenhäkeln.

SCHWANZ

Mit Biber in einen flexiblen Fadenring 8 fM häkeln.

1.–34. Rd: 8 fM

Die Arbeit beenden und einen Faden mit ca. 30 cm Länge zum Annähen an den Körper hängen lassen.

ZU GUTER LETZT

Die Arme seitlich rechts und links direkt unter dem Kopf am Halsende annähen. Die Arme bilden dabei etwa. eine Linie mit dem Schenkelende. Den Schwanz hinten mittig in Höhe der Runde 8 an den Körper nähen.
Alle Fäden vernähen.

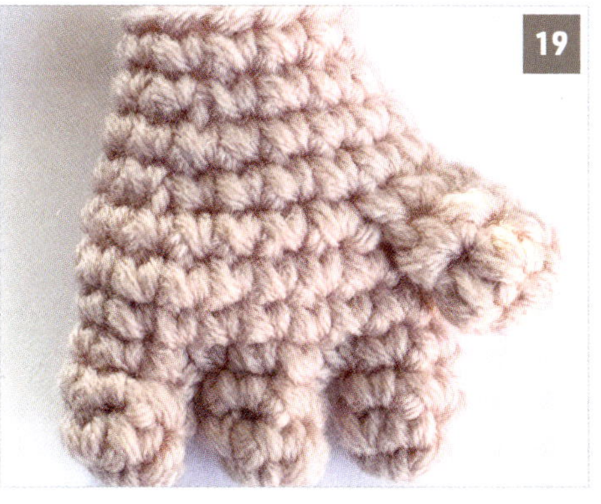

19

Schildkröte Tristan

SCHWIERIGKEITSGRAD: LEICHT
GRÖSSE: CA. 30 CM LANG

MATERIAL:

- Samt (100 % Polyester) von myboshi mit einer Lauflänge von 100 m / 100 g: je 100 g in Dino und Robbe
- No.2 (85 % Baumwolle, 15 % Kapok) von myboshi mit einer Lauflänge von 100 m / 50 g: je ein Rest in Weiß, Silber und Schwarz
- 1 Paar schwarze Sicherheitsaugen mit einem Durchmesser von 9 mm
- ca. 150 g Füllwatte
- Stecknadeln oder Maschenmarkierer
- 1 Häkelnadel 3,5 mm

GRUNDMUSTER FESTE MASCHEN:

- In Rd und R fM oder wie angegeben häkeln. Die Maschen möglichst fest häkeln, damit die Füllwatte nicht herausschaut. Wenn nötig, die Nadelstärke entsprechend anpassen.
- R: Jede R mit einer Wende-Lm beginnen. Die Wende-Lm ersetzt nicht die 1. M und wird zusätzlich zur M-Zahl gehäkelt.
- Spiral-Rd: Die Rd werden endlos gehäkelt und weder mit einer Steige-Lm begonnen noch geschlossen.

VORDERE FLOSSEN (2 x)

Mit Robbe und Häkelnadel 3,5 mm 2 Lm häkeln.

1. Rd: 6 fM in die 1. Lm = 6 M
2. Rd: Jede M verdoppeln, indem in jede M 2 M gehäkelt werden = 12 M
3. Rd: Jede 2. M verdoppeln = 18 M
4. Rd: 1 fM, 1 M verdoppeln, 5x ***2 fM, 1 M verdoppeln***, 1 fM = 24 M
5. Rd: Jede 4. M verdoppeln = 30 M
6. Rd: 2 fM, verdoppeln, 5x ***4 fM, verdoppeln***, 2 fM = 36 M

Den Kreis falten und durch beide gegenüberliegenden Maschen in Reihen weiterhäkeln. (1)

7. R: 1 fM, 5x ***3 Stb in die nächste M, 1 fM***, 6 fM, 1 Wende-Lm = 27 M
8. R: 6 fM

Die Flosse wird nicht befüllt. Den Faden lang abschneiden und die zweite Flosse ebenso arbeiten.

HINTERE FLOSSE (2 x)

Mit Robbe und Häkelnadel 3,5 mm 2 Lm häkeln.

1. Rd: 6 fM in die 1. Lm = 6 M
2. Rd: Jede M verdoppeln, indem in jede M 2 M gehäkelt werden = 12 M
3. Rd: Jede 2. M verdoppeln = 18 M
4. Rd: 1 fM, 1 M verdoppeln, 5x ***2 fM, 1 M verdoppeln***, 1 fM = 24 M

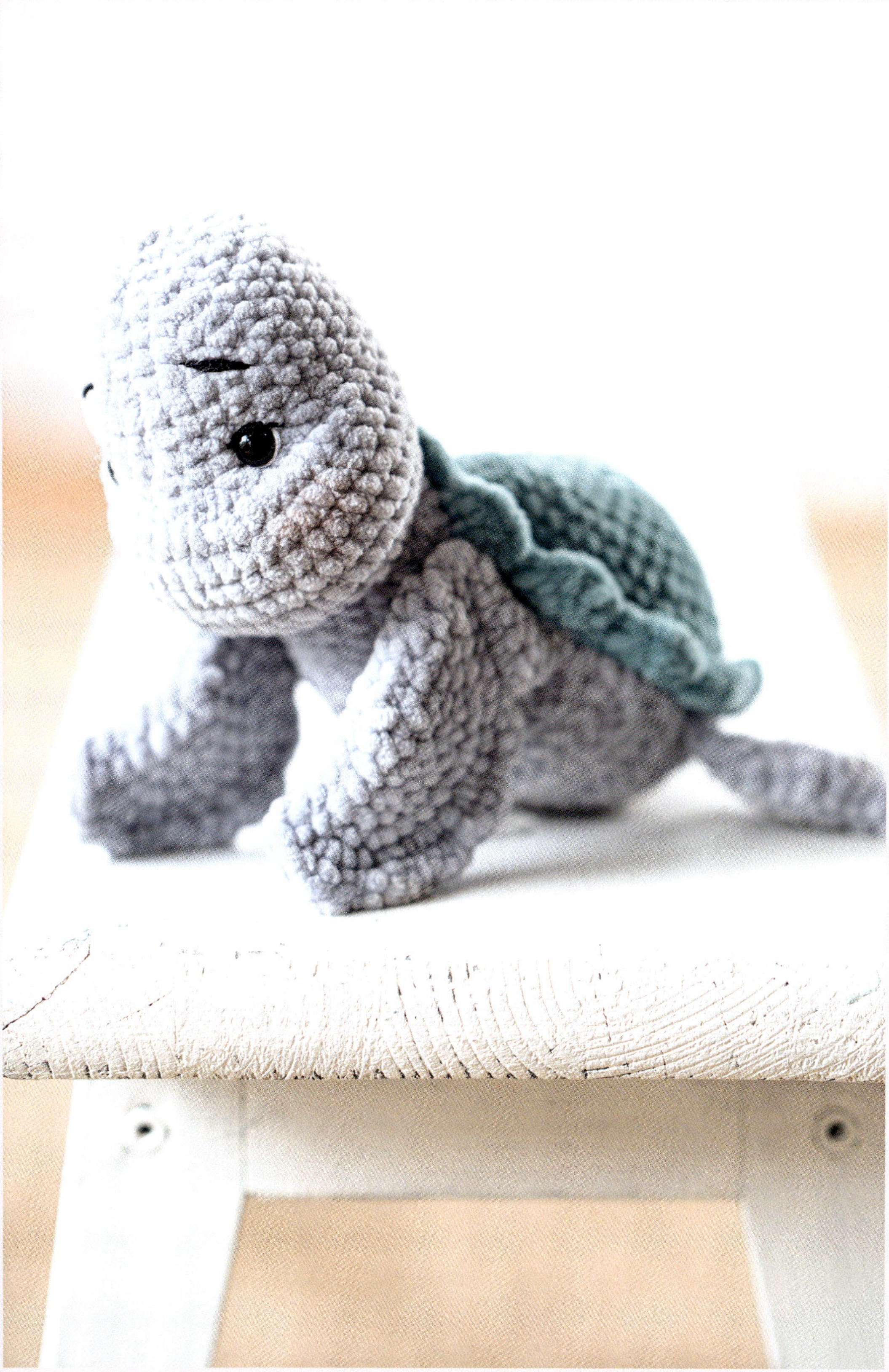

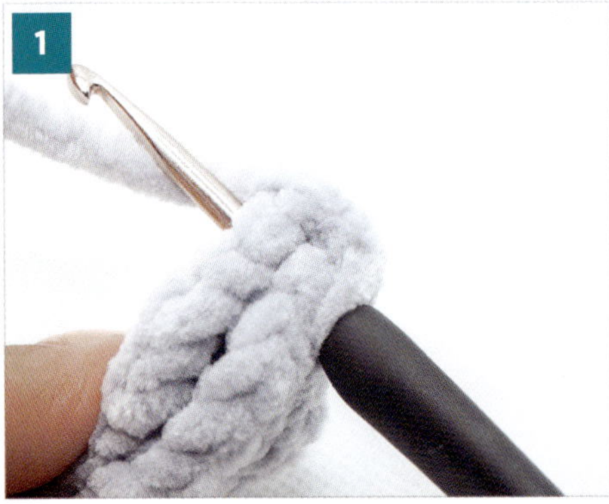

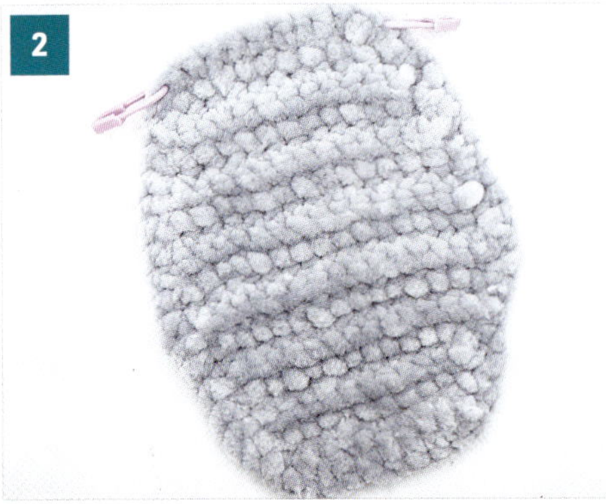

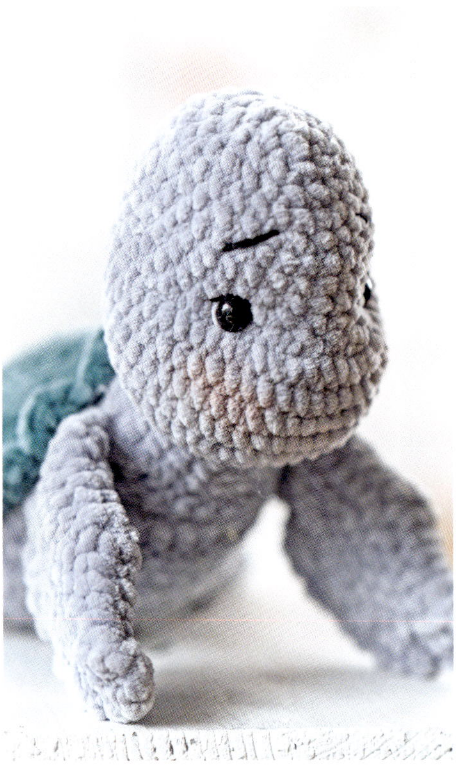

Den Kreis falten und durch beide gegenüberliegenden Maschen in Reihen weiterhäkeln.

5. R: 1 fM, 3x ***3 Stb in die nächste M, 1 fM***, 4 fM, 1 Wende-Lm = 17 M
6. R: 4 fM

Die Flosse wird nicht befüllt. Den Faden lang abschneiden und die zweite Flosse ebenso arbeiten.

BAUCH

Mit Robbe und Häkelnadel 3,5 mm 11 Lm häkeln.

In jeder Reihe nur ins hintere Maschenglied einstechen.

1. R: 1 M verdoppeln, 8 fM, 1 M verdoppeln = 12 M
2. R: 12 fM
3. R: 1 M verdoppeln, 10 fM, 1 M verdoppeln = 14 M
4. R: 14 fM
5. R: 1 M verdoppeln, 12 fM, 1 M verdoppeln = 16 M
6.–7. R: 16 fM
8. R: 2 M zusammenhäkeln, 12 fM, 2 M zusammenhäkeln = 14 M
9. R: 14 fM
10. R: 2 M zusammenhäkeln, 10 fM, 2 M zusammenhäkeln = 12 M
11. R: 12 fM, 1 Wende-Lm
12. R: 2 M zusammenhäkeln, 8 fM, 2 M zusammenhäkeln = 10 M
13. R: 10 fM

Den Bauch gleichmäßig mit 54 fM umhäkeln und mit einer Kett-M schließen. Den Faden abschneiden und vernähen. An der kürzeren Seite jeweils eine M markieren. Zwischen den beiden Markierungen liegen dann 9 M. (2)

PANZER

Mit Dino und 2 Lm häkeln.

1. Rd: 6 fM in die erste Lm = 6 M
2. Rd: Jede M verdoppeln, indem in jede M 2 M gehäkelt werden = 12 M
3. Rd: Jede 2. M verdoppeln = 18 M
4. Rd: 1 fM, 1 M verdoppeln, 5x ***2 fM, 1 M verdoppeln***, 1 fM = 24 M
5. Rd: Jede 4. M verdoppeln = 30 M
6. Rd: 2 fM, verdoppeln, 5x ***4 fM, verdoppeln***, 2 fM = 36 M
7. Rd: Jede 6. M verdoppeln = 42 M
8. Rd: 42 fM
9. Rd: 3 fM, 1 M verdoppeln, 5x ***6 fM, 1 M verdoppeln ***, 3 fM = 48 M
10. Rd: 48 fM
11. Rd: Jede 8. M verdoppeln = 54 M

Mit einer Kett-M schließen, den Faden abschneiden und vernähen.

Nun wird der Panzer mit dem Bauch verbunden. Mit Dino an der linken markierten Masche des Bauches beginnen und Panzer und Bauch bis zur nächsten Markierung mit 45 fM zusammenhäkeln. (3)

Nun wird der Panzer noch um eine Runde verbreitert. Hierzu weiter wie folgt in der Runde häkeln:

1. Rd: Kett-M ins vordere Maschenglied des Panzers, 2x ***1 M überspringen, 4 hStb ins nächste vordere Maschenglied, 1 M überspringen, 1 Kett-M ins vordere Maschenglied***

Ab hier wieder durch beide Maschenglieder weiterhäkeln, 11x ***1 M überspringen, 4 hStb in die nächste M, 1 M überspringen, 1 Kett-M***
Den Faden abschneiden und vernähen. (4)
Den Körper mit Füllwatte stopfen.

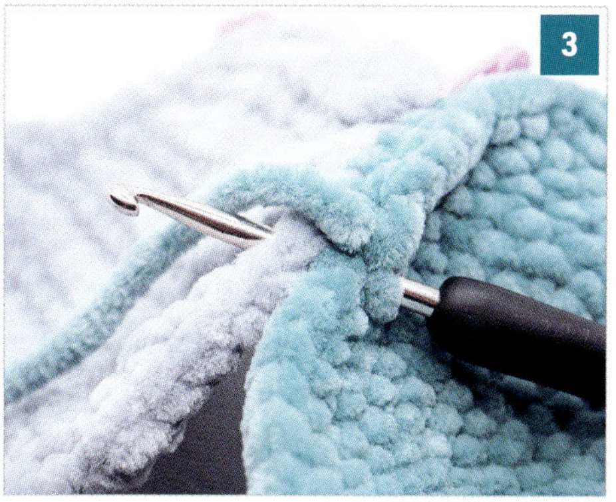

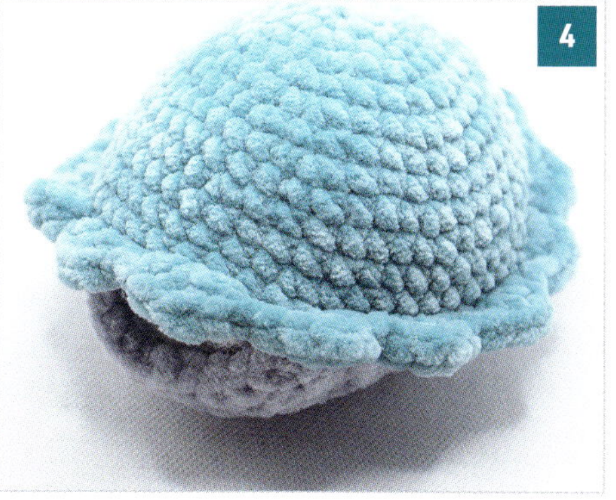

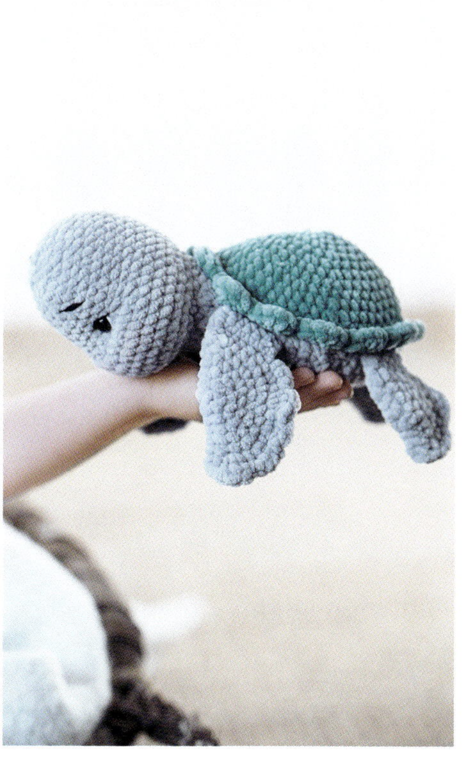

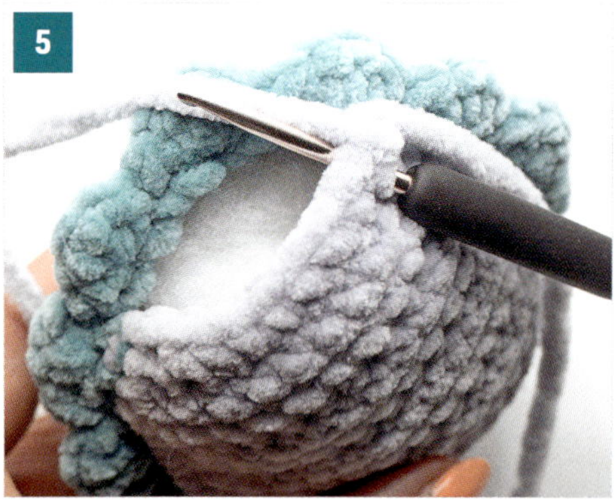

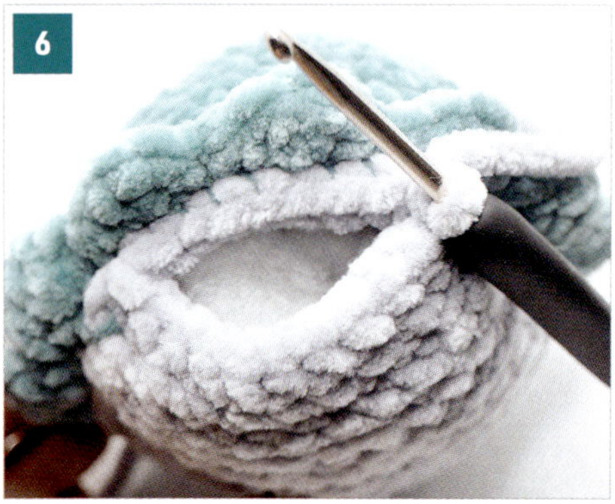

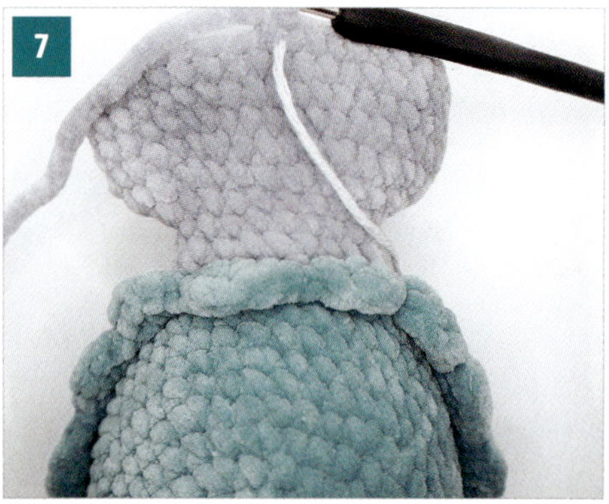

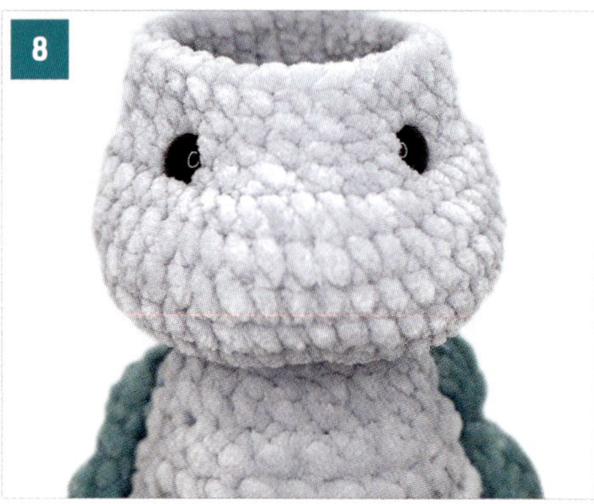

KOPF

In Robbe in der rechten Masche des Bauches beginnen (5) und wie folgt weiterarbeiten: 9 fM in den Bauch, 1 fM in die Ecke, 9 fM ins hintere Maschenglied der Verbindungsrunde, 1 fM in die Ecke = 20 M. An dieser Stelle eine Markierung setzen. (6)

2. Rd: 9 fM, 2 M zusammenhäkeln, 7 fM, 2 M zusammenhäkeln = 18 M
3. Rd: 18 fM
4. Rd: 10 M verdoppeln, 8 fM = 28 M
5. Rd: Jede 4. M verdoppeln = 35 M
6. Rd: 2 fM, 1 M verdoppeln, 6x ***4 fM, 1 M verdoppeln ***, 2 fM = 42 M
7.–9. Rd: 42 fM

Nun noch weitere fM häkeln, bis die hintere Mitte erreicht ist. (7)

10. Rd: 9 fM, 12x *** 2 M zusammenhäkeln, *** 9 fM = 30 M
11.–14. Rd: 30 fM

Nun die Sicherheitsaugen mittig der Abnahmen zwischen der 10. und 11. Runde mit einem Abstand von 6 M einsetzen. (8)

15. Rd: 6x ***2 M zusammenhäkeln, 3 fM*** = 24 M
16. Rd: 24 fM

Nun den Kopf nach und nach mit Füllwatte stopfen.

7. Rd: 1 fM, 2 M zusammenhäkeln, 5x ***2 fM, 2 M zusammenhäkeln***, 1 fM = 18 M
18. Rd: 6x ***2 M zusammenhäkeln, 1 fM*** = 12 M
19. Rd: 6x *** 2 M zusammenhäkeln = *** 6 M

Den Faden lang abschneiden. Bevor die Öffnung verschlossen wird, werden die Augen noch eingezogen. Hierfür wie folgt vorgehen:

Mit einem langen Faden Silber durch die Öffnung des Kopfes von innen nach außen durch eine Masche rechts nah am rechten Auge he-rausstechen und links nah am Auge wieder einstechen. Am linken Auge ebenso verfahren. Die beiden Fäden nun an der Öffnung des Kopfes sehr fest miteinander verknoten. (9)

Die Fäden im Kopf verstecken und die Öffnung schließen. Dazu den hängenden Faden Robbe durch das vordere Maschenglied der letzten Runde fädeln und den Faden fest anziehen. Den Faden vernähen.

ZU GUTER LETZT

Zunächst die untere Hälfte der Augen mit Weiß sticken. Die Wimpern und Brauen in Schwarz arbeiten. (10) Die Wangen können mit etwas Rouge gefärbt werden. Die hinteren Flossen am Übergang zum Panzer annähen. Dabei da-rauf achten, dass die letzte Runde nach innen zeigt. (11) Die vorderen Flossen ebenso annähen, dabei liegt die obere Kante direkt unterhalb des Kopfes. (12)

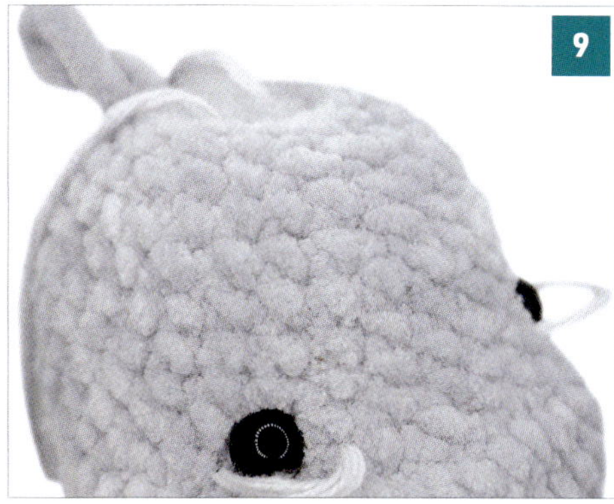
9

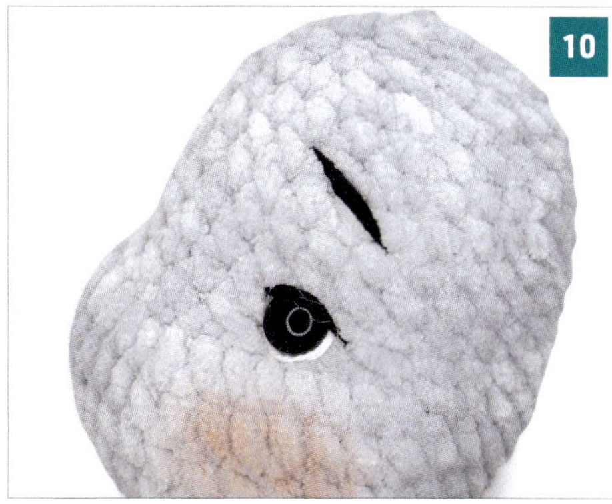
10

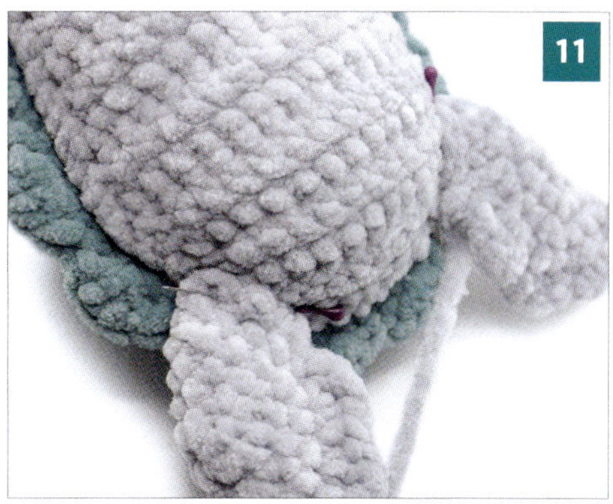
11

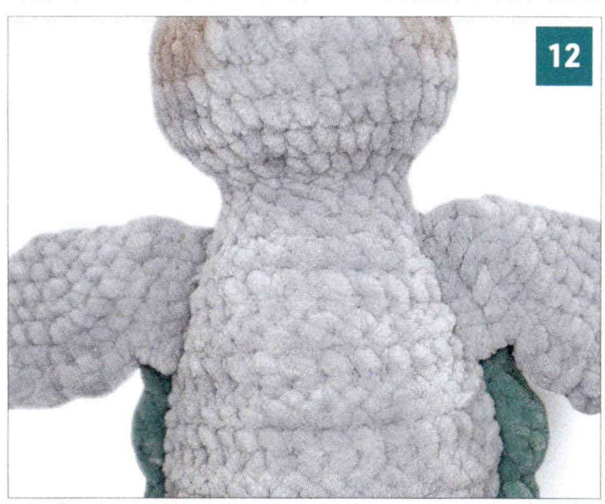
12

Krokodil Samu

SCHWIERIGKEITSGRAD: MITTEL
GRÖSSE: CA. 32 CM LANG

MATERIAL:

- Samt (100 % Polyester) von myboshi mit einer Lauflänge von 100 m / 100 g: 200 g in Krokodil
- No.2 (85 % Baumwolle, 15 % Kapok) von myboshi mit einer Lauflänge von 100 m / 50 g: je 50 g in Saphir und Blaubeere
- 1 Paar schwarze Sicherheitsaugen mit einem Durchmesser von 10 mm
- ca. 200 g Füllwatte
- Stecknadeln oder Maschenmarkierer
- Reste von Baumwollgarn in hellgrün und Weiß
- 1 Häkelnadel 4 mm und 3,5 mm

GRUNDMUSTER FESTE MASCHEN:

- In Rd und R fM oder wie angegeben häkeln. Die Maschen möglichst fest häkeln, damit die Füllwatte nicht herausschaut. Wenn nötig, die Nadelstärke entsprechend anpassen.
- Spiral-Rd: Die Rd werden endlos gehäkelt und weder mit einer Steige-Lm begonnen noch geschlossen.

AUGEN (2 x)

Mit Krokodil und Häkelnadel 3,5 mm 2 Lm häkeln.

1. Rd: 6 fM in die 2. Lm ab Nadel arbeiten = 6 M
2. Rd: Jede 2. M verdoppeln, indem in jede 2. M 2 M gehäkelt werden = 9 M
3. Rd: Jede 3. M verdoppeln = 12 M
4.–5. Rd: 12 fM = 12 M

Mit Füllwatte füllen und die Sicherheitsaugen anbringen. Die Kanten aufeinanderlegen und mit 6 fM zusammenhäkeln. Den Faden lang abschneiden und durchziehen. (1)

SCHNAUZE

Mit Krokodil und Häkelnadel 3,5 mm 7 Lm häkeln. (2)

1. Rd: 5 fM von der 2. Lm ab Nadel arbeiten, 3 fM in die letzte Lm, weiter auf der Unterseite mit 4 fM, 2 fM in die letzte M = 14 M
2. Rd: 1 M verdoppeln, 4 fM, 3 M verdoppeln, 4 fM, 2 M verdoppeln = 20 M
3. Rd: 1 M verdoppeln, 8 fM, 2 M verdoppeln, 8 fM, 1 M verdoppeln = 24 M
4.–6. Rd: 24 fM
7. Rd: 3 fM, 1 M verdoppeln, 3x *** 1 fM, 1 M verdoppeln***, 14 fM = 28 M
8.–10. Rd: 28 fM
11. Rd: 2x ***3 fM, 1 M verdoppeln, 2 fM, 1 M verdoppeln***, 14 fM = 32 M
12.–16. Rd: 32 fM = 32 M
17. Rd: 4x***4 fM, 1 M verdoppeln***, 12 fM = 36 M
18. Rd: 36 fM

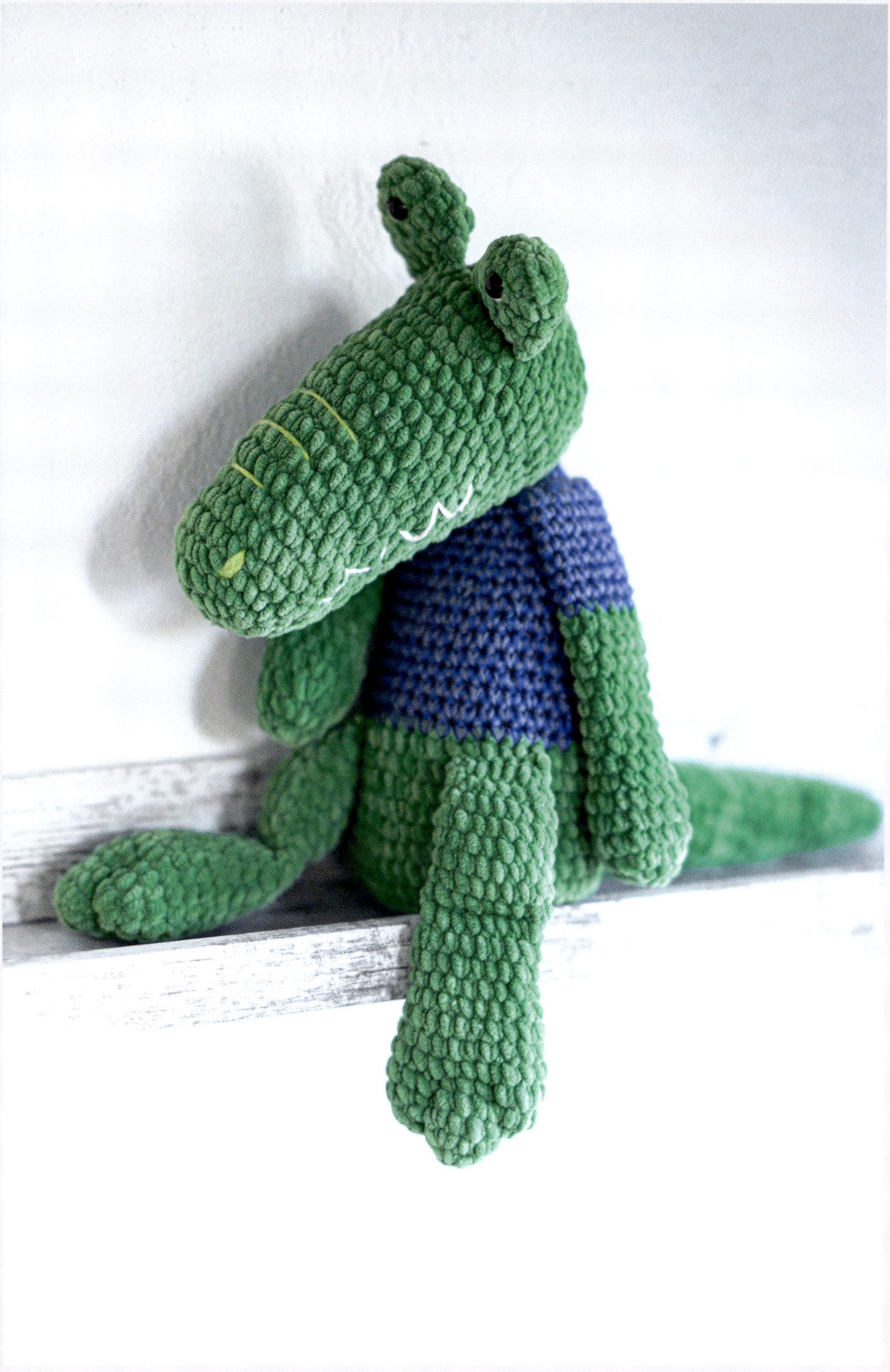

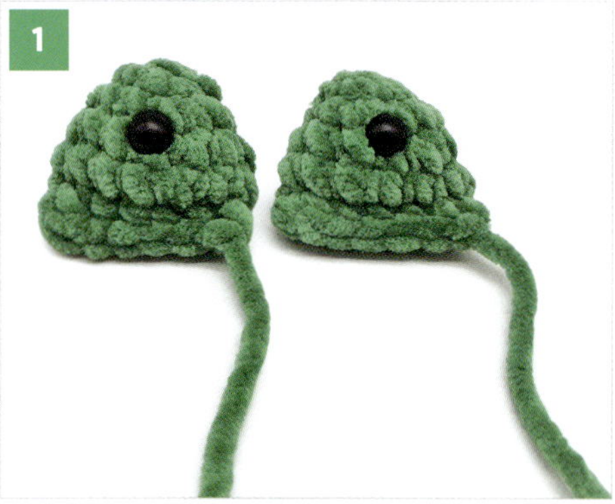
1

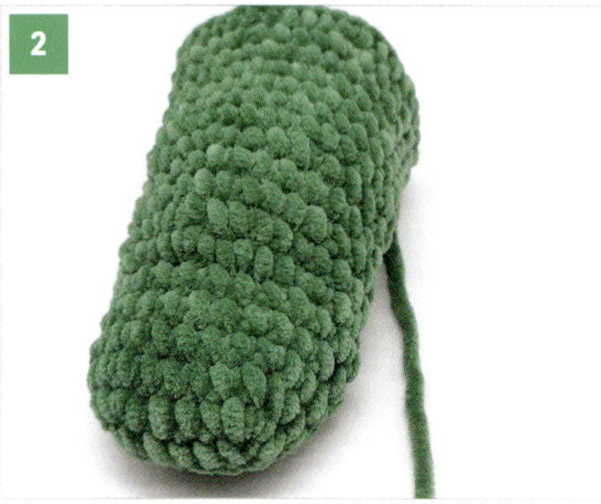
2

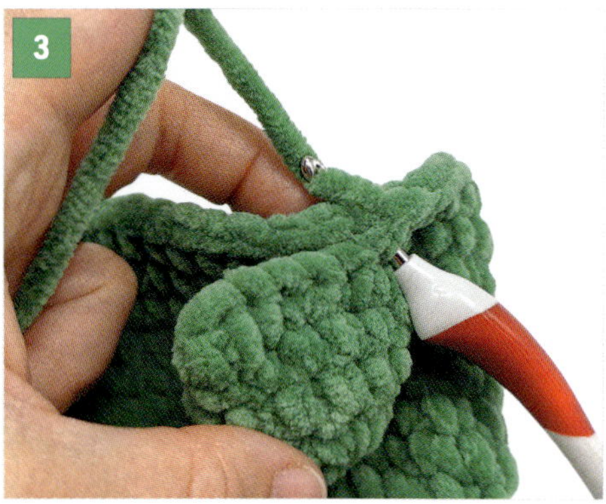
3

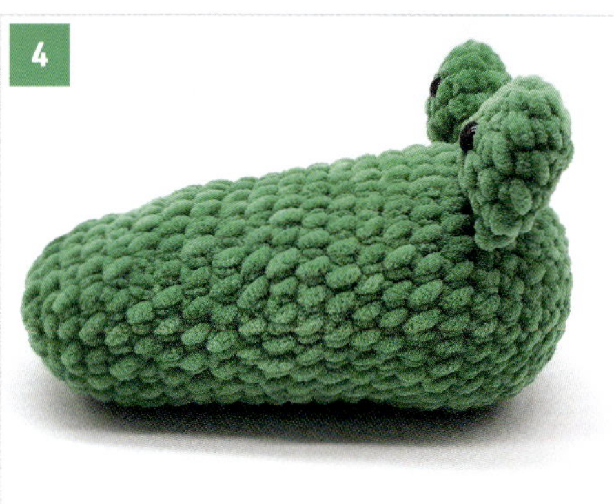
4

Nun werden die Augen eingehäkelt. (3) Dazu wie folgt weiterarbeiten:

19. Rd: 9 fM, Auge mit 6 fM einhäkeln,1 fM, Auge mit 6 fM einhäkeln, 14 fM = 36 M
20. Rd: 36 fM
21. Rd: 6x ***4 fM, 2 M zusammenhäkeln*** = 30 M
22. Rd: 6x ***3 fM, 2 M zusammenhäkeln*** = 24 M
23. Rd: 6x ***2 fM, 2 M zusammenhäkeln***= 18 M
24. Rd: 6x ***1 fM, 2 M zusammenhäkeln*** = 12 M
25. Rd: 6x *** 2 M zusammenhäkeln = *** 6 M

Die Schnauze mit Füllwatte füllen. Den Faden abschneiden, durchziehen und die Öffnung verschließen. (4)

ARME (2 x)

Mit Krokodil und Häkelnadel 3,5 mm 2 Lm häkeln.

1. Rd: 6 fM in die 2. Lm ab Nadel arbeiten = 6 M
2. Rd: Jede M verdoppeln, indem in jede M 2 M gehäkelt werden = 12 M
3. Rd: Jede 3. M verdoppeln = 16 M
4.–6. Rd: 16 fM
7. Rd: 4x ***2 fM, 2 M zusammenhäkeln*** = 12 M
8.–15. Rd: 12 fM

Nun zu Blaubeere und Saphir und Häkelnadel 4 mm wechseln. Den Faden doppelt nehmen.

16.–23. Rd: 12 fM

Den Arm leicht mit Füllwatte füllen, die Kanten aufeinanderlegen und mit 6 fM zusammenhäkeln. Den Faden lang abschneiden und durchziehen. (5)

BEINE (2 x)

Mit Krokodil und Häkelnadel 3,5 mm 2 Lm häkeln.

1. Rd: 6 fM in die 2. Lm ab Nadel arbeiten = 6 M
2. Rd: Jede M verdoppeln, indem in jede M 2 M gehäkelt werden = 12 M
3. Rd: Jede 2. M verdoppeln = 18 M
4. Rd: Jede 3. M verdoppeln = 24 M
5.–6. Rd: 24 fM
7. Rd: 4x ***4 fM, 2 M zusammenhäkeln***= 20 M
8.–9. Rd: 20 fM
10. Rd: 4x ***3 fM, 2 M zusammenhäkeln***= 16 M
11.–13. Rd: 16 fM

Das Bein leicht füllen, die Kanten aufeinanderlegen und mit 8 fM zusammenhäkeln. Nun für das Gelenk weiterhäkeln.

14. Rd: 1 Lm häkeln, wenden und 8 fM in die vorderen Maschenglieder der Verschlussreihe häkeln. Das Häkelstück wenden und 8 fM in die hinteren Maschenglieder häkeln = 16 M
15.–19. Rd: 16 fM
20. Rd: 4x ***2 fM, 2 M zusammenhäkeln*** = 12 M

Das obere Bein ebenfalls mit Füllwatte stopfen.

21. Rd: 3 fM zum Ausgleich bis zur Kante häkeln

Kanten aufeinanderlegen und mit 6 fM zusammenhäkeln. Den Faden lang abschneiden und durchziehen. (6)

KÖRPER

Mit Krokodil und Häkelnadel 3,5 mm 15 Lm häkeln. (7)

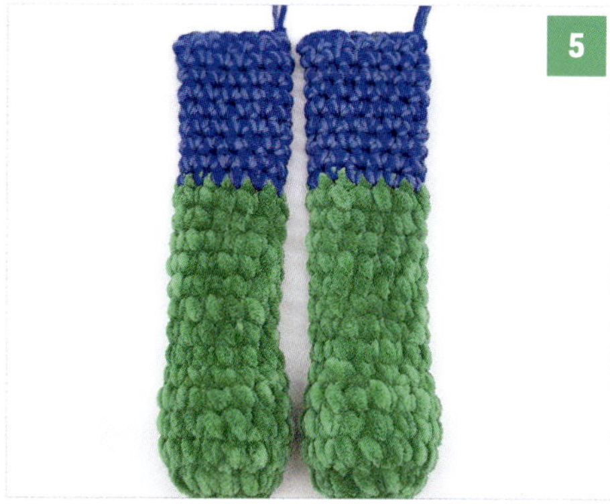

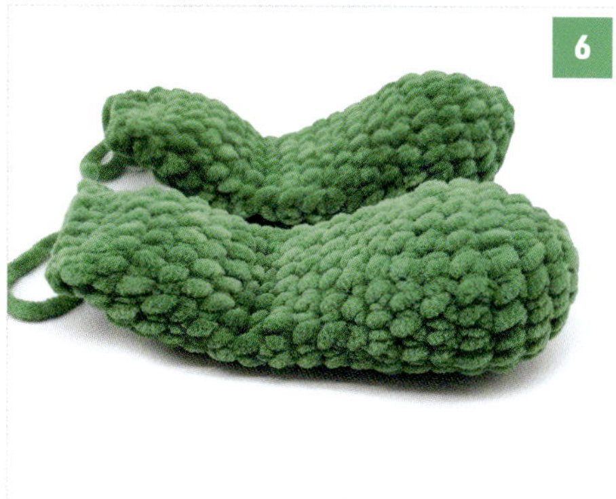

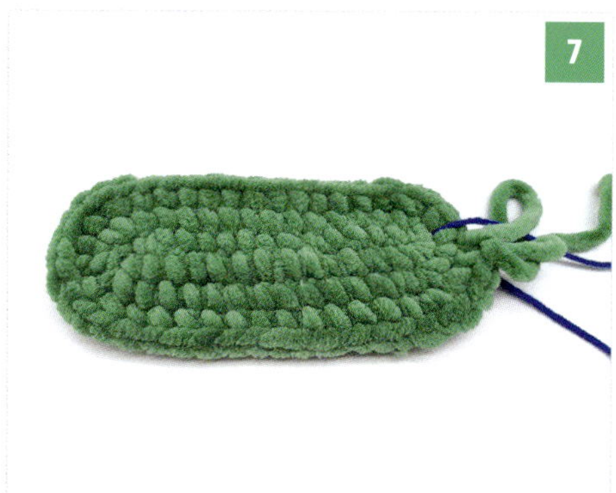

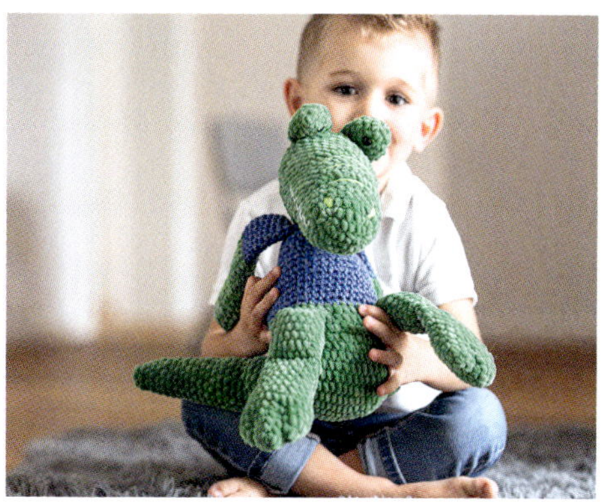

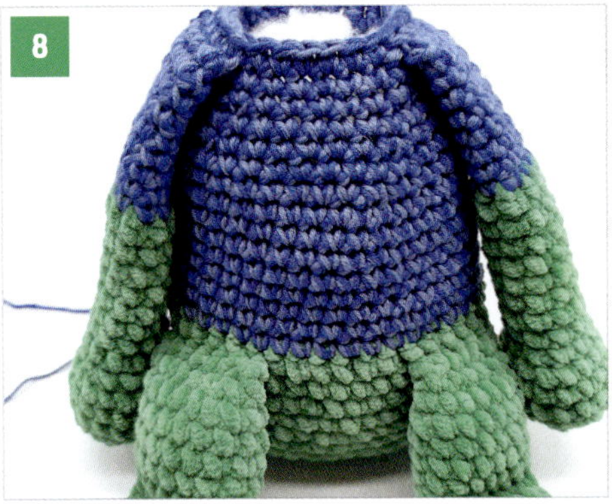

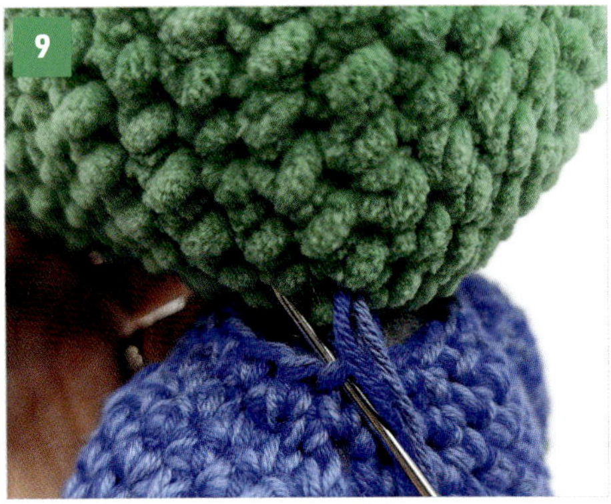

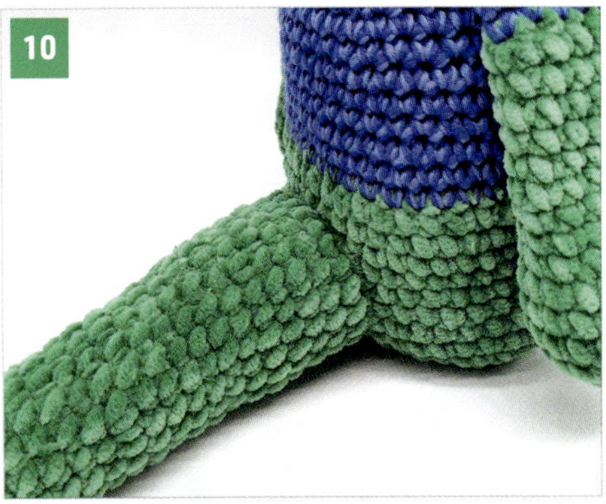

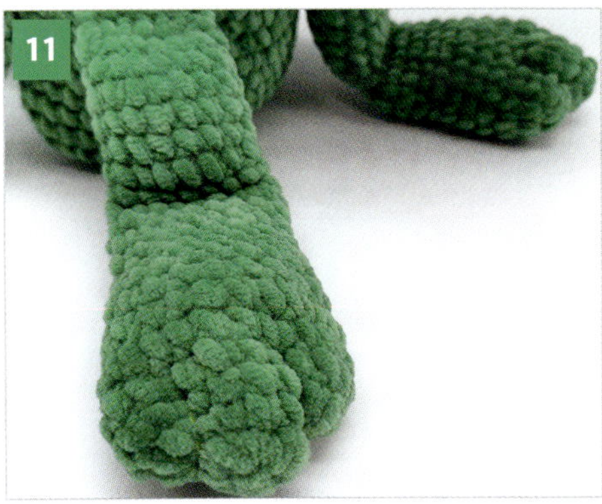

1. Rd: 13 fM von der 2. Lm ab Nadel arbeiten, 3 fM in die letzte M, 12 fM auf der Unterseite entlang, 2 fM in die letzte M = 30 M
2. Rd: 1 M verdoppeln, 12 fM, 3 M verdoppeln, 12 fM, 2 M verdoppeln = 36 M
3. Rd: 2 M verdoppeln, 12 fM, 2 M verdoppeln, 2 fM, 2 M verdoppeln, 12 fM, 2 M verdoppeln, 2 fM = 44
4.–11. Rd: 44 fM = 44 M
12. Rd: 3 fM, Bein mit 6 fM einhäkeln, 6 fM, Bein mit 6 fM einhäkeln, 23 fM = 44 M

Nun zu Blaubeere und Saphir und Häkelnadel 4 mm wechseln. Den Faden doppelt nehmen.

13. Rd: 2 M zusammenhäkeln, 20 fM, 2 M zusammenhäkeln, 20 fM = 42 M
14. Rd: 42 fM = 42 M
15. Rd: 2 M zusammenhäkeln, 19 fM, 2 M zusammenhäkeln, 19 fM = 40 M
16. Rd: 40 fM = 40 M
17. Rd: 2 M zusammenhäkeln, 18 fM, 2 M zusammenhäkeln, 18 fM = 38 M
18. Rd: 38 fM = 38 M
19. Rd: 2 M zusammenhäkeln, 17 fM, 2 M zusammenhäkeln, 17 fM = 36 M
20. Rd: 36 fM = 36 M
21. Rd: 4x ***7 fM, 2 M zusammenhäkeln = 32 M
22. Rd: 32 fM = 32 M
23. Rd: 4x ***6 fM, 2 M zusammenhäkeln*** = 28 M
24. Rd: 28 M = 28 M
25. Rd: 5 fM, 2 M zusammenhäkeln = 24 M
26. Rd: 24 fM
27. Rd: Arm mit 6 fM einhäkeln, 6 fM, Arm mit 6 fM einhäkeln, 6 fM = 24 M
28. Rd: 6x ***2 fM, 2 M zusammenhäkeln*** = 18 M

Mit einer Kett-M schließen. Mit Füllwatte stopfen und den Faden lang abschneiden und durchziehen. (8) Den Kopf auf den Körper nähen. (9)

SCHWANZ

Mit Krokodil und Häkelnadel 3,5 mm 2 Lm häkeln.

1. Rd: 6 fM in die 2. Lm ab Nadel = 6 M
2. Rd: 6 fM
3. Rd: Jede 2. M verdoppeln, indem in jede 2. M 2 M gehäkelt werden = 9 M
4.–5. Rd: 9 fM
6. Rd: Jede 3. M verdoppeln = 12 M
7.–9. Rd: 12 fM
10. Rd: Jede 4. M verdoppeln = 15 M
11.–14. Rd: 15 fM
15. Rd: Jede 5. M verdoppeln = 18 M
16.–20. Rd: 18 fM
21. Rd: Jede 6. M verdoppeln = 21 M
22.–27. Rd: 21 fM

Mit einer Kett-M schließen und den Faden lang abschneiden. Mit Füllwatte stopfen und formen. Den Schwanz zwischen der 5.-10. Rd hinten an den Körper nähen. (10)

ZU GUTER LETZT

Mit dem hellgrünen Baumwollgarn Nasenfurchen und Nasenlöcher aufsticken. Die Zehen abtrennen. Dazu mit dem Baumwollgarn von oben nach unten in den Fuß einstechen. Den Faden um den Fuß legen und wieder in den Fußrücken einstechen. Nun den Faden fest zusammenziehen und verknoten. Den Arbeitsschritt für insgesamt drei Zehen noch einmal wiederholen. Den anderen Fuß ebenso arbeiten. (11) Mit dem weißen Baumwollgarn die Hälfte der Sicherheitsaugen umranden (12) und Zahnkonturen aufsticken. (13) Alle Fäden im Inneren vernähen.

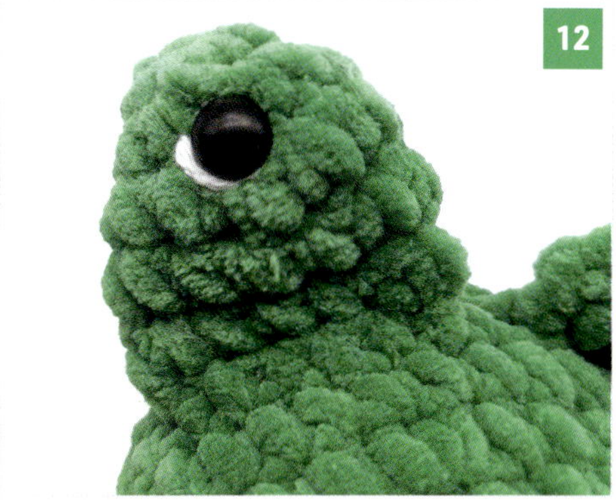

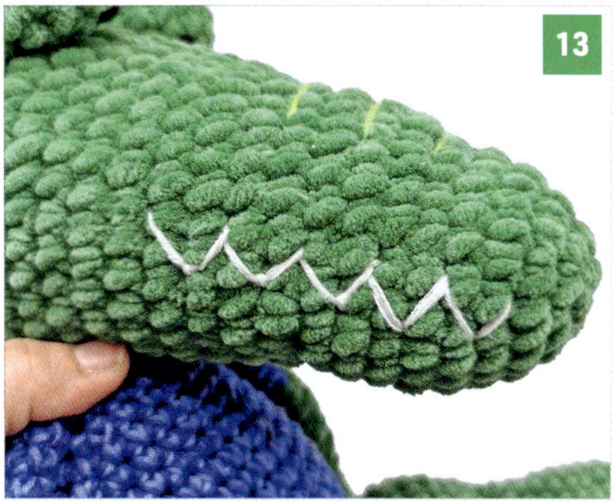

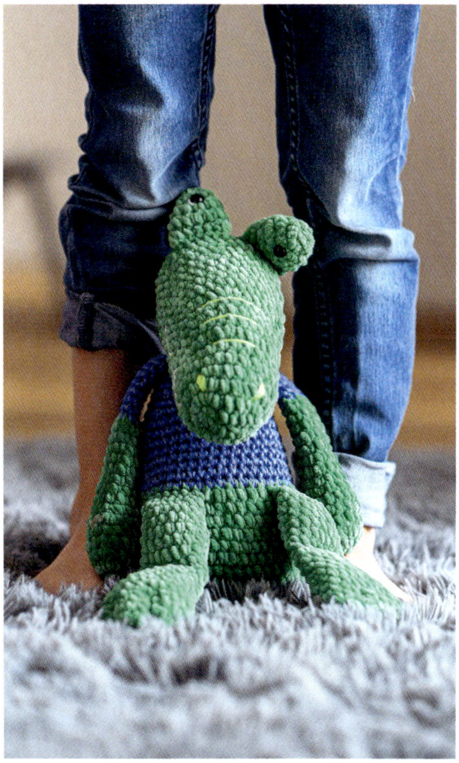

Ferkel Fridolin

SCHWIERIGKEITSGRAD: MITTEL
GRÖSSE: CA. 28 CM HOCH

MATERIAL:
- Samt (100 % Polyester) von myboshi mit einer Lauflänge von 100 m / 100 g: 200 g in Ferkel, 100 g oder ein Rest in Maus
- No.2 (85 % Baumwolle, 15 % Kapok) von myboshi mit einer Lauflänge von 100 m / 50 g: je 50 g oder ein Rest in Rouge, Rose und Schwarz
- ca. 200 g Füllwatte
- Stecknadeln oder Maschenmarkierer
- 1 Häkelnadel 4,5 mm

GRUNDMUSTER FESTE MASCHEN:
- In Rd und R fM oder wie angegeben häkeln. Die Maschen möglichst fest häkeln, damit die Füllwatte nicht herausschaut. Wenn nötig, die Nadelstärke entsprechend anpassen.
- R: Jede R mit einer Wende-Lm beginnen. Die Wende-Lm ersetzt nicht die 1. M und wird zusätzlich zur M-Zahl gehäkelt.
- Spiral-Rd: Die Rd werden endlos gehäkelt und weder mit einer Steige-Lm begonnen noch geschlossen.

KOPF

Mit Ferkel und Häkelnadel 4,5 mm 4 Lm häkeln und mit einer Kett-M in die erste Lm zum Ring schließen.

1. Rd: 1 Lm, 8 fM in den Ring häkeln = 8 M
2. Rd: Jede M verdoppeln, indem in jede M 2 M gehäkelt werden = 16 M
3. Rd: Jede 2. M verdoppeln = 24 M
4. Rd: Jede 3. M verdoppeln = 32 M
5.–6. Rd: 32 fM
7. Rd: Jede 10. M verdoppeln = 35 M
8.–9. Rd: 35 fM
10. Rd: 3x ***9 fM, 2 M zusammenhäkeln*** = 32 M
11. Rd: 32 fM
12. Rd: 8x ***2 fM, 2 M zusammenhäkeln*** = 24 M
13. Rd: 8x ***1 fM, 2 M zusammenhäkeln*** = 16 M

Nun den Kopf mit Füllwatte stopfen und formen. Den Anfangsfaden vernähen.

14. Rd: 8x *** 2 M zusammenhäkeln = *** 8 M
15. Rd: 4x *** 2 M zusammenhäkeln = *** 4 M

Mit einer Kett-M beenden und den Faden lang abschneiden. Den Faden durch alle 4 übrigen Maschen fädeln und zuziehen. Davor noch einmal etwas Füllwatte nachstopfen. Den Faden vernähen.

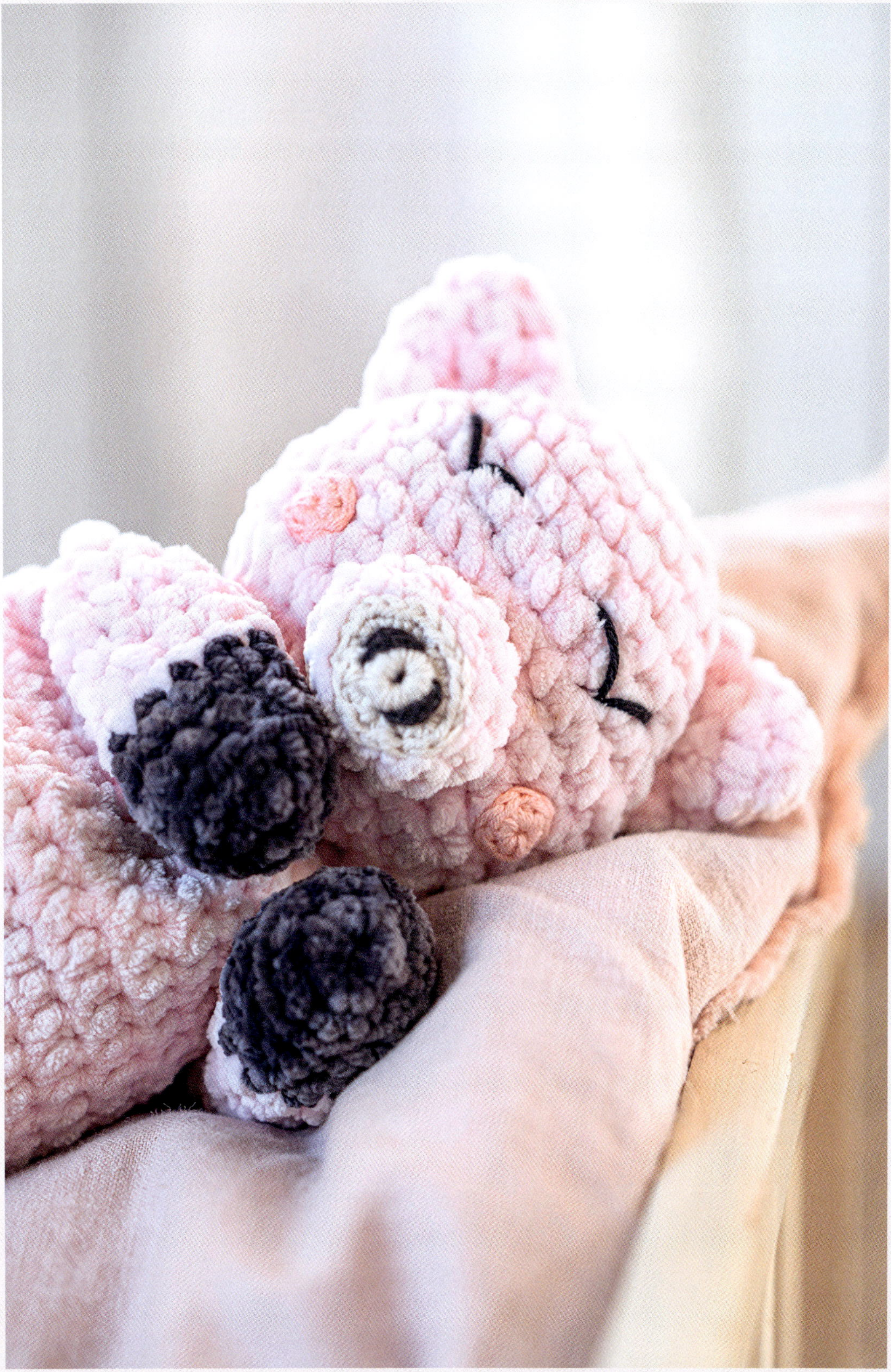

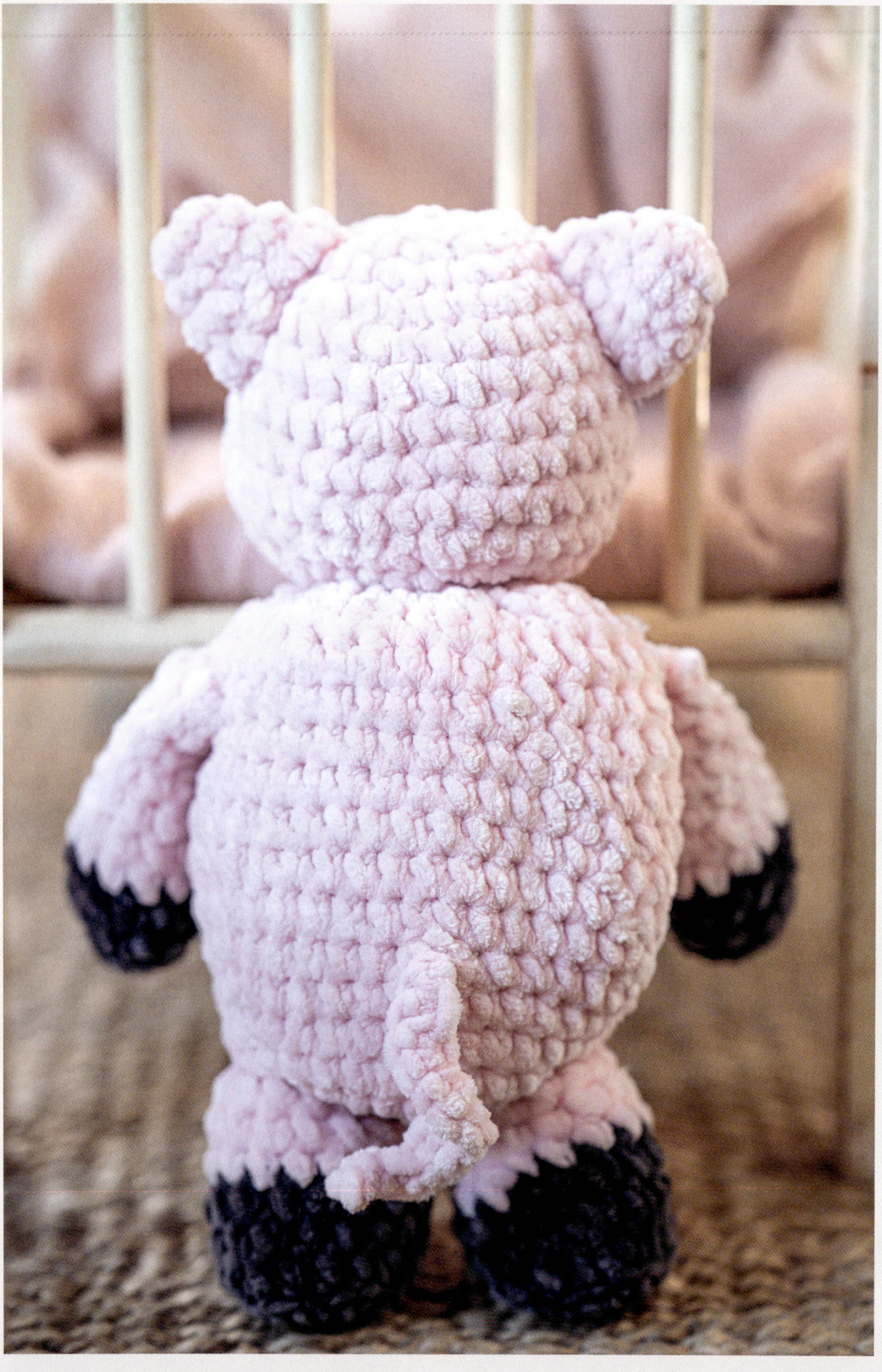

KÖRPER

Mit Ferkel und Häkelnadel 4,5 mm 4 Lm häkeln und mit einer Kett-M in die erste Lm zum Ring schließen.

1. Rd: 1 Lm, 10 fM in den Ring häkeln = 10 M
2. Rd: Jede M verdoppeln, indem in jede M 2 M gehäkelt werden = 20 M
3. Rd: 20 fM
4. Rd: Jede 2. M verdoppeln = 30 M
5. Rd: 30 fM
6. Rd: Jede 6. M verdoppeln = 35 M
7. Rd: Jede 7. M verdoppeln = 40 M
8.–14. Rd: 40 fM
15. Rd: 5x ***5 fM, 2 M zusammenhäkeln*** = 35 M
16. Rd: 35 fM
17. Rd: 7x ***3 fM, 2 M zusammenhäkeln*** = 28 M

Nun den Körper mit Füllwatte stopfen und formen. Den Anfangsfaden vernähen.

18. Rd: 14x *** 2 M zusammenhäkeln = *** 14 M
19. Rd: 14x *** 2 M zusammenhäkeln = ***7 M

Mit einer Kett-M beenden und den Faden lang abschneiden. Den Faden durch alle 7 übrigen Maschen fädeln und zuziehen. Davor noch einmal etwas Füllwatte nachstopfen. Den Faden vernähen.

RINGELSCHWANZ

Mit Ferkel 9 Lm anschlagen. Das Ringelschwänzchen wird in Reihen gearbeitet.

1. R: In der 2. Lm von der Nadel aus beginnen und jede M verdoppeln, indem in jede M 2 M gehäkelt werden = 16 M

Mit einer Lm beenden, den Faden lang abschneiden und für das Annähen hängen lassen.

OHREN (2 x)

Mit Ferkel und Häkelnadel 4,5 mm 4 Lm häkeln und mit einer Kett-M in die erste Lm zum Ring schließen.

1. Rd: 1 Lm, 6 fM in den Ring häkeln = 6 M
2. Rd: 6 fM
3. Rd: Jede 2. M verdoppeln = 9 M
4. Rd: Jede 3. M verdoppeln = 12 M

Mit einer Kett-M beenden und den Faden lang abschneiden. Den Anfangsfaden vernähen.

SCHNAUZE

Für den Deckel der Schnauze mit Rose und Häkelnadel 4,5 mm 4 Lm anschlagen und mit einer Kett-M in die erste Lm zum Ring schließen.

1. Rd: 1 Lm, 12 fM in den Ring häkeln = 12 M
2. Rd: 2 fM, 3 fM in eine M, 1 fM, 3 fM in eine M, 3 fM, 3 fM in eine M, 1 fM, 3 fM in eine M, 1 fM = 20 M

Mit einer Kett-M beenden und den Faden lang abschneiden und vernähen.
Für den Außenring der Schnauze mit Ferkel und Häkelnadel 4,5 mm 12 Lm anschlagen und mit einer Kett-M in die erste Lm zum Ring schließen. Den Anfangsfaden 25 cm lang lassen.

1. Rd: 1 fM in jede Lm häkeln = 12 M
2. Rd: 12 fM

Mit einer Kett-M beenden und den Faden lang abschneiden. Den Deckel der Schnauze an den Ring der Schnauze nähen.

WANGEN (2 x)

Mit Rose und Häkelnadel 4,5 mm 4 Lm anschlagen und mit einer Kett-M in die erste Lm zum Ring schließen.

1. Rd: 1 Lm, 8 fM in den Ring häkeln = 8 M

Mit einer Kett-M beenden und den Faden lang abschneiden.

BAUCHNABEL

Mit Maus und Häkelnadel 4,5 mm 2 Lm häkeln. In die 2. Lm von der Nadel aus 2 fM arbeiten. 1 Lm häkeln und den Faden ca. 15 cm abschneiden. Anfangs- und Endfaden zusammenknoten.

ARME (2 x)

Mit Maus und Häkelnadel 4,5 mm 4 Lm anschlagen und mit einer Kett-M in die erste Lm zum Ring schließen.

1. Rd: 1 Lm, 6 fM in den Ring häkeln = 6 M
2. Rd: Jede M verdoppeln, indem in jede M 2 M gehäkelt werden = 12 M
3. Rd: 12 fM in das hintere Maschenglied
4. Rd: 12 fM
Zu Ferkel wechseln.
5. Rd: 12 fM
6. Rd: 2x ***4 fM, 2 M zusammenhäkeln*** = 10 M
7.–9. Rd: 10 fM
10. Rd: 2x ***3 fM, 2 M zusammenhäkeln*** = 8 M

Mit einer Kett-M beenden und den Faden abschneiden. Den Arm mit Füllwatte stopfen und formen. Dabei vor allem den unteren Teil des Armes füllen.

BEIN (2 x)

Mit Maus und Häkelnadel 4,5 mm 4 Lm häkeln und mit einer Kett-M in die erste Lm zum Ring schließen.

1. Rd: 1 Lm, 8 fM in den Ring häkeln = 8 M
2. Rd: Jede M verdoppeln, indem in jede M 2 M gehäkelt werden = 16 M
3. Rd: 16 fM in das hintere Maschenglied
4. Rd: 16 fM
Zu Ferkel wechseln.
5. Rd: 16 fM
6.–8. Rd: 16 fM

Mit einer Kett-M beenden und den Faden abschneiden. Das Bein mit Füllwatte stopfen und formen.

ZU GUTER LETZT

Mit Schwarz die Nasenlöcher auf den Deckel der Schnauze sticken, die Schnauze mit Füllwatte füllen und an den Kopf nähen. Die Ohren am Kopf fixieren und annähen. Dabei die Ohren nach Wunsch im Halbkreis annähen.
Die Augen aufsticken und die Wangen links und rechts der Schnauze annähen.
Den Kopf am Körper befestigen und die Arme und Beine annähen. Zum Schluss das Ringelschwänzchen anbringen.

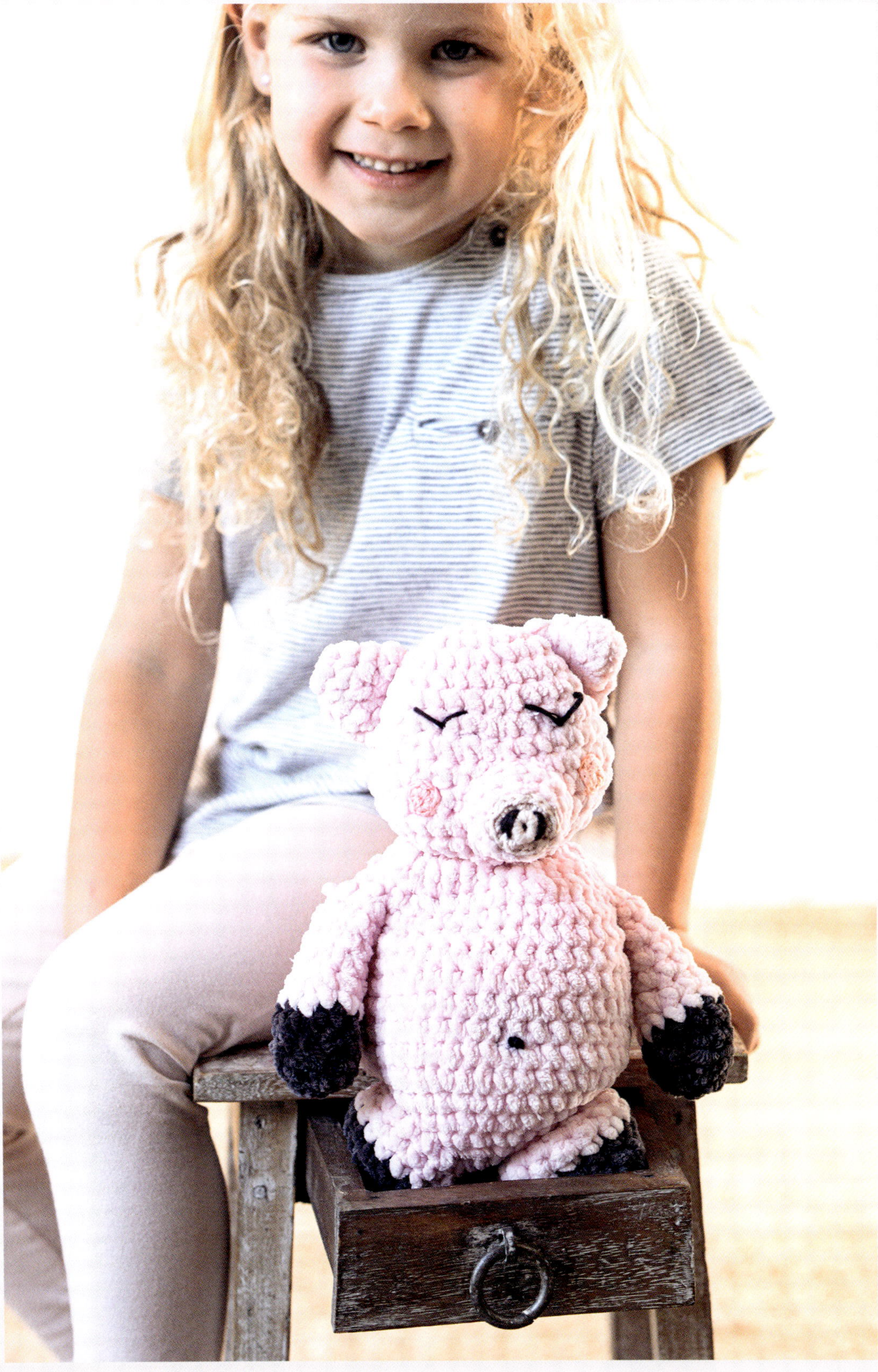

Löwe Leo

SCHWIERIGKEITSGRAD: MITTEL
GRÖSSE: CA. 20 CM LANG

MATERIAL:

- Samt (100 % Polyester) von myboshi mit einer Lauflänge von 100 m / 100 g: 100 g in Löwe, je 50 g oder ein Rest in Eisbär und Biber
- Reste Baumwollgarn in Braun und Gelb
- 1 Paar schwarze Sicherheitsaugen mit einem Durchmesser von 12 mm
- ca. 200 g Füllwatte
- Stecknadeln oder Maschenmarkierer
- 1 Häkelnadel 5 mm

GRUNDMUSTER FESTE MASCHEN:

- In Rd und R fM oder wie angegeben häkeln. Die Maschen möglichst fest häkeln, damit die Füllwatte nicht herausschaut. Wenn nötig, die Nadelstärke entsprechend anpassen.
- R: Jede R mit einer Wende-Lm beginnen. Die Wende-Lm ersetzt nicht die 1. M und wird zusätzlich zur M-Zahl gehäkelt.
- Spiral-Rd: Die Rd werden endlos gehäkelt und weder mit einer Steige-Lm begonnen noch geschlossen.

BEINE

Mit Eisbär und Häkelnadel 5 mm 2 Lm häkeln.

1. Rd: 6 fM in die 1. Lm häkeln = 6 M
2. Rd: Jede M verdoppeln, indem in jede M 2 M gehäkelt werden = 12 M
3. Rd: Jede 2. M verdoppeln = 18 M
Nun zu Löwe wechseln.
4. Rd: Jede 6. M verdoppeln = 21 M
5. Rd: 21 fM
6. Rd: 3x ***5 fM, 2 fM zusammenhäkeln*** = 18 M
7. Rd: 6x ***1 fM, 2 fM zusammenhäkeln*** = 12 M
8. Rd: 2x ***4 fM, 2 fM zusammenhäkeln*** = 10 M
9.–19. Rd: 10 fM

Die Beine mit Füllwatte ausstopfen und formen. Mit einer Kett-M schließen und die Öffnung zusammendrücken. Mit 4 fM zusammenhäkeln, sodass eine glatte Kante entsteht. Faden mit ca. 20 cm Länge abschneiden.

ARME (2 x)

Mit Eisbär 2 Lm häkeln.

1. Rd: 6 fM in die erste Lm häkeln = 6 M
2. Rd: Jede M verdoppeln, indem in jede M 2 M gehäkelt werden = 12 M
Nun zu Löwe wechseln.
3. Rd: Jede 4. M verdoppeln = 15 M
4. Rd: 15 fM

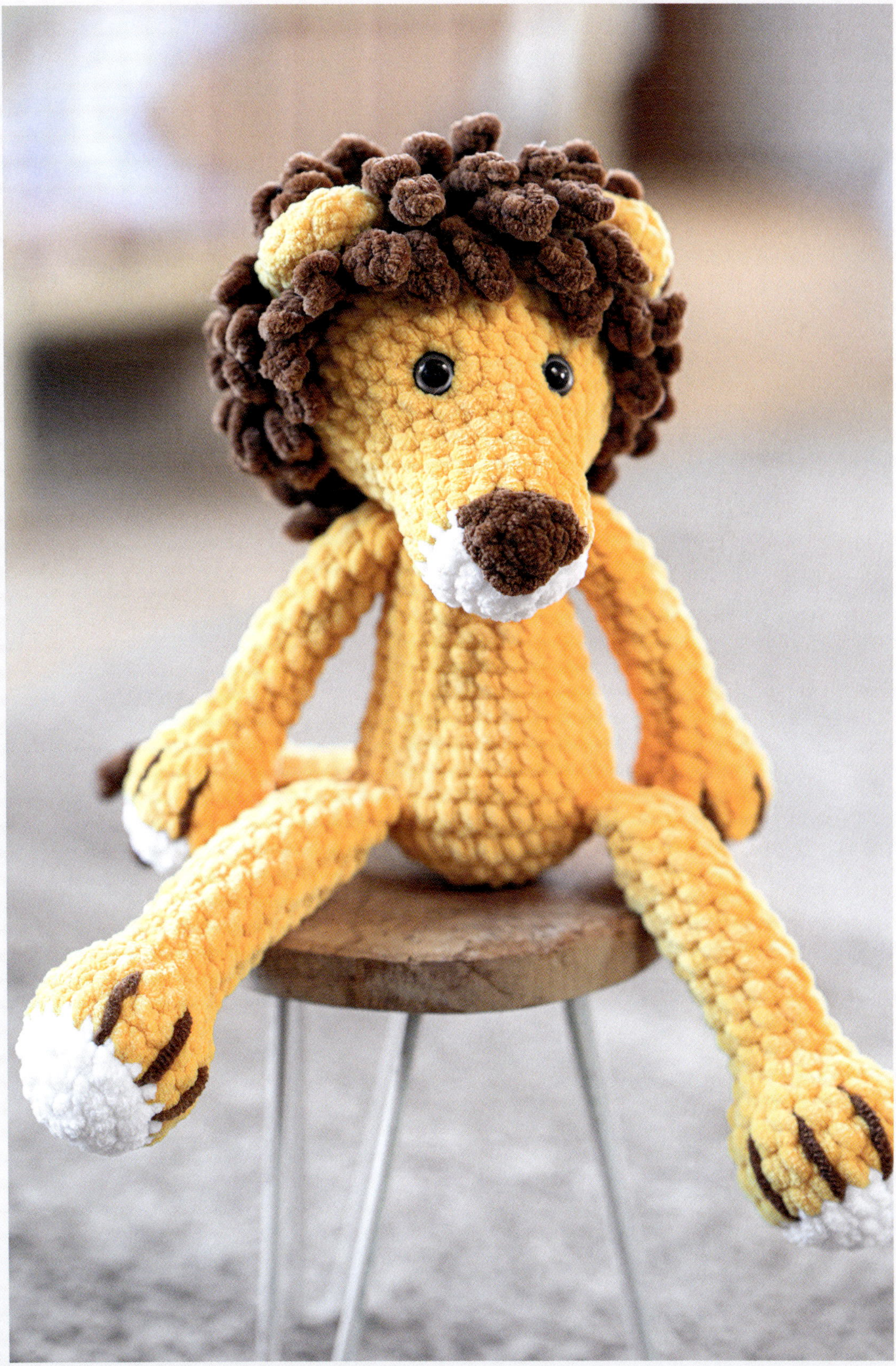

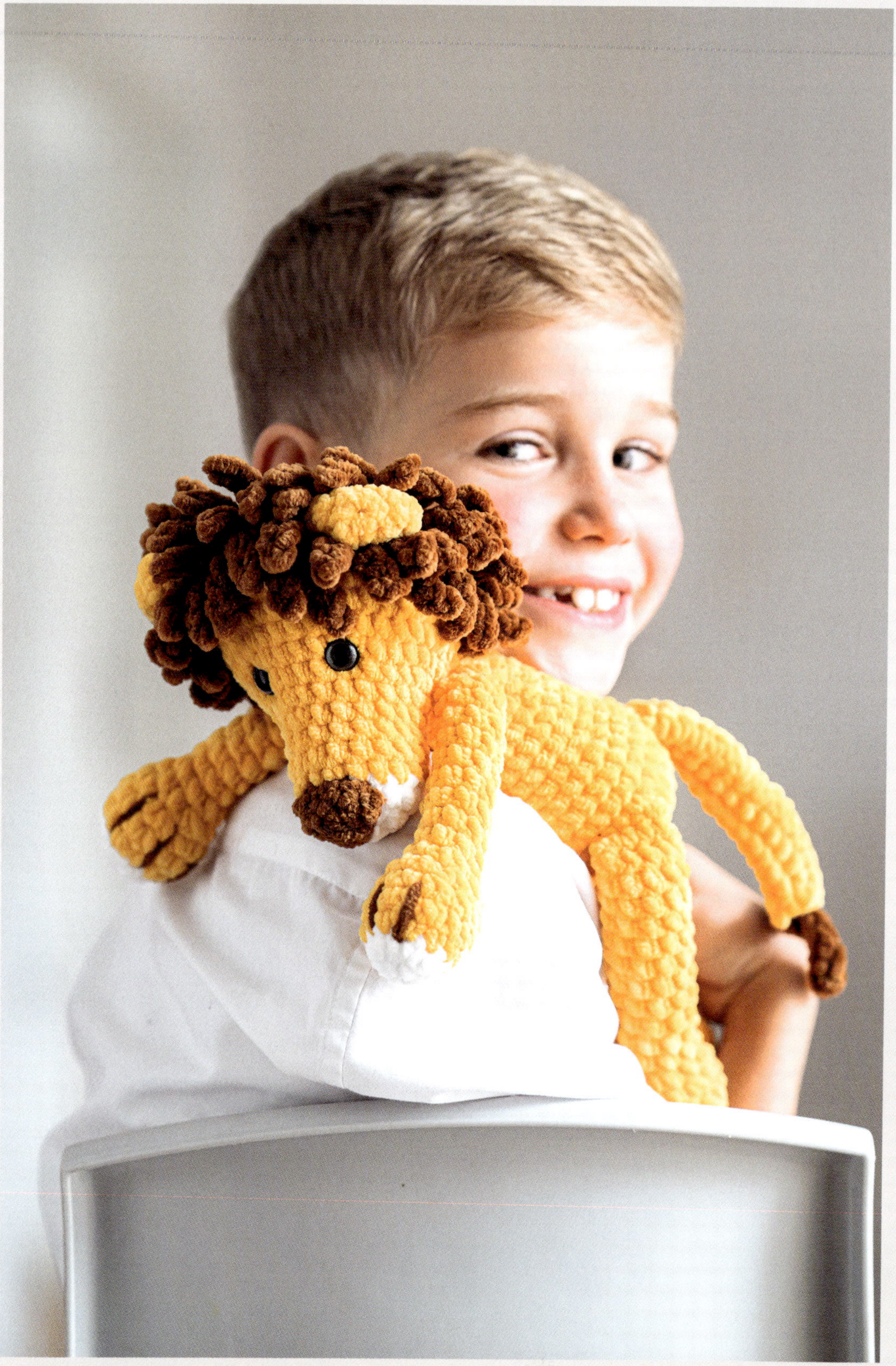

5. Rd: 3x ***3 fM, 2 fM zusammenhäkeln*** = 12 M
6. Rd: 3x ***2 fM, 2 fM zusammenhäkeln*** = 9 M
7. Rd: 3 fM, 2 fM zusammenhäkeln, 2 fM, 2 fM zusammenhäkeln = 7 M
8.–16. Rd: 7 fM

Die Arme mit Füllwatte ausstopfen und formen. Mit einer Kett-M schließen und die Öffnung zusammendrücken. Mit 3 fM zusammenhäkeln, so dass eine glatte Kante entsteht. Faden mit ca. 20 cm Länge abschneiden.

OHREN (2 x)

Mit Löwe 2 Lm häkeln.

1. Rd: 6 fM in die erste LM häkeln = 6 M
2. Rd: Jede M verdoppeln, indem in jede M 2 M gehäkelt werden = 12 M
3. Rd: 12 fM

Die Ohren werden nicht ausgestopft. Mit einer Kett-M schließen und die Öffnung zusammendrücken. Mit 5 fM zusammenhäkeln, sodass eine glatte Kante entsteht. Faden mit ca. 20 cm Länge abschneiden.

NASE

Mit Biber 5 Lm und eine Wende-Lm häkeln. In Reihen weiterarbeiten.

1. R: 5 fM
2. R: 1 Kett-M, 1 hStb, 1 Stb, 1 hStb, 1 Kett-M = 5 M

Den Faden mit ca. 10 cm Länge abschneiden und durch die letzte Kett-M ziehen.

Anfangs- und Endfaden auf einer Seite der Nase vernähen und abschneiden.

SCHWANZ

Für die Schwanzquaste mit Biber in Reihen arbeiten. Die einzelnen Haare der Schwanzquaste werden direkt aneinandergehäkelt.

1. R: 5 Lm, 1 Wende-Lm, Arbeit wenden = 5 M
2. R: 5 fM

Nun direkt erneut 5 Lm und eine Wende-Lm anschlagen. Die Reihe 1 und 2 insgesamt 3x arbeiten.
Den Faden mit ca. 15 cm Länge abschneiden und für das spätere Annähen hängen lassen.
Die Schwanzquaste beiseitelegen.
Mit Löwe 14 Lm und eine Wende-Lm häkeln.
In Reihen weiterhäkeln.

1.–4. R: 14 fM

Die Schwanzquaste nun an der kurzen Seite des entstandenen Rechteckes anlegen, festnähen und verknoten. Nun das Rechteck der Länge nach falten, sodass die Schwanzquaste innen liegt, und die Längsseiten mit 14 lockeren Kett-M zusammenhäkeln. Den Faden mit 15 cm Länge abschneiden.

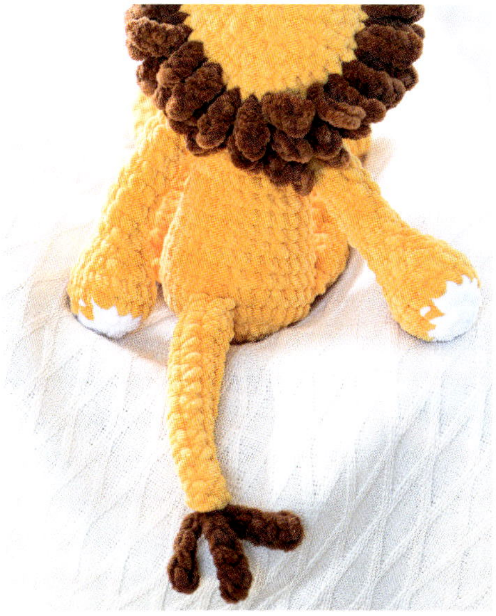

MÄHNE (2 x)

Mit Biber in Reihen arbeiten. Die einzelnen Haare der Mähne werden direkt aneinandergehäkelt.

1. R: 4 Lm, 1 Wende-Lm, Arbeit wenden = 4 M
2. R: Je 1 Kett-M in die 4 Lm häkeln = 4 M
3. R: Erneut 5 Lm anschlagen, 1 Wende-Lm, Arbeit wenden = 5 M
4. R: Je 1 Kett-M in die letzten 4 Lm häkeln = 4 M

Nun direkt erneut 5 Lm und eine Wende-Lm anschlagen. Die Reihe 3 und 4 insgesamt 36x arbeiten. Die erste Lm bleibt immer ohne Rückmasche, sodass ein kleiner Abstand zwischen den Haaren der Mähne bleibt. Dieser ist später nötig, um die Mähne am Kopf befestigen zu können. Den Faden mit ca. 15 cm Länge abschneiden.

KÖRPER

Mit Löwe 2 Lm häkeln.

1. Rd: 6 fM in die erste LM häkeln = 6 M
2. Rd: Jede M verdoppeln, indem in jede M 2 M gehäkelt werden = 12 M
3. Rd: Jede 2. M verdoppeln = 18 M
4. Rd: Jede 3. M verdoppeln = 24 M
5. Rd: Jede 4. M verdoppeln = 30 M

Nun werden die Beine und der Schwanz in der folgenden Runde direkt an den Körper gehäkelt.

6. Rd: 2 fM, 2 fM durch Schwanz und Körper, 5 fM, 4 fM durch Bein und Körper, 8 fM, 4 fM durch Bein und Körper, 5 fM = 30 M

Die 2 Fäden der Beine und der Endfaden des Schwanzes können im Inneren des Körpers direkt vernäht und verknotet werden.

7.–8. Rd: 30 fM
9. Rd: 6x ***3 fM, 2 fM zusammen häkeln*** = 24 M
10.–12. Rd: 24 M
13. Rd: 6x ***2 fM, 2 fM zusammen häkeln*** = 18 M
14.–16. Rd: 18 fM

Nun werden die Arme in der folgenden Runde direkt an den Körper gehäkelt.

17. Rd: 3 fM, 3 fM durch Arm und Körper, 6 fM, 3 fM durch Arm und Körper, 3 fM = 18 M

Die 2 Fäden der Arme können im Inneren des Körpers direkt vernäht und verknotet werden.

18. Rd: 6x ***1 fM, 2 fM zusammen häkeln*** = 12 M

Mit einer Kett-M schließen und den Faden mit ca. 25 cm Länge abschneiden. Den Körper mit Füllwatte stopfen und formen.

KOPF

Mit Eisbär 2 Lm häkeln.

1. Rd: 6 fM in die erste Lm häkeln = 6 M
2. Rd: Jede M verdoppeln indem in jede M 2 M gehäkelt werden = 12 M
3. Rd: Jede 2. M verdoppeln = 18 M

Zu Löwe wechseln.

4.–6. Rd: 18 fM
7. Rd: Jede 6. M verdoppeln = 21 M
8. Rd: Jede 7. M verdoppeln = 24 M
9. Rd: Jede 4. M verdoppeln = 30 M
10. Rd: 30 fM
11. Rd: Jede 5. M verdoppeln = 36 M
12.–13. Rd: 36 fM

In der nächsten Runde wird die Mähne direkt an den Kopf gehäkelt. Dazu wird sie an der Außenseite des Kopfes angelegt und jede Lm zwischen dem Haar mit einer festen Masche zusammengehäkelt.
Alternativ kann die Mähne auch später angenäht werden.

14. Rd: 36 fM

In der nächsten Runde werden die Ohren an den Kopf gehäkelt.

15. Rd: 11 fM, 5 fM durch Ohr 1 und Kopf, 5 fM, 5 fM durch Ohr 2 und Kopf, 10 fM = 36 M

Die 2 Fäden der Ohren können im Inneren des Kopfes direkt vernäht und verknotet werden.

16. Rd: Je 36 fM häkeln und die 2. Mähne anhäkeln = 36 M

Nun die Sicherheitsaugen am Kopf befestigen. Hierfür als Orientierung die Ohren nutzen.

17. Rd: 6x ***4 fM, 2 fM zusammenhäkeln*** = 30 M
18. Rd: 6x ***3 fM, 2 fM zusammenhäkeln*** = 24 M
19. Rd: 6x ***2 fM, 2 fM zusammenhäkeln*** = 18 M
20. Rd: 6x *** 1 fM, 2 fM zusammenhäkeln*** = 12 M

Den Kopf vollständig mit Füllwatte ausstopfen.

21. Rd: 6x ***2 fM zusammenhäkeln*** = 6 M
22. Rd: 3x ***2 fM zusammenhäkeln*** = 3 M

Den Faden mit ca. 25 cm Länge abschneiden und durch die letzte M ziehen. Den Faden vernähen.

ZU GUTER LETZT

Die Nase auf Höhe des Farbwechsels am Kopf fixieren und mit dem Baumwollfaden in Braun annähen.
Mit Biber die Krallen aufsticken. Den Kopf am Körper fixieren und annähen. Dabei kontrollieren, ob der Kopf gerade sitzt.
Alle Fäden vernähen.

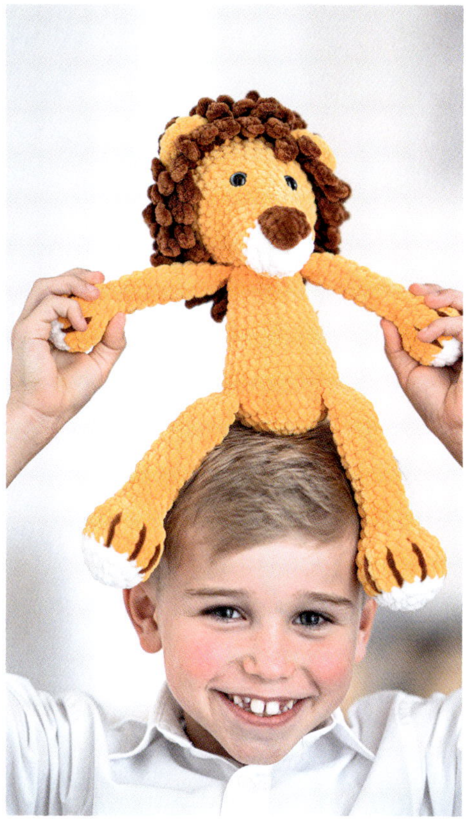

Oktopus Berry

SCHWIERIGKEITSGRAD: LEICHT
GRÖSSE: CA. 39 CM GROSS

MATERIAL:

- Samt (100 % Polyester) von myboshi mit einer Lauflänge von 100 m / 100 g: 200 g in Oktopus, 100 g in Lama
- No.2 (85 % Baumwolle, 15 % Kapok) von myboshi mit einer Lauflänge von 100 m / 50 g: 50 g oder ein Rest in Rose, Schwarz und Weiß
- ca. 200 g Füllwatte
- Stecknadeln oder Maschenmarkierer
- 1 Häkelnadel 2,5 mm und 3,5 mm

GRUNDMUSTER FESTE MASCHEN:

- In Rd und R fM oder wie angegeben häkeln. Die Maschen möglichst fest häkeln, damit die Füllwatte nicht herausschaut. Wenn nötig, die Nadelstärke entsprechend anpassen.
- Spiral-Rd: Die Rd werden endlos gehäkelt und weder mit einer Steige-Lm begonnen noch geschlossen.
- Knötchenstich: An gewünschter Stelle einstechen, den Faden 4x um die Nadel wickeln, den Spiralknoten festhalten und knapp neben der Einstichstelle einstechen.

KOPF UND KÖRPER

Mit Oktopus und Häkelnadel 3,5 mm 2 Lm häkeln.

1. Rd: 9 fM in die 2. Lm ab Nadel arbeiten = 9 M
2. Rd: Jede M verdoppeln, indem in jede M 2 M gehäkelt werden = 18 M
3. Rd: Jede 2. M verdoppeln = 27 M
4. Rd: Jede 3. M verdoppeln = 36 M
5. Rd: Jede 4. M verdoppeln = 45 M
6. Rd: Jede 5. M verdoppeln = 54 M
7. Rd: Jede 9. M verdoppeln = 60 M
8.–20. Rd: 60 fM
21. Rd: 6x ***8 fM, 2 M zusammenhäkeln*** = 54 M
22.–23. Rd: 54 fM
24. Rd: 6x ***7 fM, 2 M zusammenhäkeln*** = 48 M
25. Rd: 48 fM
26. Rd: 6x ***6 fM, 2 M zusammenhäkeln*** = 42 M
27. Rd: 42 fM

Mit einer Kett-M schließen und mit Füllwatte stopfen und formen. Nun wird der Kragen gehäkelt, der den Körper bildet. Dazu wird mit Oktopus der Faden neu angesetzt.

28. Rd: 2 Lm als Ersatz für das 1. Stb häkeln, ein weiteres Stb in die gleiche M häkeln, dabei in das vordere Maschenglied einstechen, je 2 Stb in jede M der Vorreihe, dabei stets in das vordere Maschenglied einstechen. = 84 M

Mit einer Kett-M schließen und den Faden lang abschneiden.

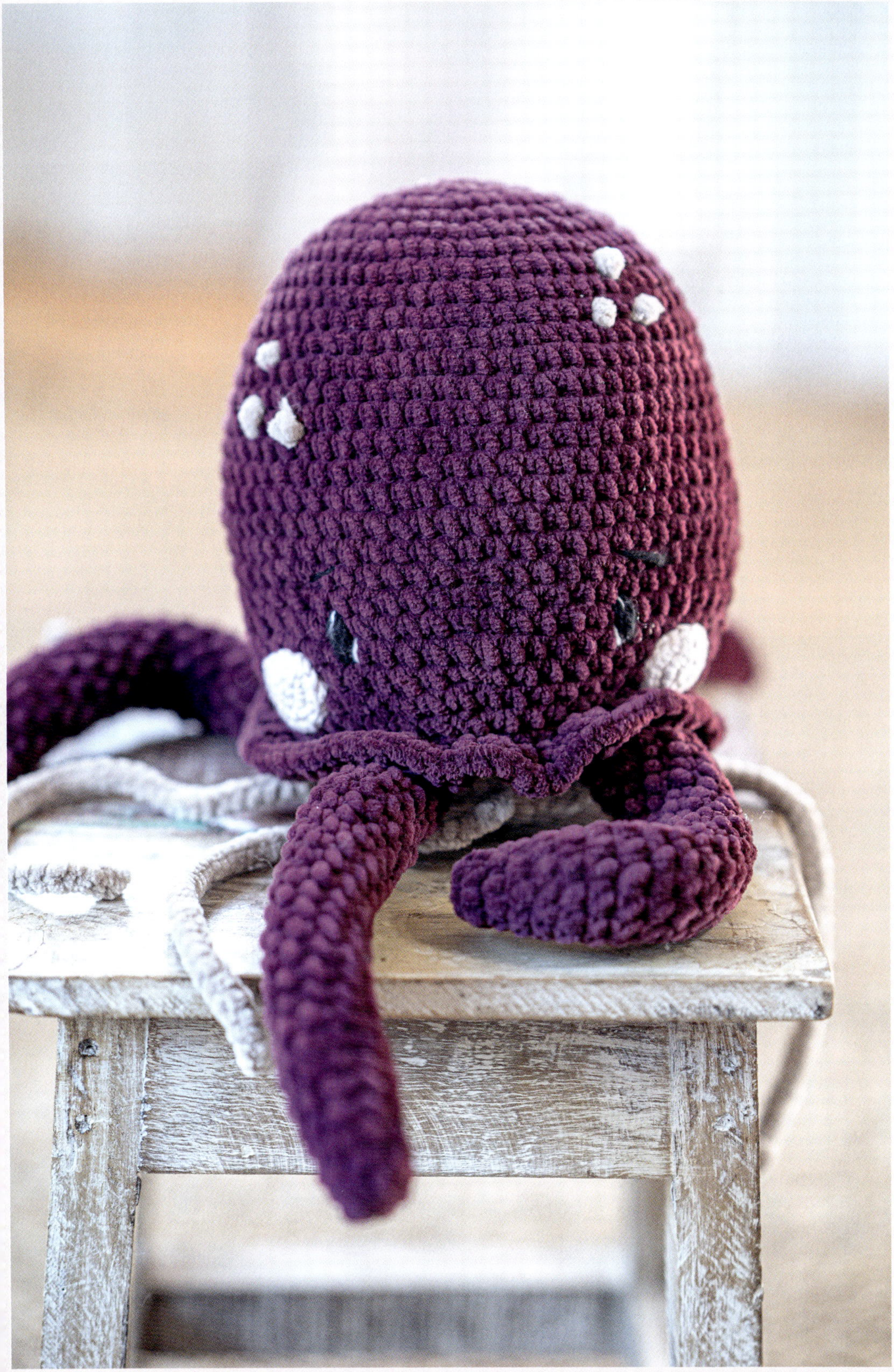

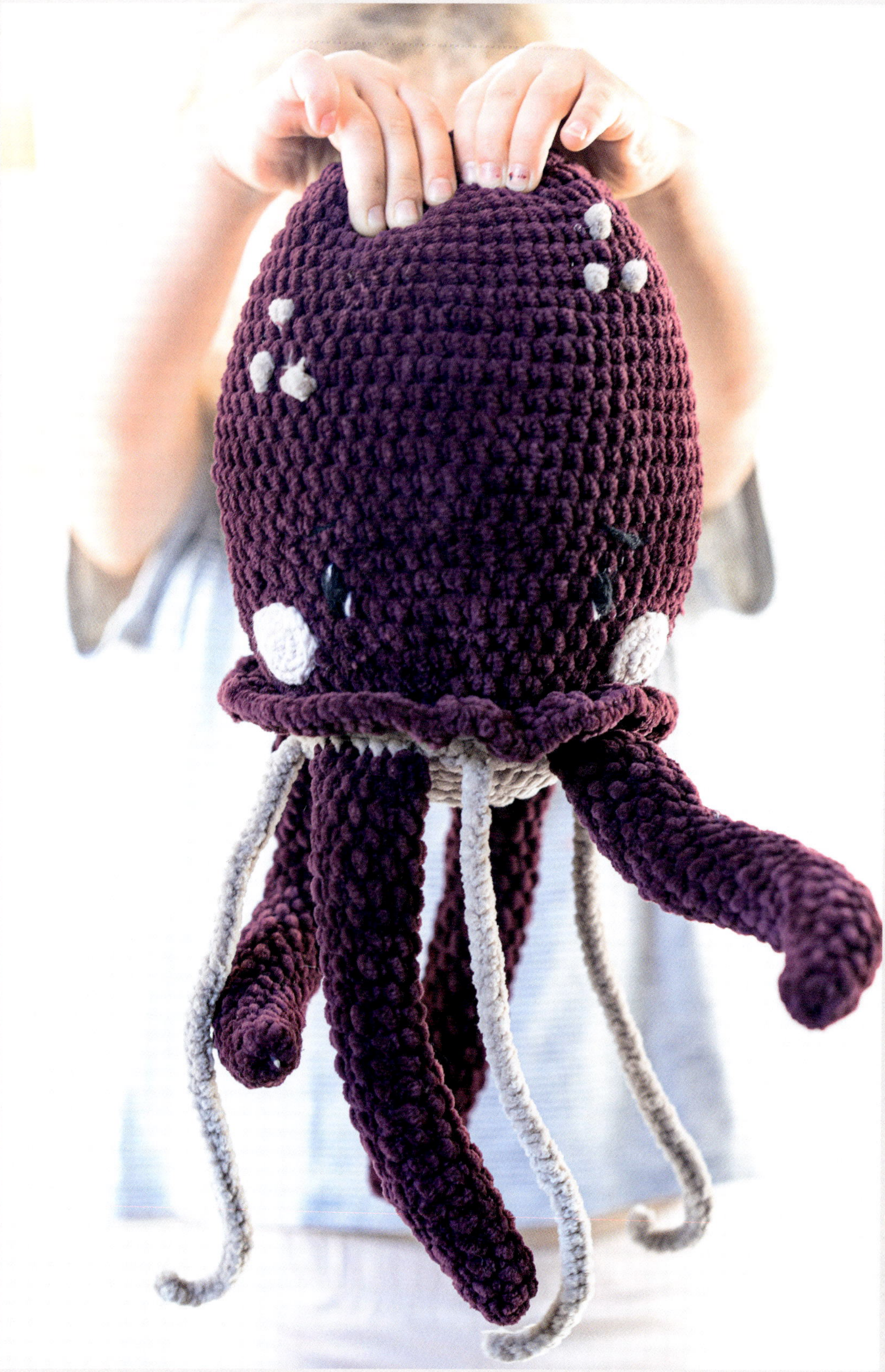

TENTAKEL 1 (4 x)

Hierzu wird eine Lm-Kette gearbeitet, bei der der Endfaden mit eingehäkelt wird. Dazu einen ca. 1,3 m langen Faden Lama zurechtschneiden. Mit der Häkelnadel 3,5 mm eine Anfangs-Lm in der Mitte des Fadens häkeln. Den Endfaden über die Nadel legen und den Arbeitsfaden durch beide Schlingen ziehen. Diesen Vorgang noch 44 x wiederholen.
Den Faden abschneiden und durchziehen.

TENTAKEL 2 (4 x)

Mit Oktopus und Häkelnadel 3,5 mm 2 Lm häkeln.

1. Rd: 6 fM in die 2. Lm ab Nadel arbeiten = 6 M
2. Rd: 6 fM = 6 M
3. Rd: Jede 3. M verdoppeln = 8 M
4. Rd: 8 fM = 8 M
5. Rd: Jede 4. M verdoppeln = 10 M
6.–20. Rd: 10 fM = 10 M
21. Rd: Jede 5. M verdoppeln = 12 M
22.–26. Rd: 12 fM = 12 M

Mit einer Kett-M schließen und den Faden lang abschneiden. Die Tentakel leicht mit Füllwatte stopfen.

BAUCH

Mit Lama und Häkelnadel 3,5 mm 2 Lm häkeln.

1. Rd: 9 fM in die 2. Lm ab Nadel arbeiten = 9 M
2. Rd: Jede M verdoppeln, indem in jede M 2 M gehäkelt werden = 18 M
3. Rd: Jede 3. M verdoppeln = 24 M
4. Rd: Jede 4. M verdoppeln = 30 M
5. Rd: Jede 5. M verdoppeln = 36 M
6. Rd: Jede 6. M verdoppeln = 42 M

Die Rd nicht schließen, da der Bauch direkt angehäkelt wird. Die Tentakel 2 auf den Bauch legen. Nun den ersten Tentakel mit 5 fM anhäkeln. Dabei darauf achten, dass alle 3 Lagen durchstochen werden, 5 fM, 5 fM in den 2. Tentakel, 6 fM, 5 f M in den 3. Tentakel, 5 fM, 5 fM in den 4. Tentakel, 6 fM = 42 M. Die Tentakel 1 zwischen den großen Tentakeln festknoten. Nun den Bauch an den Kopf und Körper nähen. Dabei in die hinteren Maschenglieder der 28. Runde des Kopfes/Körpers einstechen. Den Faden abschneiden und vernähen.

BÄCKCHEN (4 x)

Mit Rose und Häkelnadel 2,5 mm 2 Lm häkeln.

1. Rd: 6 fM in die 2. Lm ab Nadel arbeiten = 6 M
2. Rd: Jede M verdoppeln, indem in jede M 2 M gehäkelt werden = 12 M
3. Rd: Jede 2. M verdoppeln = 18 M

Mit einer Kett-M schließen und den Faden lang abschneiden.

ZU GUTER LETZT

Mit Schwarz um die M der 22. und 23. Rd des Kopfes die Augen aufsticken. Den Vorgang wiederholen, bis die gewünschte Dicke erreicht ist. Der Augenabstand beträgt 11 M. Mit Weiß die Pupillen andeuten. Mit Schwarz die Augenbrauen aufsticken. Die Bäckchen aufnähen. Mit Lama insgesamt 3 Schönheitsflecke mit Knötchenstich auf jeder Seite des Kopfes aufsticken. Alle Fäden vernähen.

Maus Mimi

SCHWIERIGKEITSGRAD: EINFACH
GRÖSSE: CA. 33 CM HOCH

MATERIAL:

- Samt (100 % Polyester) von myboshi mit einer Lauflänge von 100 m / 100 g: 200 g in Maus
- No.2 (85 % Baumwolle, 15 % Kapok) von myboshi mit einer Lauflänge von 100 m / 50 g: 50 g Magnolie oder Türkis, je 50 g oder ein Rest in Weiß und Schwarz
- ca. 200 g Füllwatte
- Stecknadeln oder Maschenmarkierer
- 1 Häkelnadel 3,5 mm
- 2 Knöpfe nach Wunsch für das Kleid

GRUNDMUSTER FESTE MASCHEN:

- In Rd und R hStb, fM oder wie angegeben häkeln. Die Maschen möglichst fest häkeln, damit die Füllwatte nicht herausschaut. Wenn nötig, die Nadelstärke entsprechend anpassen.
- R: Jede R mit einer Wende-Lm beginnen. Die Wende-Lm ersetzt nicht die 1. M und wird zusätzlich zur M-Zahl gehäkelt.
- Rd: Die Rd enden mit einer Kett-M und beginnen mit einer Steige-Lm.
- Büschelmaschen: 4 Stäbchen in einer M der Vorrunde bilden und zusammen abmaschen. Hierfür wie folgt vorgehen: 1 U, in die M einstechen und den Arbeitsfaden durchholen. Die ersten beiden Schlaufen auf der Nadel zusammen abmaschen. Diesen Vorgang noch dreimal wiederholen, bis 4 Stäbchen gebildet wurden. Den Arbeitsfaden nun durch die 4 verbliebenen Schlaufen ziehen und die 4 Stäbchen gemeinsam abmaschen.
- Doppelte Lm: 2 Lm anschlagen, den Anfangsknoten ein bisschen nach oben drehen. In die 1. Lm einstechen und darauf achten, dass die zwei Maschenglieder über der Nadel liegen. Den Faden durchholen. Es liegen nun zwei Schlingen auf der Nadel. Diese gemeinsam abmaschen. Die erste doppelte Lm ist entstanden. Nun erneut in die erste doppelte Lm einstechen, den Faden durchholen und die zwei entstandenen Schlingen gemeinsam abmaschen.

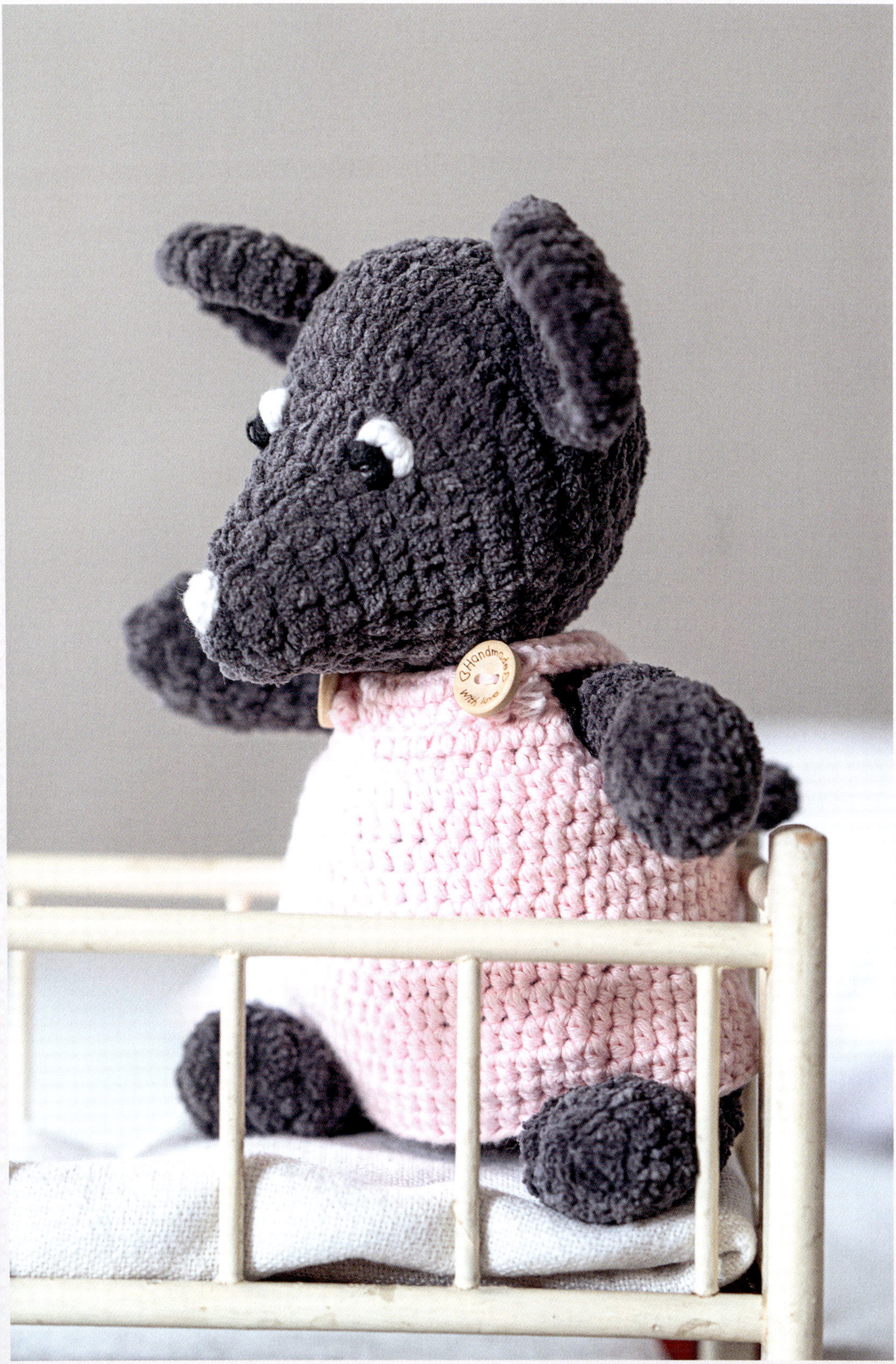
Handmade
With love

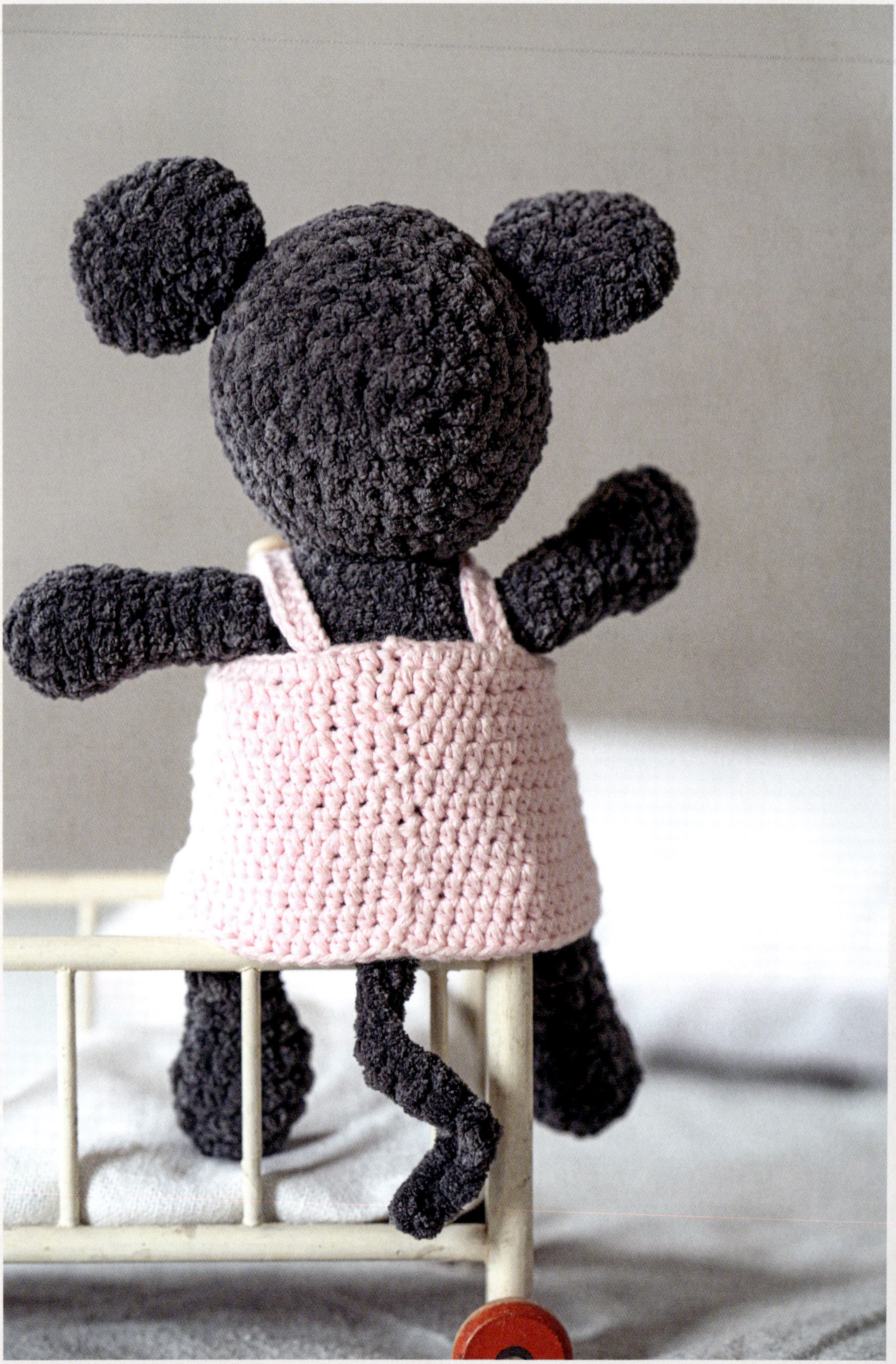

KOPF

Mit Maus und Häkelnadel 3,5 mm 4 Lm häkeln und mit einer Kett-M in die erste Lm zum Ring schließen.

1. Rd: 1 Lm, 5 hStb in den Ring häkeln = 5 M
2. Rd: Jede M verdoppeln, indem in jede M 2 M gehäkelt werden = 10 M
3. Rd: Jede 5. M verdoppeln = 12 M
4. Rd: Jede 4. M verdoppeln = 15 M
5. Rd: Jede 5. M verdoppeln = 18 M
6. Rd: Jede 9. M verdoppeln = 20 M
7. Rd: Jede 4. M verdoppeln = 25 M
8. Rd: Jede 5. M verdoppeln = 30 M
9. Rd: Jede 5. M verdoppeln = 36 M
10.-11. Rd: 36 hStb
12. Rd: 6x ***4 hStb, 2 M zusammenhäkeln***= 30 M
13. Rd: 6x ***3 hStb, 2 M zusammenhäkeln***= 24 M
14. Rd: 6x ***2 hStb, 2 M zusammenhäkeln***= 18 M
15. Rd: 6x ***1 hStb, 2 M zusammenhäkeln***= 12 M

Mit einer Kett-M beenden und den Faden lang abschneiden. Den Faden durch alle 12 übrigen Maschen fädeln und zuziehen. Davor noch einmal etwas Füllwatte nachstopfen.

KÖRPER

Mit Maus und Häkelnadel 3,5 mm 4 Lm häkeln und mit einer Kett-M in die erste Lm zum Ring schließen.

1. Rd: 1 Lm, 10 hStb in den Ring häkeln = 10 M
2. Rd: Jede M verdoppeln, indem in jede M 2 M gehäkelt werden = 20 M
3. Rd: 20 hStb
4. Rd: Jede 2. M verdoppeln = 30 M
5. Rd: Jede 5. M verdoppeln = 36 M
6. Rd: Jede 6. M verdoppeln = 42 M
7.-10. Rd: 42 hStb
11. Rd: 6x ***6 hStb, 2 M zusammenhäkeln*** = 36 M
12. Rd: 36 hStb
13. Rd: 6x ***5 hStb, 2 M zusammenhäkeln*** = 30 M
14. Rd: 10x ***1 hStb, 2 M zusammenhäkeln*** = 20 M
15. Rd: 5x ***2 hStb, 2 M zusammenhäkeln*** = 15 M

Mit einer Kett-M beenden und den Faden lang abschneiden. Den Faden durch alle 15 übrigen Maschen fädeln und zuziehen. Davor noch einmal etwas Füllwatte nachstopfen. Den Faden vernähen.

OHREN (2 x)

Mit Maus und Häkelnadel 3,5 mm 4 Lm häkeln und mit einer Kett-M in die erste Lm zum Ring schließen.

1. Rd: 1 Lm, 8 hStb in den Ring häkeln = 8 M
2. Rd: Jede M verdoppeln, indem in jede M 2 M gehäkelt werden = 16 M
3. Rd: Jede 2. M verdoppeln = 24 M

Mit einer Kett-M beenden und den Faden lang abschneiden. Den Anfangsfaden vernähen.

ARME (2 x)

Mit Maus und Häkelnadel 3,5 mm 4 Lm häkeln und mit einer Kett-M in die erste Lm zum Ring schließen.

1. Rd: 1 Lm, 6 hStb in den Ring häkeln = 6 M
2. Rd: Jede M verdoppeln, indem in jede M 2 M gehäkelt werden = 12 M
3.-4. Rd: 12 hStb
5. Rd: 4x ***1 hStb, 2 M zusammenhäkeln*** = 8 M
6.-9. Rd: 8 hStb
10. Rd: 2x ***2 hStb, 2 M zusammenhäkeln*** = 6 M

Mit einer Kett-M beenden und den Faden lang abschneiden. Den Arm mit Füllwatte stopfen und formen. Dabei vor allem den unteren Teil des Armes füllen. Die Öffnung zusammendrücken und mit 1 R fM zusammenhäkeln, um eine glatte Kante zu erhalten.

BEIN (2 x)

Mit Maus und Häkelnadel 3,5 mm 4 Lm häkeln und mit einer Kett-M in die erste Lm zum Ring schließen.

1. Rd: 1 Lm, 6 halbe Stb in den Ring häkeln = 6 M
2. Rd: Jede M verdoppeln, indem in jede M 2 M gehäkelt werden = 12 M
3. Rd: Jede 3. M verdoppeln = 16 M
4. Rd: 4x ***2 halbe Stb, 2 M zusammenhäkeln*** = 12 M
5. Rd: 4x ***1 halbes Stb, 2 M zusammenhäkeln*** = 8 M
6.–11. Rd: 8 halbe Stb

Mit einer Kett-M beenden und den Faden abschneiden. Das Bein mit Füllwatte stopfen und formen.

SCHWANZ

Mit Maus 16 Lm anschlagen. Der Schwanz wird in Reihen gearbeitet.

1. R: In der 2. Lm von der Nadel aus beginnen und in jede Lm 1 fM häkeln = 15 M

Mit einer Lm beenden, den Faden lang abschneiden und für das Annähen hängen lassen.

AUGEN (2 x) UND NASE

Mit Weiß und Häkelnadel 3,5 mm 3 Lm häkeln. Nun eine Büschelmasche aus 4 Stb arbeiten.

Den Faden lang abschneiden und für das spätere Annähen hängen lassen.

Die Nase wird in Magnolie und mit 5 Stb in der Büschelmasche gearbeitet.

KLEID

Mit Magnolie oder Türkis und Häkelnadel 3,5 mm 44 doppelte Lm anschlagen und mit einer Kett-M in die erste Lm zum Ring schließen.

1. Rd: In jede doppelte Lm 1 halbes Stb häkeln = 44 M
2. Rd: 44 halbe Stb
3. Rd: Jede 7. M verdoppeln = 50 M
4. Rd: Jede 12. M verdoppeln = 54 M
5. Rd: 54 halbe Stb
6. Rd: Jede 9. M verdoppeln = 60 M
7. Rd: 60 halbe Stb
8. Rd: Jede 10. M verdoppeln = 66 M
9.–13. Rd: 66 halbe Stb

Nun die Kante mit Krebs-M umhäkeln.

Mit einer Krebs-M beenden und den Faden abschneiden.

Das Oberteil wird direkt an den Rock in Reihen angehäkelt. Dazu 3 doppelte Lm von der rechten Seite aus abzählen und den Faden in Magnolie oder Türkis neu ansetzen.

1. R: In die nächsten 16 Lm je 1 halbes Stb häkeln = 16 M
2. R: 2 M zusammenhäkeln, 12 halbe Stb, 2 M zusammenhäkeln = 14 M
3. R: 14 halbe Stb

4. R: 2 M zusammenhäkeln, 10 halbe Stb, 2 M zusammenhäkeln = 12 M
5. R: 12 halbe Stb
6. R: 2 M zusammenhäkeln, 8 halbe Stb, 2 M zusammenhäkeln = 10 M
7. R: 10 halbe Stb

Nun die Kante mit 1 Rd Krebs-M umhäkeln.

Mit einer Krebs-M beenden und den Faden abschneiden.

Für die Träger mit Magnolie oder Türkis 16 Lm anschlagen. In der 2. Lm von der Nadel aus beginnen und 15 halbe Stb in die Lm-Kette häkeln. Den Faden abschneiden und hängen lassen. Den zweiten Träger ebenso arbeiten.

ZU GUTER LETZT

Die Nase auf die Schnauze nähen. Mit Schwarz Pupillen auf die Augen sticken und diese annähen. Die Ohren am Kopf fixieren und annähen. Den Kopf positionieren und ebenfalls annähen. Die Arme, Beine und den Schwanz am Körper anbringen. Alle Fäden vernähen.
Für das Kleid die und Knöpfe am Oberteil und am Rockbund annähen.

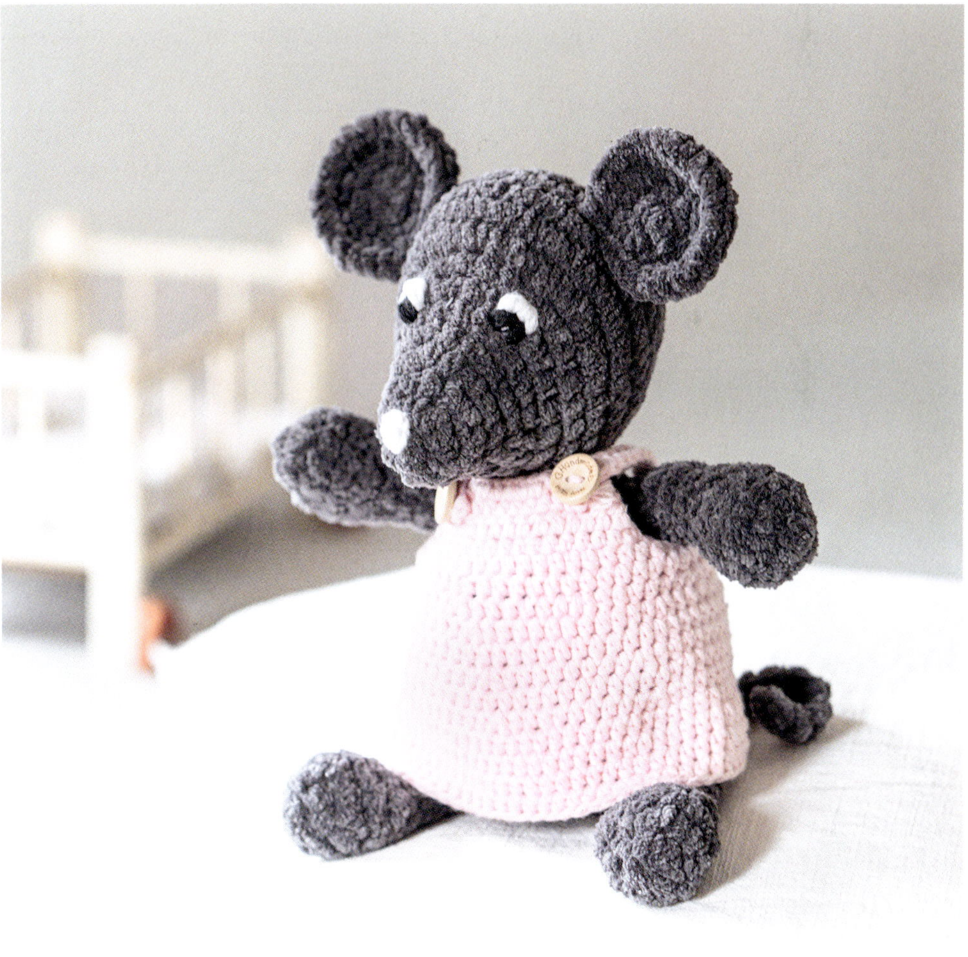

Monster Mario

SCHWIERIGKEITSGRAD: MITTEL
GRÖSSE: CA. 25 CM HOCH

MATERIAL:

- Samt (100 % Polyester) von myboshi mit einer Lauflänge von 100 m / 100 g: 100 g in Oktopus und 100 g oder ein Rest in Eisbär
- No.2 (85 % Baumwolle, 15 % Kapok) von myboshi mit einer Lauflänge von 100 m / 50 g: 50 g oder ein Rest in Türkis und Aprikose
- 1 Paar schwarze Sicherheitsaugen mit einem Durchmesser von 10 mm
- ca. 200 g Füllwatte
- Stecknadeln oder Maschenmarkierer
- 1 Häkelnadel 4,5 mm und 3 mm

GRUNDMUSTER FESTE MASCHEN:

- In Rd und R fM oder wie angegeben häkeln. Die Maschen möglichst fest häkeln, damit die Füllwatte nicht herausschaut. Wenn nötig, die Nadelstärke entsprechend anpassen.
- R: Jede R mit einer Wende-Lm beginnen. Die Wende-Lm ersetzt nicht die 1. M und wird zusätzlich zur M-Zahl gehäkelt.
- Spiral-Rd: Die Rd werden endlos gehäkelt und weder mit einer Steige-Lm begonnen noch geschlossen.

BEINE/KÖRPER

Körper und Beine werden von unten nach oben gehäkelt. Begonnen wird mit den Beinen. Mit Oktopus und Häkelnadel 4,5 mm in einen flexiblen Fadenring 6 fM häkeln.

1. Rd: Jede M verdoppeln, indem in jede M 2 M gehäkelt werden = 12 M
2. Rd: Jede 2. M verdoppeln = 18 M
3.–5. Rd: 18 fM

Mit einer Kett-M beenden und den Faden auf ca. 20 cm abschneiden. (1)
Das 2. Bein ebenso arbeiten, aber den Faden nicht abschneiden, sondern wie folgt weiterhäkeln:

6. Rd: 6 Lm, 1 fM in die 1. M des ersten Beines, um die beiden Beine miteinander zu verbinden. (2) , -> (2,3) (3)

Jeweils 1 fM in jede M des Beines, jeweils 1 fM in jede M der Lm-Kette, jeweils 1 fM in jede M des 2. Beines, jeweils 1 fM in jede M der LM-Kette = 48 M (4)

7.–15. Rd: 48 fM (5)
16. Rd: 6x ***6 fM, 2 M zusammenhäkeln*** = 42 M
17. Rd: 6x ***5 fM, 2 M zusammenhäkeln*** = 36 M
18. Rd: 6x ***4 fM, 2 M zusammenhäkeln*** = 30 M

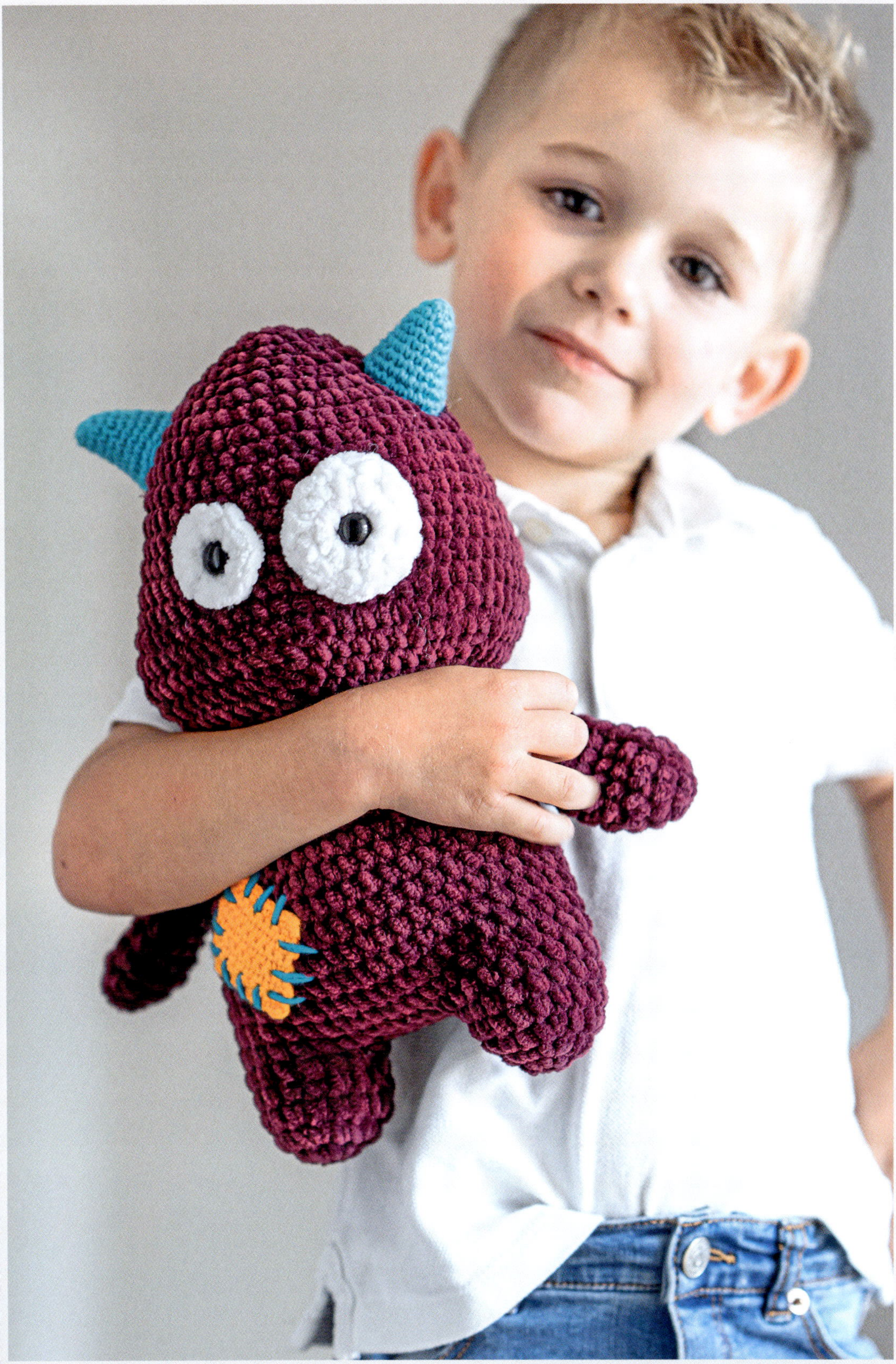

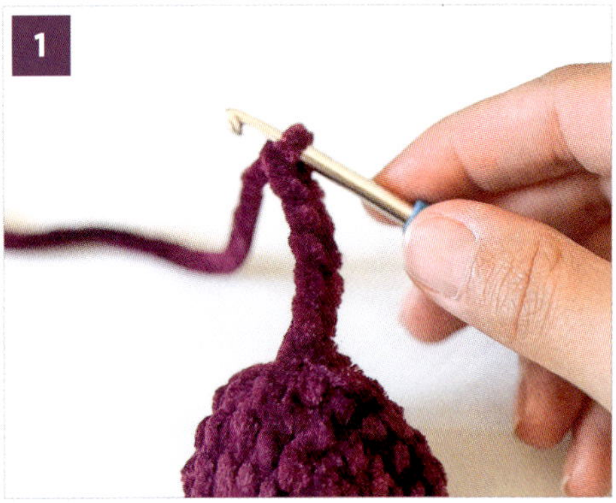

1

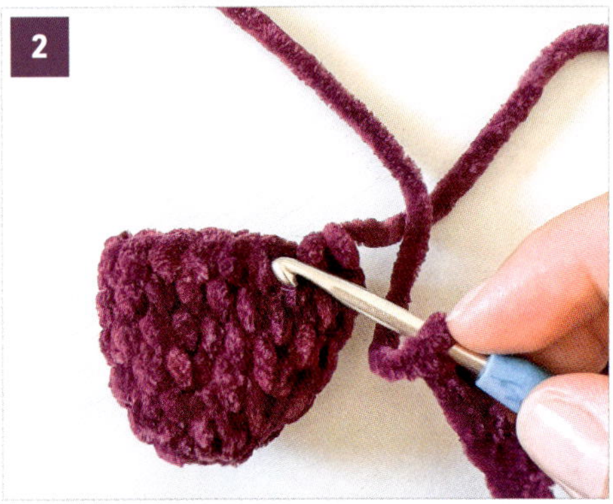

2

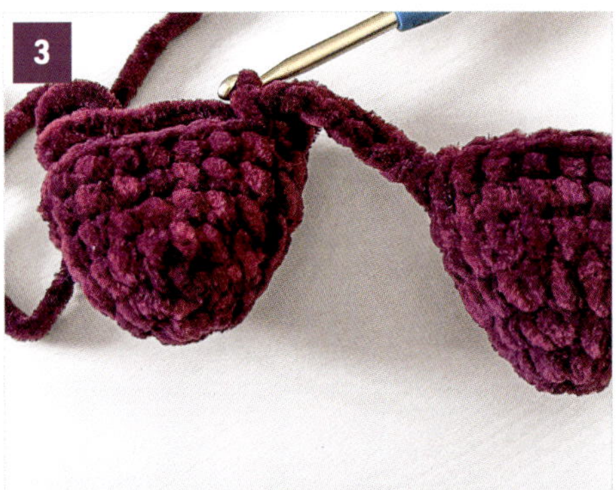

3

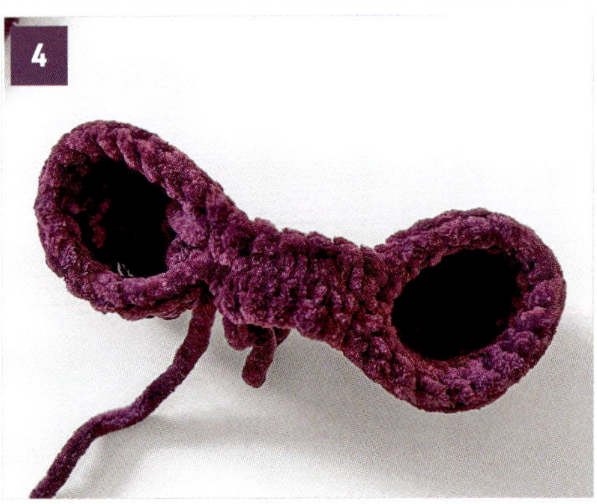

4

Die Beine und den Körper mit Füllwatte stopfen, dabei in den nächsten Runden immer weiter füllen und formen.

19. Rd: 6x ***3 fM, 2 M zusammenhäkeln*** = 24 M
20. Rd: 6x ***2 fM, 2 M zusammenhäkeln*** = 18 M
21. Rd: 6x ***1 fM, 2 M zusammenhäkeln*** = 12 M
22. Rd. 6x ***2 M zusammenhäkeln*** = 6 M

Mit einer Kett-M beenden, den Faden abschneiden und vernähen. (6)

AUGE (2 x)

Mit Eisbär und Häkelnadel 4,5 mm in einen flexiblen Fadenring 6 fM häkeln. Den Fadenring nicht ganz zuziehen.

1. Rd: Jede M verdoppeln, indem in jede M 2 M gehäkelt werden = 12 M
2. Rd: Jede 2. M verdoppeln = 18 M

Mit einer Kett-M beenden, den Faden abschneiden und vernähen.

Das 2. Auge = Auge klein nur bis Runde 1 häkeln

Nun die Sicherheitsaugen durch die Mitte der Augen stechen und noch nicht auf der Rückseite verschließen. (7)

KOPF

Mit Oktopus und Häkelnadel 4,5 mm in einen flexiblen Fadenring 6 fM häkeln.

1. Rd: Jede M verdoppeln, indem in jede M 2 M gehäkelt werden = 12 M
2. Rd: Jede 2. M verdoppeln = 18 M
3. Rd: Jede 3. M verdoppeln = 24 M
4. Rd: Jede 4. M verdoppeln = 30 M
5. Rd: Jede 5. M verdoppeln = 36 M
6. Rd: Jede 6. M verdoppeln = 42 M

7. Rd: Jede 7. M verdoppeln = 48 M
8.–10. Rd: 48 fM
11. Rd: 18 fM, 3x ***1 fM, verdoppeln***, 18 fM, 3x ***1 fM, verdoppeln*** = 54 M
12.–13. Rd: 54 fM
14. Rd: 21 fM, 6x***jede Masche verdoppeln***, 21 fM, 6x***jede Masche verdoppeln*** = 66 M
15.–16. Rd: 66 fM
17. Rd: 6x ***9 fM, 2 M zusammenhäkeln*** = 60 M
18. Rd: 6x ***8 fM, 2 M zusammenhäkeln*** = 54 M
19. Rd: 6x ***7 fM, 2 M zusammenhäkeln*** = 48 M

Die Augen zwischen der 12. und 13.Runde platzieren und mit der Sicherung befestigen. (8, 9)

20. Rd: 12x ***2 fM, 2 M zusammenhäkeln*** = 36 M
Den Kopf mit Füllwatte stopfen.
21. Rd: 12x ***1 fM, 2 M zusammenhäkeln*** = 24 M
22. Rd: 24 fM
23. Rd: 6x ***2 fM, 2 M zusammenhäkeln*** = 18 M
24. Rd: 6x ***1 fM, 2 M zusammenhäkeln*** = 12 M

Vor dem Verschließen des Kopfes noch etwas Füllwatte dazugeben und den Kopf formen.

25. Rd: 6x ***2 M zusammenhäkeln*** = 6 M

Mit einer Kett-M beenden, den Faden abschneiden und vernähen. (10)

ARME (2 x)

Mit Oktopus und Häkelnadel 4,5 mm in einen flexiblen Fadenring 6 fM häkeln.

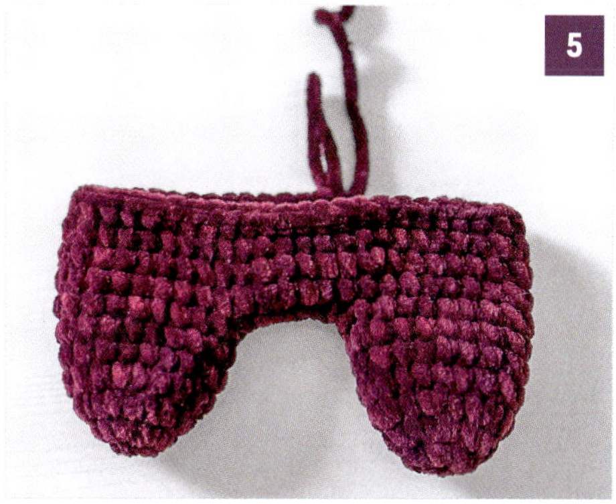
5

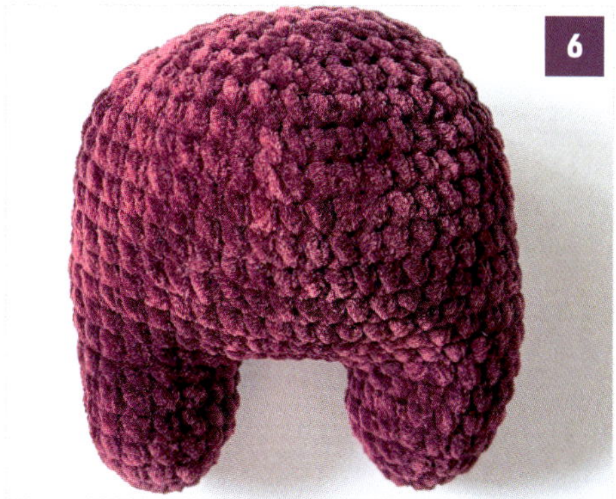
6

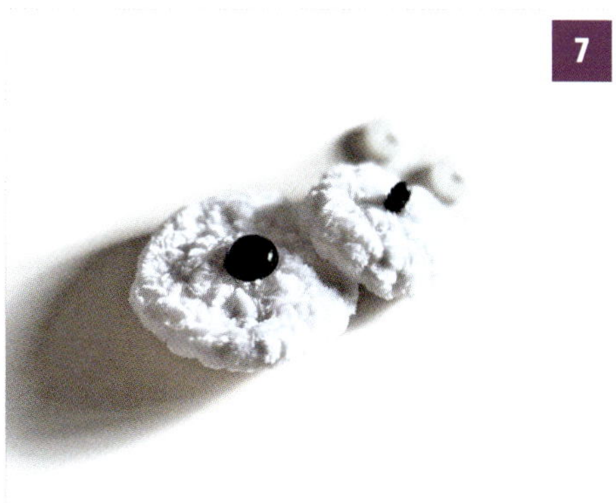
7

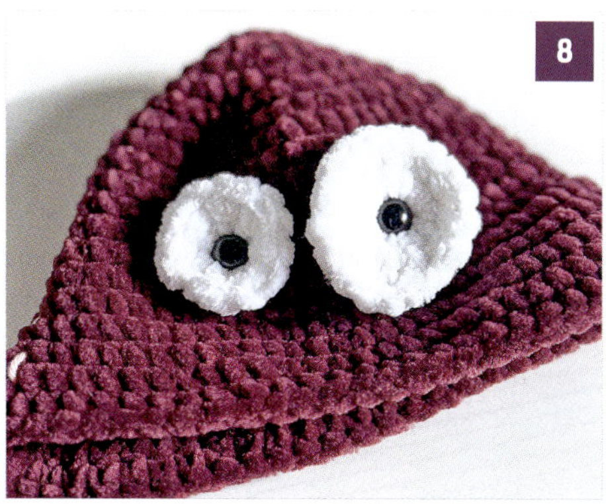
8

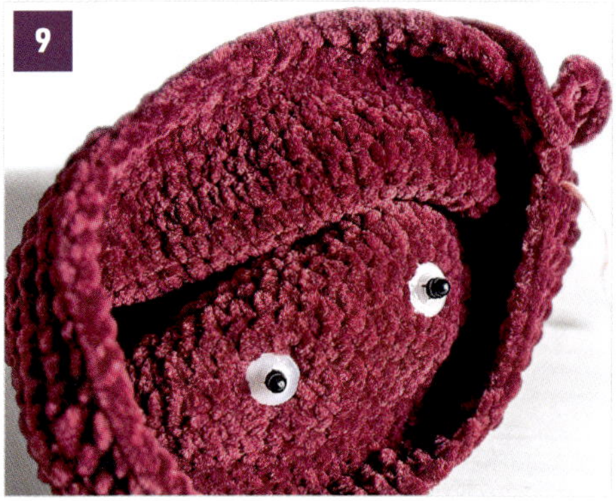

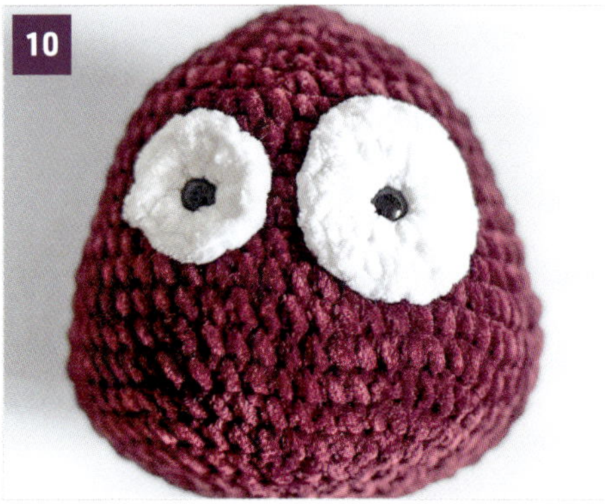

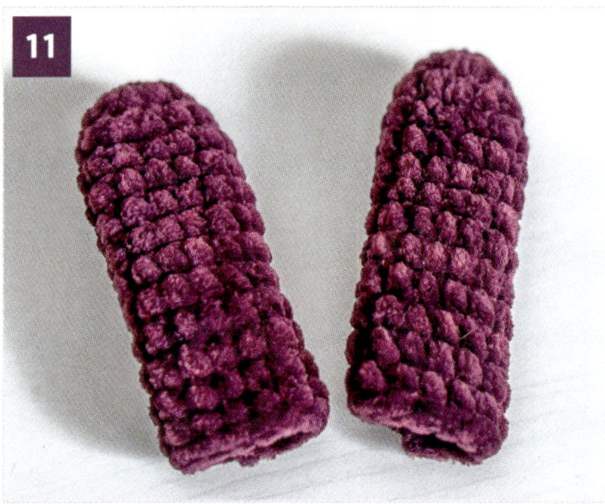

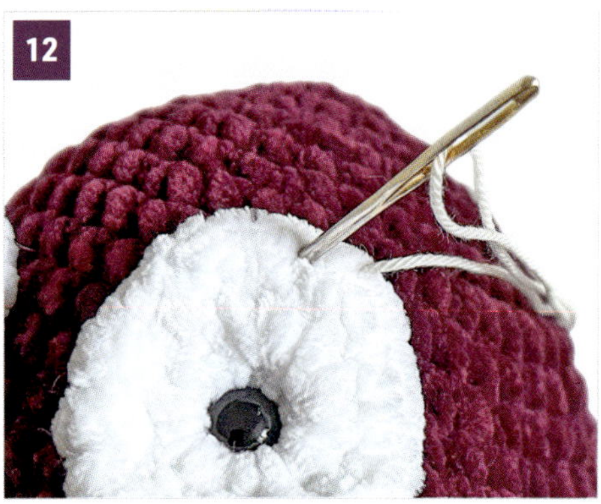

1. Rd: Jede M verdoppeln, indem in jede M 2 M gehäkelt werden = 12 M
2.–12. Rd: 12 fM

Mit einer Kett-M beenden, den Faden abschneiden und vernähen. Den 2. Arm ebenso häkeln. Die Arme werden nicht mit Füllwatte gefüllt. (11)

HÖRNER (2 x)

Mit Türkis und Häkelnadel 3 mm in einen flexiblen Fadenring 6 fM häkeln.

1. Rd: 3x ***1 fM, 1 M verdoppeln*** = 9 M
2. Rd: 3x ***2 fM, 1 M verdoppeln*** = 12 M
3. Rd: 12fM
4. Rd: 3x ***3 fM, 1 M verdoppeln*** = 15 M
5. Rd: 3x ***4 fM, 1 M verdoppeln*** = 18 M
6. Rd: 18 fM
7. Rd: 6x ***2 fM, 1 M verdoppeln*** = 24 M
8. Rd: 24 fM

Mit einer Kett-M beenden, den Faden auf ca. 30cm abschneiden und hängen lassen. Das Horn mit etwas Füllwatte stopfen. Das 2. Horn ebenso häkeln.

FLICKEN

Der Flicken wird in Reihen gehäkelt.
Mit Aprikose und Häkelnadel 3 mm 10 Lm anschlagen.

1. R: Ab 2. M von der Nadel aus jeweils 9 fM
2.–9. R: 9 fM

Mit einer Kett-M beenden, den Faden abschneiden und vernähen.

ZU GUTER LETZT

Den Kopf oben und die Arme seitlich an den Körper nähen. Die Augen am Kopf festnähen. Die Hörner nach Wunsch platzieren und festnähen. Den Flicken mit Türkis am Körper festnähen. (12, 13, 14)

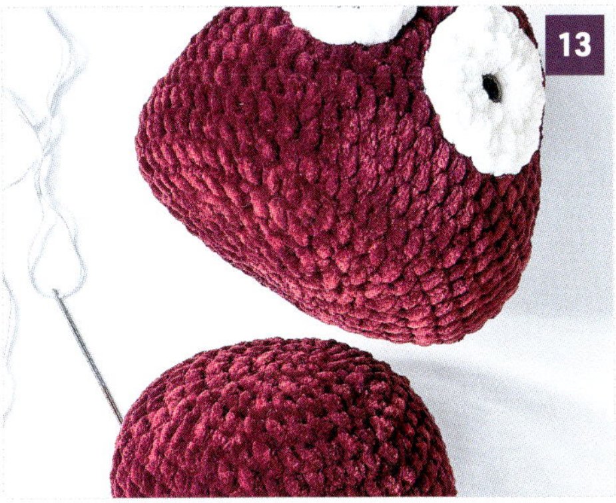
13

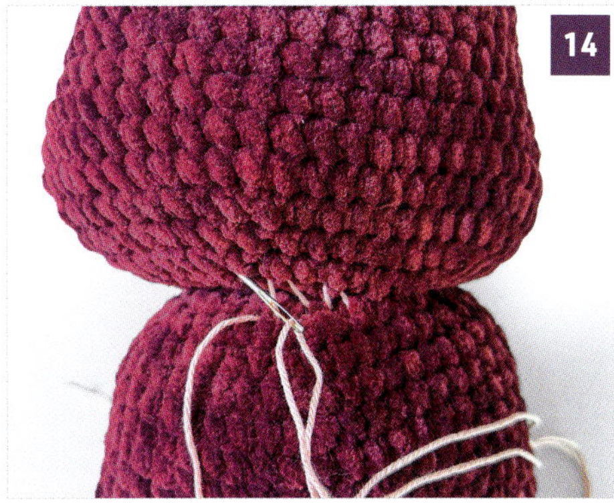
14

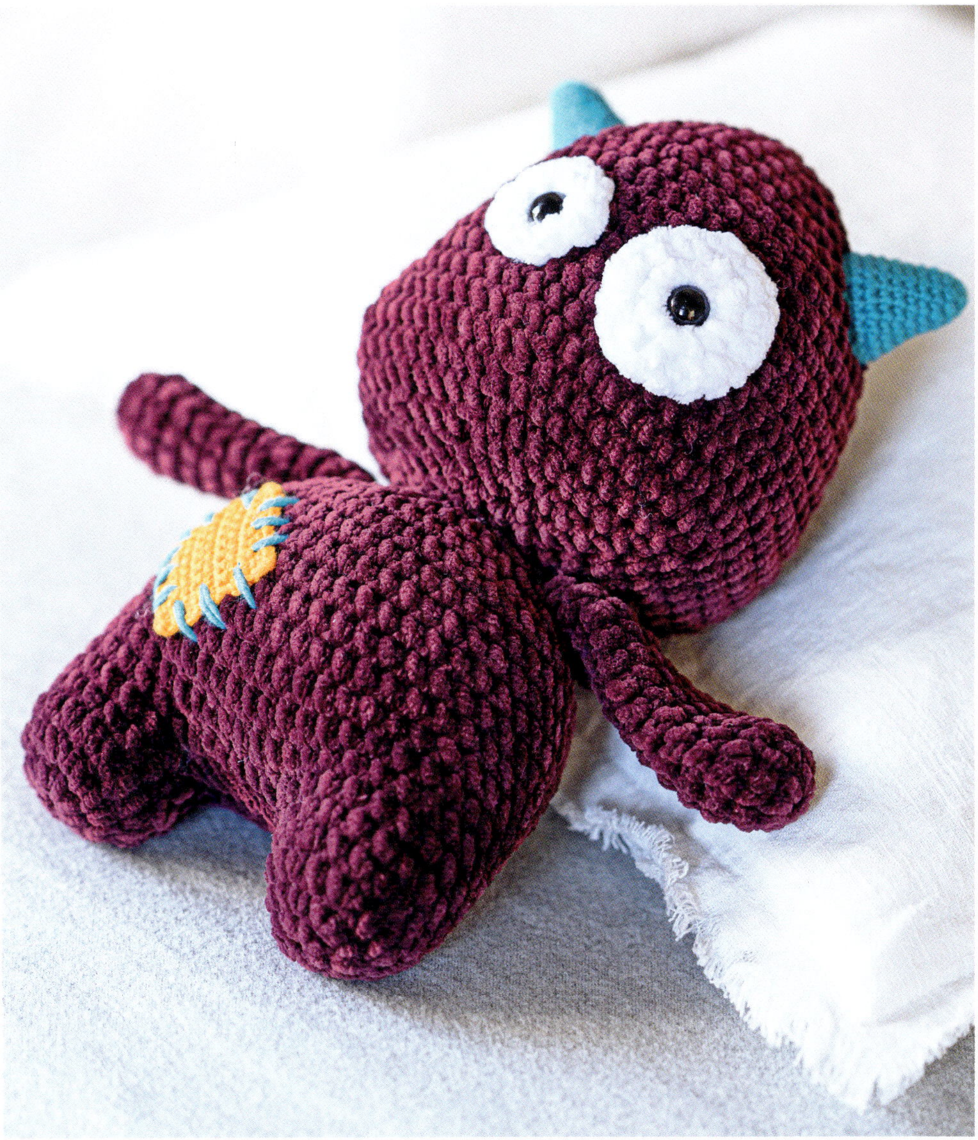

Eisbär Elfi

SCHWIERIGKEITSGRAD: MITTEL
GRÖSSE: CA. 30 CM HOCH

MATERIAL:

- Samt (100 % Polyester) von myboshi mit einer Lauflänge von 100 m / 100 g: 200 g in Eisbär
- No.2 (85 % Baumwolle, 15 % Kapok) von myboshi mit einer Lauflänge von 100 m / 50 g: 50 g oder ein Rest in Rouge
- Stickgarn in Schwarz
- Baumwollgarn in Weiß
- ca. 200 g Füllwatte
- Stecknadeln oder Maschenmarkierer
- 1 Häkelnadel 4,5 mm und 3 mm

GRUNDMUSTER FESTE MASCHEN:

- In Rd und R fM oder wie angegeben häkeln. Die Maschen möglichst fest häkeln, damit die Füllwatte nicht herausschaut. Wenn nötig, die Nadelstärke entsprechend anpassen.
- R: Jede R mit einer Wende-Lm beginnen. Die Wende-Lm ersetzt nicht die 1. M und wird zusätzlich zur M-Zahl gehäkelt.
- Spiral-Rd: Die Rd werden endlos gehäkelt und weder mit einer Steige-Lm begonnen noch geschlossen.

KÖRPER

Mit Eisbär und Häkelnadel 4,5 mm in einen flexiblen Fadenring 6 fM häkeln.

1. Rd: Jede M verdoppeln, indem in jede M 2 M gehäkelt werden = 12 M
2. Rd: Jede 2. M verdoppeln = 18 M
3. Rd: Jede 3. M verdoppeln = 24 M
4. Rd: Jede 4. M verdoppeln = 30 M
5. Rd: Jede 5. M verdoppeln = 36 M
6.–11. Rd: 36 fM
12. Rd: 6x ***4 fM, 2 M zusammenhäkeln*** = 30 M
13. Rd: 30 fM
14. Rd: 6x ***3 fM, 2 M zusammenhäkeln*** = 24 M
15. Rd: 24 fM
16. Rd: 6x ***2 fM, 2 M zusammenhäkeln*** = 18 M
17. Rd: 18 fM
18. Rd: 6x ***1 fM, 2 M zusammenhäkeln*** = 12 M

Mit einer Kett-M beenden und den Faden abschneiden und vernähen. Den Körper gut mit Füllwatte stopfen.

KOPF

Mit Eisbär und Häkelnadel 4,5 mm in einen flexiblen Fadenring 6 fM häkeln.

1. Rd: Jede M verdoppeln, indem in jede M 2 M gehäkelt werden = 12 M
2. Rd: Jede 2. M verdoppeln = 18 M

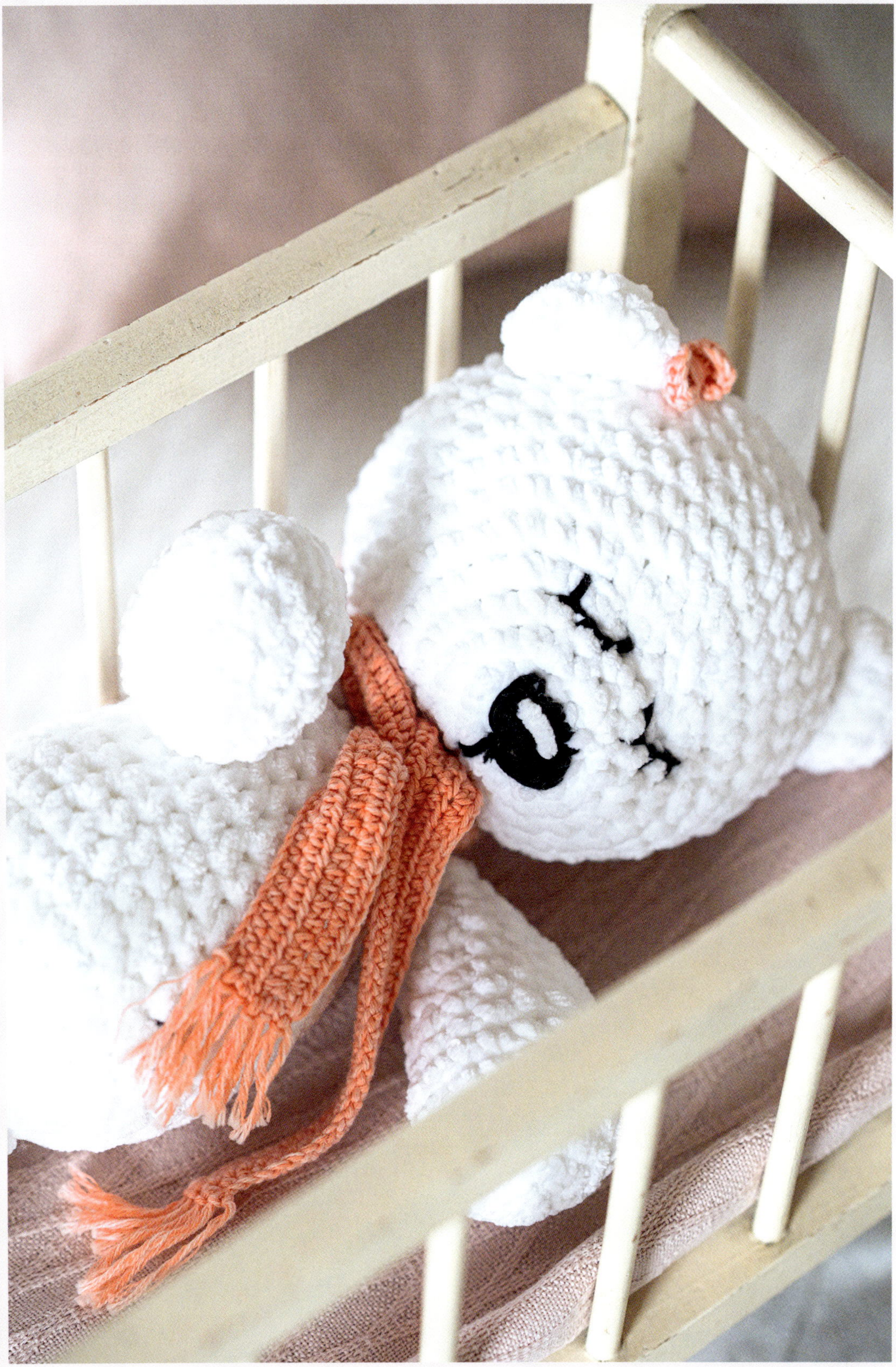

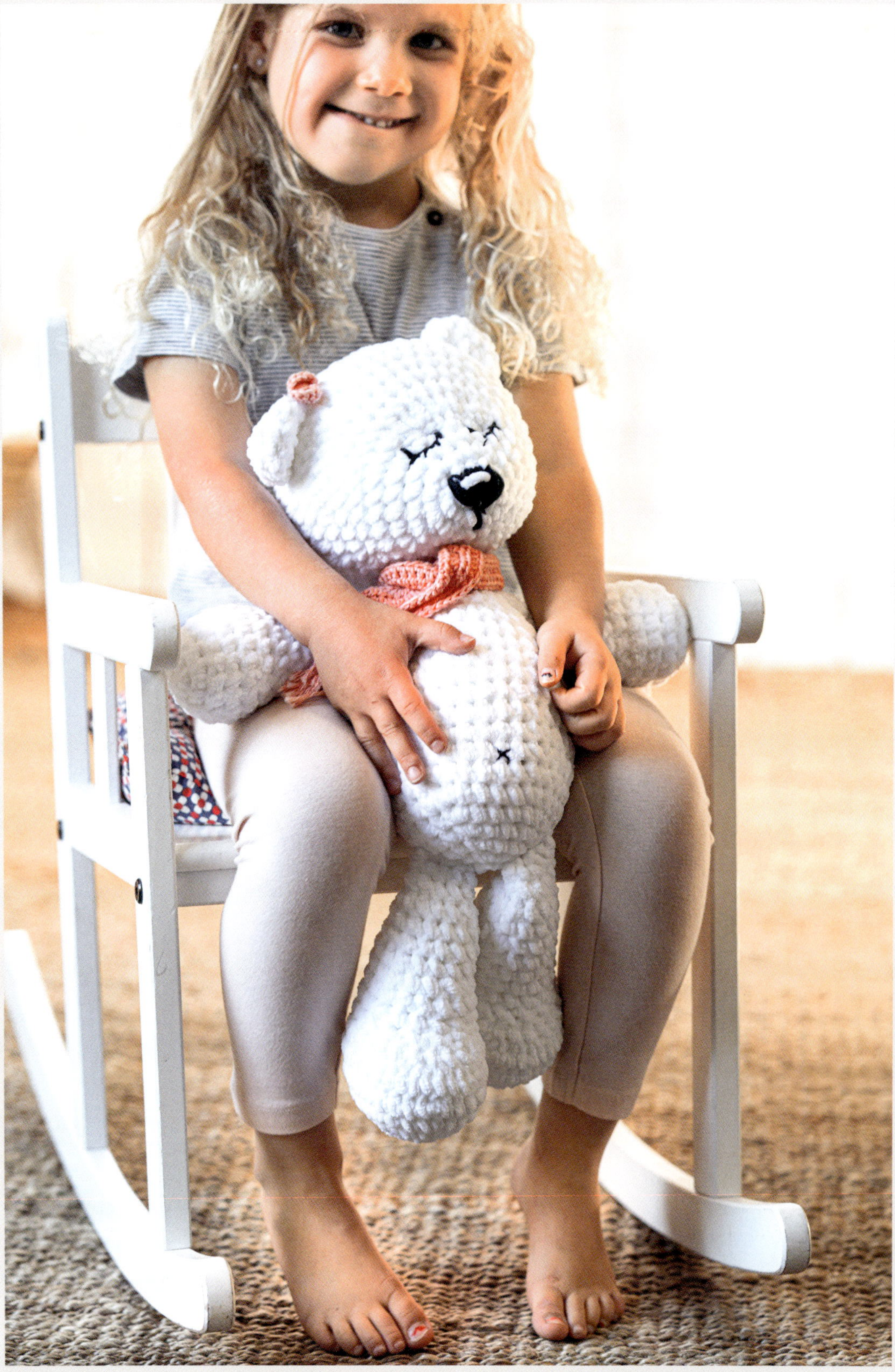

3. Rd: Jede 3. M verdoppeln = 24 M
4. Rd: Jede 4. M verdoppeln = 30 M
5. Rd: Jede 5. M verdoppeln = 36 M
6. Rd: 36 fM
7. Rd: Jede 6. M verdoppeln = 42 M
8. Rd: 42 fM
9. Rd: Jede 7. M verdoppeln = 48 M
10.–12. Rd: 48 fM
13. Rd: 6x ***6 fM, 2 M zusammenhäkeln*** = 42 M
14. Rd: 42 fM
15. Rd: 6x ***5 fM, 2 M zusammenhäkeln*** = 36 M
16. Rd: 6x ***4 fM, 2 M zusammenhäkeln*** = 30 M
17. Rd: 6x ***3 fM, 2 M zusammenhäkeln*** = 24 M

Nun den Kopf mit Füllwatte stopfen und formen.

18. Rd: 6x ***2 fM, 2 M zusammenhäkeln*** = 18 M
19. Rd: 6x ***1 fM, 2 M zusammenhäkeln*** = 12 M

Bevor der Kopf verschlossen wird, noch etwas Füllwatte nachstopfen.

20. Rd: 6x ***2 M zusammenhäkeln*** = 6 M

Mit einer Kett-M beenden und den Faden abschneiden und vernähen.

ARME (2 x)

Mit Eisbär und Häkelnadel 4,5 mm in einen flexiblen Fadenring 6 fM häkeln.

1. Rd: Jede M verdoppeln, indem in jede M 2 M gehäkelt werden = 12 M
2. Rd: Jede 2. M verdoppeln = 18 M
3. Rd: Jede 3. M verdoppeln = 24 M
4.–6. Rd: 24 fM
7. Rd: 6x ***2 fM, 2 M zusammenhäkeln*** = 18 M
8. Rd: 18 fM
9. Rd: 3x ***4 fM, 2 M zusammenhäkeln*** = 15 M
10.–11. Rd: 15 fM
12. Rd: 3x ***3 fM, 2 M zusammenhäkeln*** = 12 M
13.–14. Rd: 12 fM

Nun den Arm mit Füllwatte stopfen und formen. Dabei darauf achten, dass der untere Teil gut gefüllt ist.

15. Rd: 3x ***2 fM, 2 M zusammenhäkeln*** = 9 M
16.–19. Rd: 9 fM
20. Rd: 3x ***2 M zusammenhäkeln*** = 6 M

Mit einer Kett-M beenden und den Faden abschneiden und vernähen.

BEINE (2 x)

Mit Eisbär und Häkelnadel 4,5 mm in einen flexiblen Fadenring 6 fM häkeln.

1. Rd: Jede M verdoppeln, indem in jede M 2 M gehäkelt werden = 12 M
2. Rd: Jede 2. M verdoppeln = 18 M
3. Rd: Jede 3. M verdoppeln = 24 M
4. Rd: Jede 4. M verdoppeln = 30 M
5. Rd: 30 fM
6. Rd: 9 fM, 6x ***2 M zusammenhäkeln***, 9 fM = 24 M
7. Rd: 6 fM, 6x ***2 M zusammenhäkeln***, 6 fM = 18 M
8.–9. Rd: 18 fM
10. Rd: 2x ***7 fM, 2 M zusammenhäkeln*** = 16 M
11. Rd: 16 fM
12. Rd: 2x ***6 fM, 2 M zusammenhäkeln*** = 14 M
13. Rd: 14 fM

Nun das Bein mit Füllwatte stopfen und formen. Dabei darauf achten, dass der untere Teil gut gefüllt ist.

14. Rd: 2x ***5 fM, 2 M zusammenhäkeln*** = 12 M
15. Rd: 2x ***4 fM, 2 M zusammenhäkeln*** = 10 M
16. Rd: 10 fM

Mit einer Kett-M beenden und den Faden abschneiden und vernähen.

OHREN (2 x)

Mit Eisbär und Häkelnadel 4,5 mm in einen flexiblen Fadenring 6 fM häkeln.

1. Rd: Jede M verdoppeln, indem in jede M 2 M gehäkelt werden = 12 M
2.–3. Rd: 12 fM

Mit einer Kett-M abketten und den Faden lang abschneiden. Die Ohren flach drücken.

SCHLEIFE

Mit Rouge und Häkelnadel 3 mm einen flexiblen Fadenring häkeln.

In diesen Fadenring wie folgt häkeln: 3 Lm, 5 doppelte Stb in den Fadenring, 3 Lm, mit Kett-M in den Fadenring häkeln, 3 Lm, 5 doppelte Stb in den Fadenring, 3 Lm, mit Kett-M in den Fadenring häkeln.

Nun den Fadenring fest zuziehen und einen langen Faden hängen lassen. Dieser wird mehrfach als Knoten um die Mitte der Schleife gewickelt. Fest mit dem Anfangsfaden verknoten.

ZU GUTER LETZT

Mit dem Baumwollgarn in Weiß die Beine unten an den Körper nähen. Die Arme links und rechts des Körpers in der 3. Reihe von oben fixieren und annähen. Den Kopf auf dem Körper befestigen, dabei die Öffnung des Körpers zusammendrücken. Augen und Nase mit dem Stickgarn aufsticken. Die Ohren am Kopf fixieren und annähen.
Für den Schal mit Rouge und Häkelnadel 3 mm so viele Lm anschlagen, dass die Lm-Kette 2x um den Hals des Eisbären passt. In Reihen häkeln, bis der Schal die gewünschte Breite hat. Den Faden abschneiden und vernähen. Kleine Fransen an den Enden anbringen und die Schleife annähen.

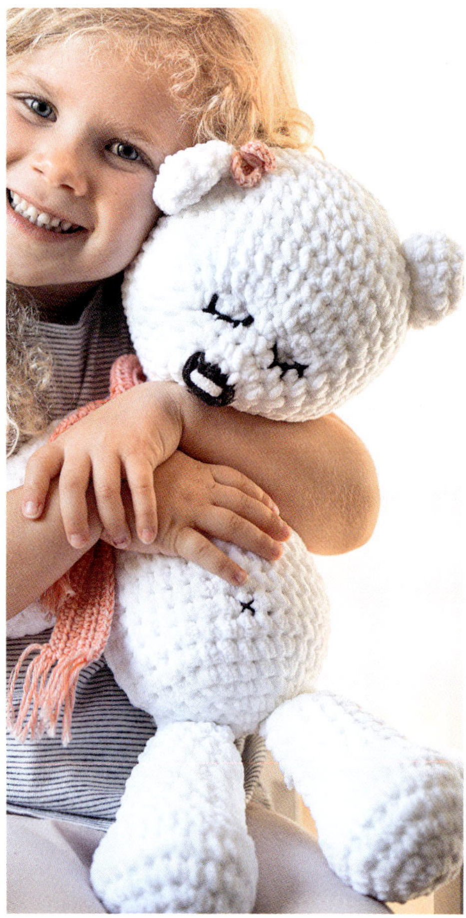

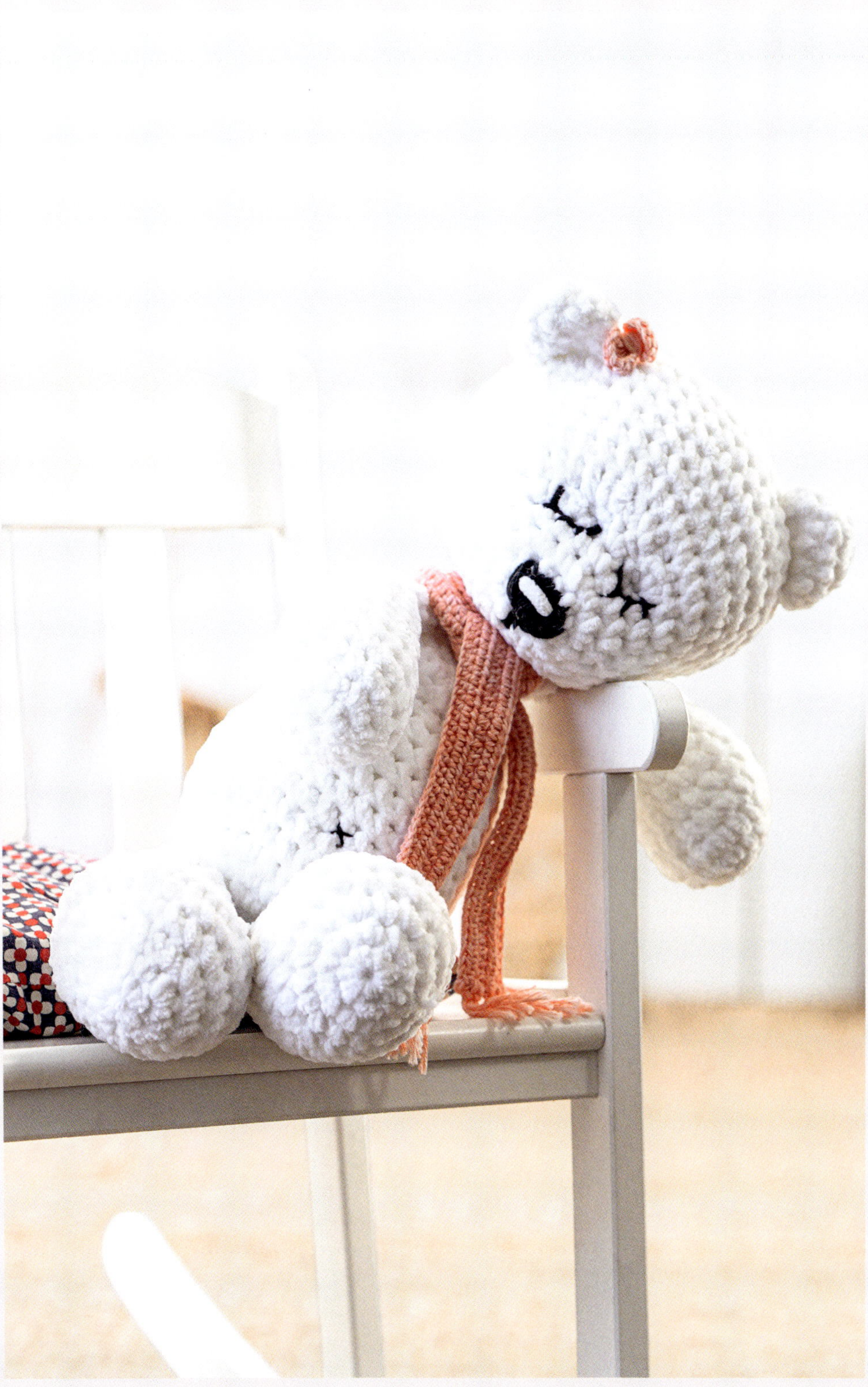

Dackel Bruno

SCHWIERIGKEITSGRAD: LEICHT
GRÖSSE: CA. 30 CM LANG

MATERIAL:

- Samt (100 % Polyester) von myboshi mit einer Lauflänge von 100 m / 100 g: 200 g in Biber
- No.2 (85 % Baumwolle, 15 % Kapok) von myboshi mit einer Lauflänge von 10 m / 50 g: je ein Rest in Weiß und Schwarz
- ca. 200 g Füllwatte
- Stecknadeln oder Maschenmarkierer
- 1 Häkelnadel 2,5 mm und 3,5 mm

GRUNDMUSTER FESTE MASCHEN:

- In Rd und R fM oder wie angegeben häkeln. Die Maschen möglichst fest häkeln, damit die Füllwatte nicht herausschaut. Wenn nötig, die Nadelstärke entsprechend anpassen.
- R: Jede R mit einer Wende-Lm beginnen. Die Wende-Lm ersetzt nicht die 1. M und wird zusätzlich zur M-Zahl gehäkelt.
- Spiral-Rd: Die Rd werden endlos gehäkelt und weder mit einer Steige-Lm begonnen noch geschlossen.

KOPF UND KÖRPER

Mit Biber und Häkelnadel 3,5 mm 2 Lm häkeln.

1. Rd: 6 fM in die erste Lm = 6 M
2. Rd: Jede M verdoppeln, indem in jede M 2 M gehäkelt werden = 12 M
3. Rd: Jede 4. M verdoppeln = 15 M
4. Rd: 2 fM, 1 M verdoppeln, 2x ***4 fM, 1 M verdoppeln***, 2 fM = 18 M
5.–6. Rd: 18 fM
7. Rd: Jede 6. M verdoppeln = 21 M
8. Rd: 4x ***1 fM,1 M verdoppeln***, 13 fM = 25 M
9. Rd: 6x ***1 fM, 1 M verdoppeln***, 13 fM = 31 M
10.–13. Rd: 31 fM
14. Rd: 2 M zusammenhäkeln, 29 fM = 30 M

Den Kopf mit Füllwatte stopfen.

15. Rd: 5x ***2 M zusammenhäkeln, 4 fM*** = 25 M
16. Rd: 5x ***2 M zusammenhäkeln, 3 fM*** = 20 M
17. Rd: 5x ***2 M zusammenhäkeln, 2 fM*** = 15 M
18. Rd: 5x ***2 M zusammenhäkeln, 1 fM*** = 10 M
19. Rd: 5x *** 2 M zusammenhäkeln = 5 M ***

Den Faden lang abschneiden, den Kopf fest stopfen und die Öffnung verschließen. Dafür den Faden durch alle vorderen Maschenglieder stechen und festziehen. Den Faden im Inneren vernähen. (1)

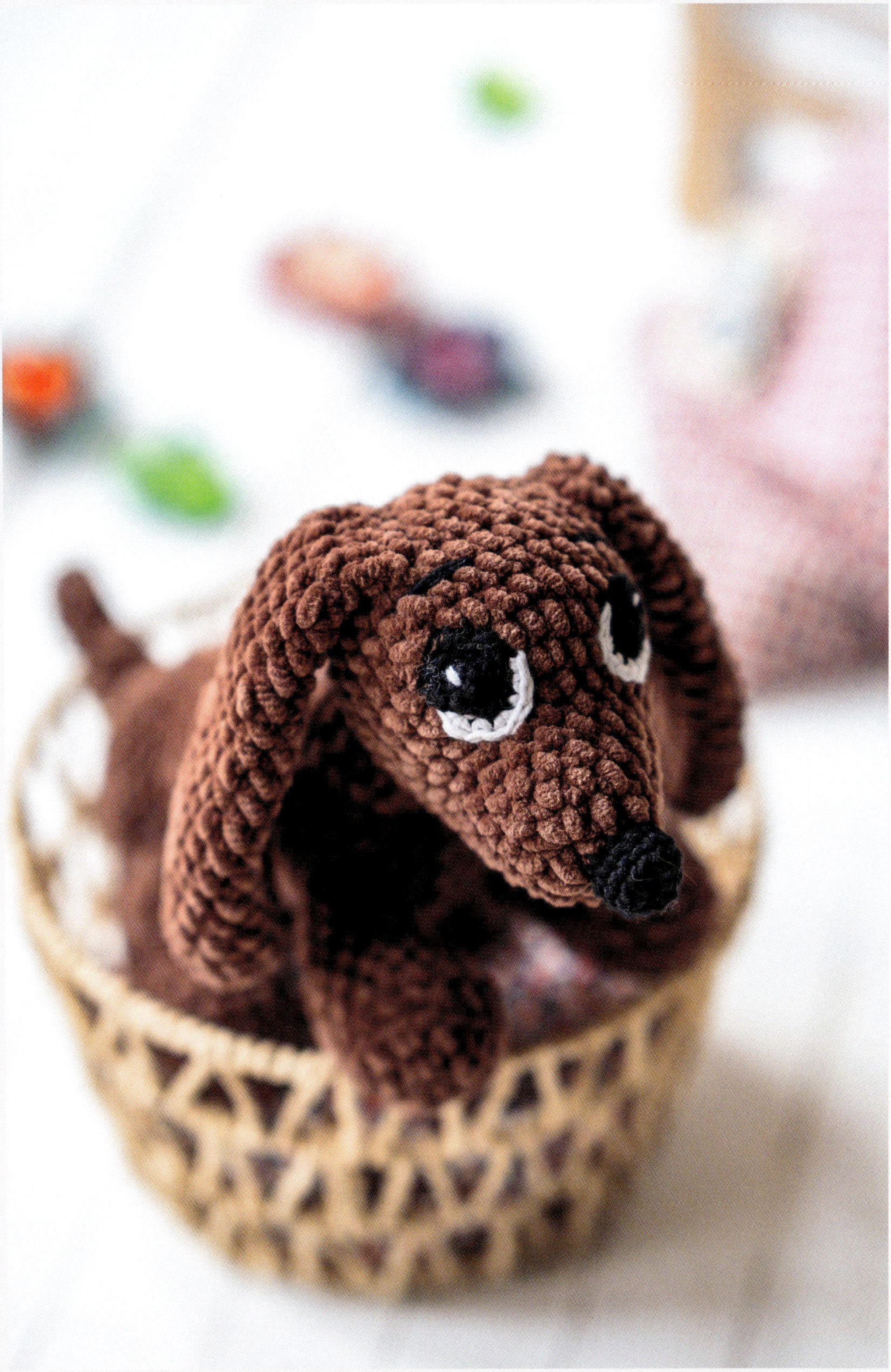

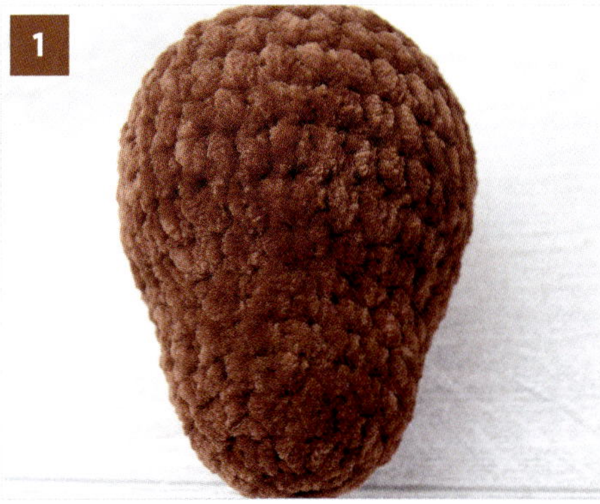

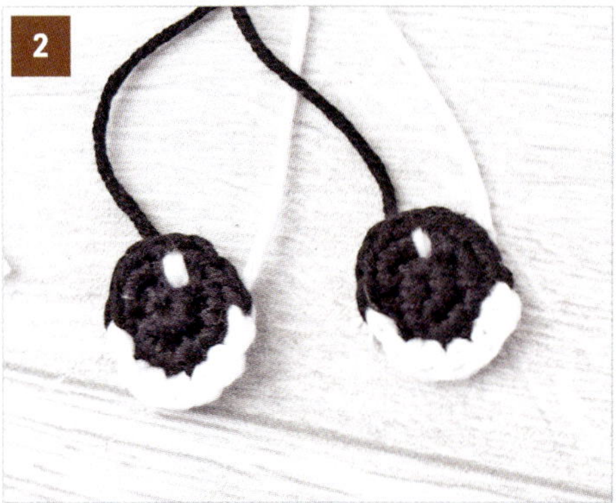

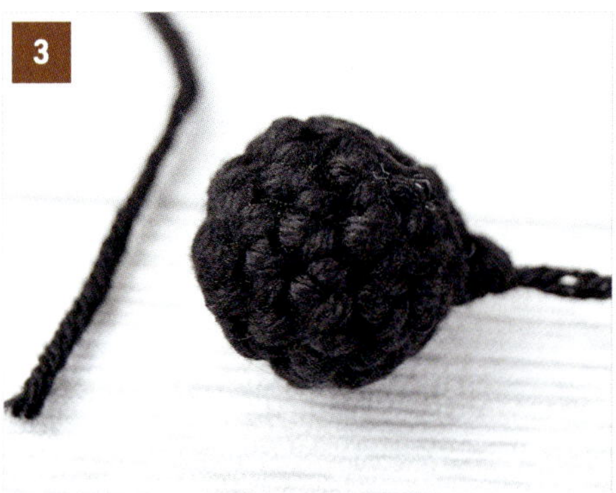

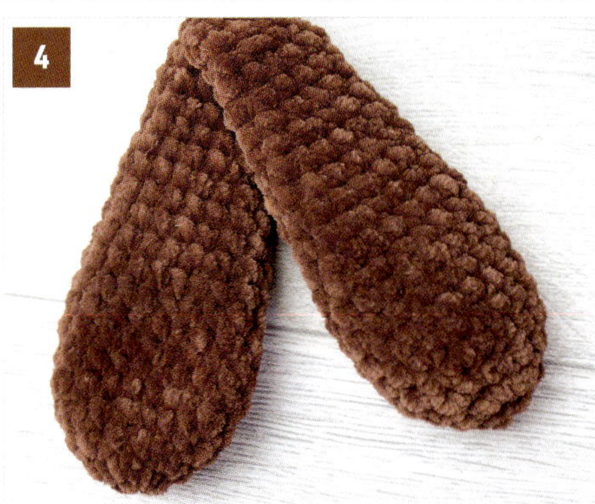

AUGEN (2 x)

Mit Schwarz und Häkelnadel 2,5 mm in einen flexiblen Fadenring 6 fM häkeln.

1. Rd: Jede M verdoppeln, indem in jede M 2 M gehäkelt werden = 12 M
Zu Weiß wechseln, dabei den schwarzen Faden lang abschneiden.
2. Rd: 1 Kett-M, 2x ***1 M verdoppeln, 1 fM***, 1 fM, 1 Km = 9 M

Die übrigen Maschen von Rd 2 werden nicht gehäkelt. Den Faden lang abschneiden. Mit Weiß eine Lichtreflexion in das Auge sticken. Das 2. Auge ebenso häkeln. (2)

NASE

Mit Schwarz und Häkelnadel 2,5 mm in einen flexiblen Fadenring 6 fM häkeln.

1. Rd: Jede M verdoppeln, indem in jede M 2 M gehäkelt werden = 12 M
2.–4. Rd: 12 fM
5. Rd: 3x ***2 M zusammenhäkeln, 1 fM*** = 9 M

Etwas Füllwatte in die Nase stopfen und den Faden lang abschneiden. (3)

OHREN (2 x)

Mit Biber und Häkelnadel 3,5 mm 2 Lm häkeln.

1. Rd: 6 fM in die erste Lm = 6 M
2. Rd: Jede M verdoppeln, indem in jede M 2 M gehäkelt werden = 12 M
3. Rd: Jede 4. M verdoppeln = 15 M
4. Rd: 2 fM, 1 M verdoppeln, 2x ***4 fM, 1 M verdoppeln***, 2 fM = 18 M
5.–10. Rd: 18 fM
11. Rd: 3x ***2 M zusammenhäkeln, 4 fM*** = 15 M
12.–14. Rd: 15 fM
15. Rd: 3x ***2 M zusammenhäkeln, 3 fM*** = 12 M

16.–18. Rd: 12 fM
19. Rd: 3x ***2 M zusammenhäkeln 2 fM*** = 9 M
20. Rd: 9 fM

Das Ohr nicht mit Füllwatte stopfen. Die Öffnung zusammendrücken und mit 4 fM zusammenhäkeln, um eine gerade Kante zu erhalten. Den Faden lang abschneiden. Das zweite Ohr ebenso arbeiten. (4)

KÖRPER

Mit Biber und Häkelnadel 3,5 mm 2 Lm häkeln.

1. Rd: 6 fM in die erste Lm = 6 M
2. Rd: Jede M verdoppeln, indem in jede M 2 M gehäkelt werden = 12 M
3. Rd: Jede 2. M verdoppeln = 18 M
4. Rd: 1 fM, 1 M verdoppeln, 5x ***2 fM, 1 M verdoppeln***, 1 fM = 24 M
5. Rd: Jede 7. M verdoppeln = 27 M
6. Rd: Jede 8. M verdoppeln = 30 M
7.–9. Rd: 30 fM
10. Rd: 3x ***2 M zusammenhäkeln, 4 fM***, 12 fM = 27 M
11. Rd: 3x ***2 M zusammenhäkeln, 3 fM***, 12 fM = 24 M
12.–15. Rd: 24 fM
16. Rd: 3x ***1 M verdoppeln, 3 fM***, 12 fM = 27 M
17. Rd: 27 fM
18. Rd: 3x ***1 M verdoppeln, 4 fM***, 12 fM = 30 M
19.–24. Rd: 30 fM

Den Körper nach und nach mit Füllwatte stopfen und formen.

25. Rd: 6x ***2 M zusammenhäkeln, 3 fM*** = 24 M
26. Rd: 1 fM, 2 M zusammenhäkeln, 5x ***2 fM, 2 M zusammenhäkeln***, 1 fM = 18 M
27. Rd: 6x ***2 M zusammenhäkeln, 1 fM*** = 12 M

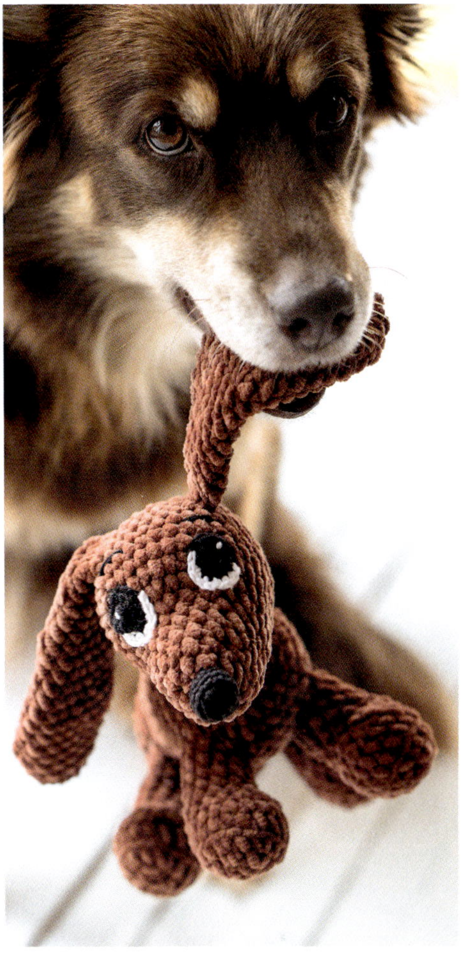

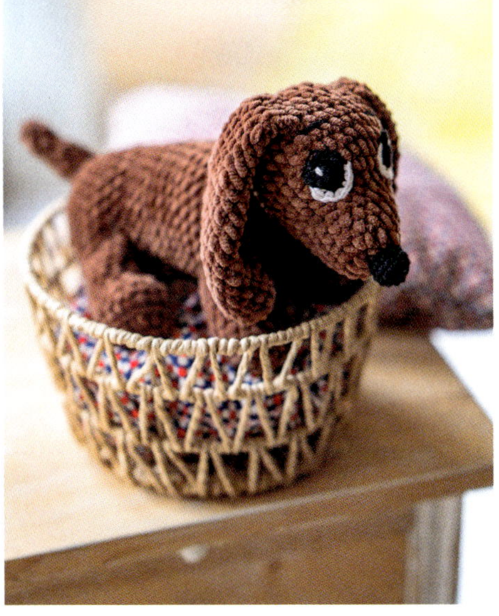

5
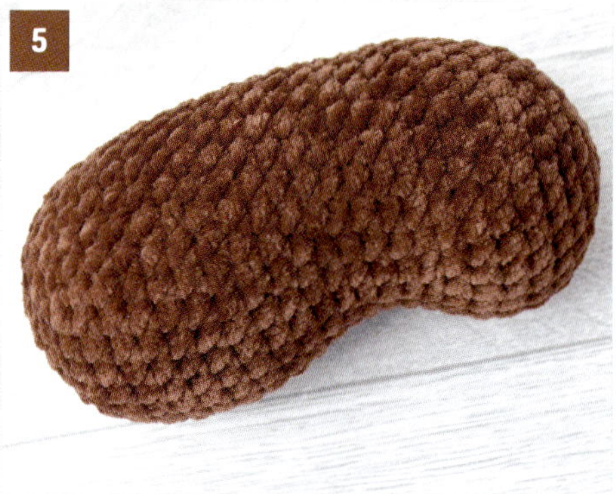

6
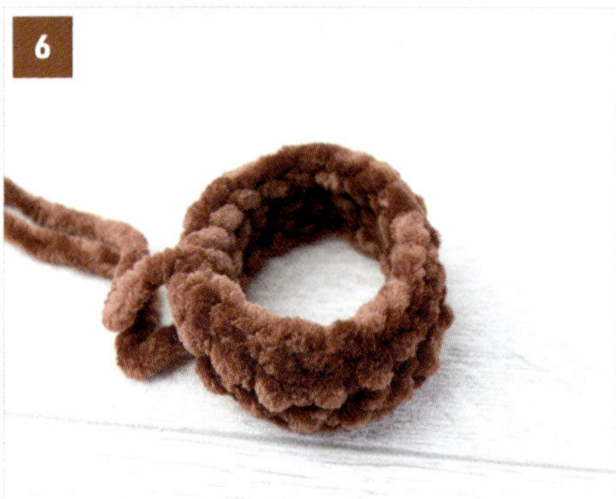

7
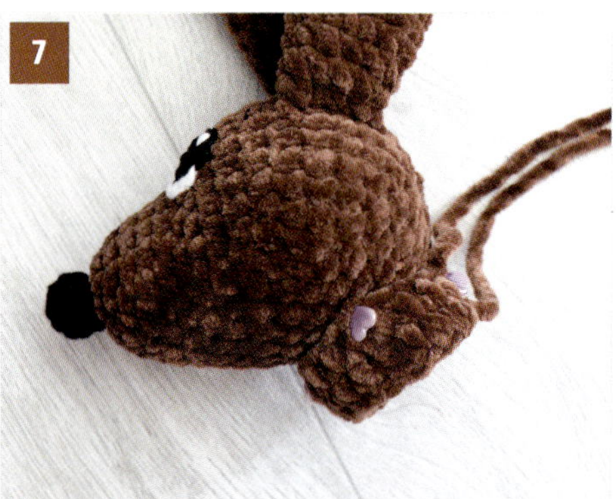

8
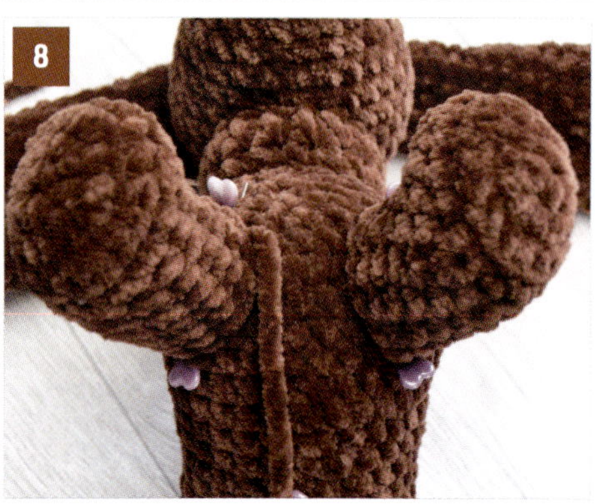

28. Rd: 6x ***2 M zusammenhäkeln *** = 6 M

Den Faden lang abschneiden und die Öffnung wie beim Kopf beschrieben schließen. (5)

HALS

Mit Biber und Häkelnadel 3,5 mm 18 Lm häkeln und zur Runde schließen. Den Rundenanfang markieren.

1.–3. Rd: 18 fM
Mit einer Kett-M schließen und den Faden lang abschneiden. (6)

Den Hals an den Kopf nähen. Nun Kopf und Hals an den Körper annähen. Vorher noch etwas Füllwatte in den Hals füllen. (7)

VORDERPFOTEN (2 x)

Mit Biber und Häkelnadel 3,5 mm 2 Lm häkeln.

1. Rd: 6 fM in die erste Lm = 6 M
2. Rd: Jede M verdoppeln, indem in jede M 2 M gehäkelt werden = 12 M
3. Rd: Jede 2. M verdoppeln = 18 M
4. Rd: 18 fM in das hintere Maschenglied arbeiten = 18 M
5. Rd: 18 fM
6. Rd: 4x *** 2 M zusammenhäkeln, *** 10 fM = 14 M
7. Rd: 2x *** 2 M zusammenhäkeln, *** 10 fM = 12 M
8.–10. Rd: 12 fM

Die Pfoten gut mit Füllwatte stopfen. Mit einer Kett-M schließen und den Faden lang abschneiden. Die 2. Pfote ebenso häkeln.

Die Pfoten an den Körper nähen. (8)

HINTERPFOTEN (2 x)

Die Hinterpfoten wie die Vorderpfoten häkeln. Allerdings am Ende noch 2 fM mehr in der Rd arbeiten, um zur Mitte zu gelangen. Nun die

Öffnung zudrücken und mit 6 fM zusammenhäkeln, damit eine gerade Kante entsteht. Den Faden lang abschneiden und die Hinterpfoten am Körper annähen. (9)

SCHWANZ

Mit Biber und Häkelnadel 3,5 mm 2 Lm häkeln.

1. Rd: 4 fM in die erste Lm = 4 M
2. Rd: 4 fM
3. Rd: 2 M verdoppeln, 3 fM = 5 M
4.–5. Rd: 5 fM
6. Rd: 2 M verdoppeln, 4 fM = 6 M
7. Rd: 2 M verdoppeln, 5 fM = 7 M
8.–9. Rd: 7 fM

Mit einer Kett-M schließen und den Faden lang abschneiden. Keine Füllwatte einfüllen und den Schwanz an den Körper nähen. (10)

ZU GUTER LETZT

Die Augen in Höhe der Zunahmen in Rd 8 und 9 am Kopf festnähen. Die weiße Hälfte dabei mit dem weißen Restfaden, die schwarze mit dem schwarzen Restfaden aufnähen. In Schwarz die Brauen über die Augen sticken. (11) Die Ohren (12) und die Nase am Kopf festnähen.

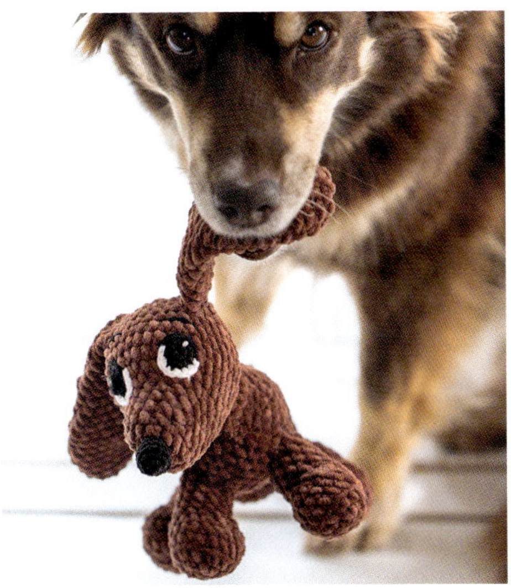

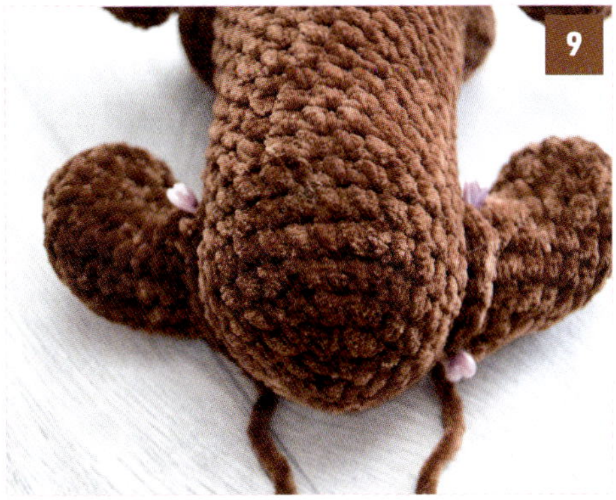

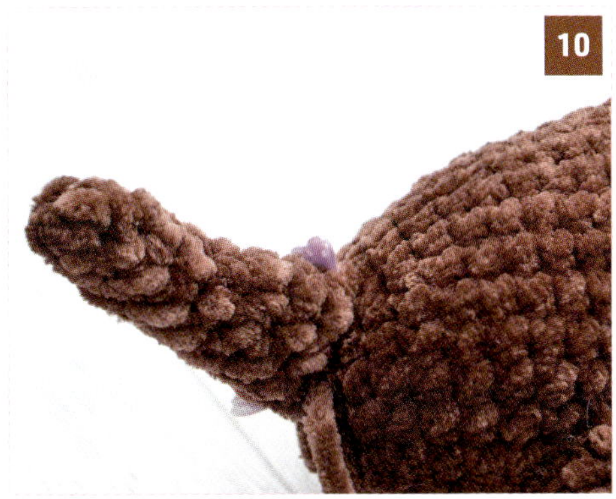

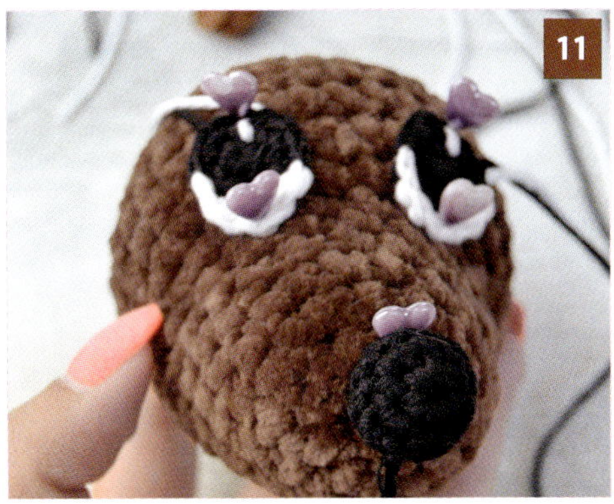

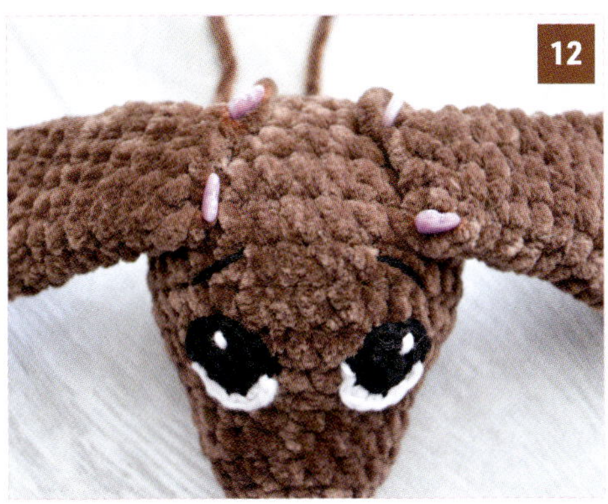

Seepferd Sally

SCHWIERIGKEITSGRAD: LEICHT
GRÖSSE: CA. 37 CM HOCH

MATERIAL:

- Samt (100 % Polyester) von myboshi mit einer Lauflänge von 100 m / 100 g: 100 g in Flamingo
- No.2 (85 % Baumwolle, 15 % Kapok) von myboshi mit einer Lauflänge von 100 m / 50 g: 50 g oder ein Rest in Elfenbein
- 1 Paar schwarze Sicherheitsaugen mit einem Durchmesser von 14 mm
- Garnrest in Schwarz
- 1 rundes Stück Moosgummi oder Filz in Weiß für die Augen
- ca. 200 g Füllwatte
- Stecknadeln; Schere
- 1 Häkelnadel 6 mm und 4 mm

GRUNDMUSTER FESTE MASCHEN:

- In Rd und R fM oder wie angegeben häkeln. Die Maschen möglichst fest häkeln, damit die Füllwatte nicht herausschaut. Wenn nötig, die Nadelstärke entsprechend anpassen.
- R: Jede R mit einer Wende-Lm beginnen. Die Wende-Lm ersetzt nicht die 1. M und wird zusätzlich zur M-Zahl gehäkelt.
- Spiral-Rd: Die Rd werden endlos gehäkelt und weder mit einer Steige-Lm begonnen noch geschlossen.

RÜSSEL

Mit Flamingo und Häkelnadel 6 mm 10 Lm häkeln und diese mit einer Kett-M zur Runde schließen.

1.–3. Rd: 10 fM
4. Rd: Jede 2. M verdopppeln, indem in jeder 2. M 2 M gehäkelt werden = 15 M
5.–6. Rd: 15 fM

Die letzte Rd mit einer Kett-M in die erste M beenden, den Faden abschneiden und ein langes Stück hängen lassen. Nun die letzte Reihe nach außen umschlagen und festnähen. So rollt sie sich nicht mehr auf. Der restliche Faden kann später dazu verwendet werden, den Rüssel an den Kopf zu nähen. (1)

KOPF UND KÖRPER

Mit Flamingo und Häkelnadel 6 mm in einen flexiblen Fadenring 6 fM häkeln.

1. Rd: Jede M verdoppeln, indem in jede M 2 M gehäkelt werden = 12 M
2. Rd: Jede 2.M verdoppeln = 18 M
3. Rd: Jede 3.M verdoppeln = 24 M
4. Rd: Jede 4.M verdoppeln = 30 M
5. Rd: Jede 5.M verdoppeln = 36 M
6.–7. Rd: 36 fM
8. Rd: 4x ***7 fM, 2 M zusammenhäkeln = 32 M***
9. Rd: 4x ***6 fM, 2 M zusammenhäkeln = 28 M***
10. Rd: 4x ***5 fM, 2 M zusammenhäkeln = **24 M*****

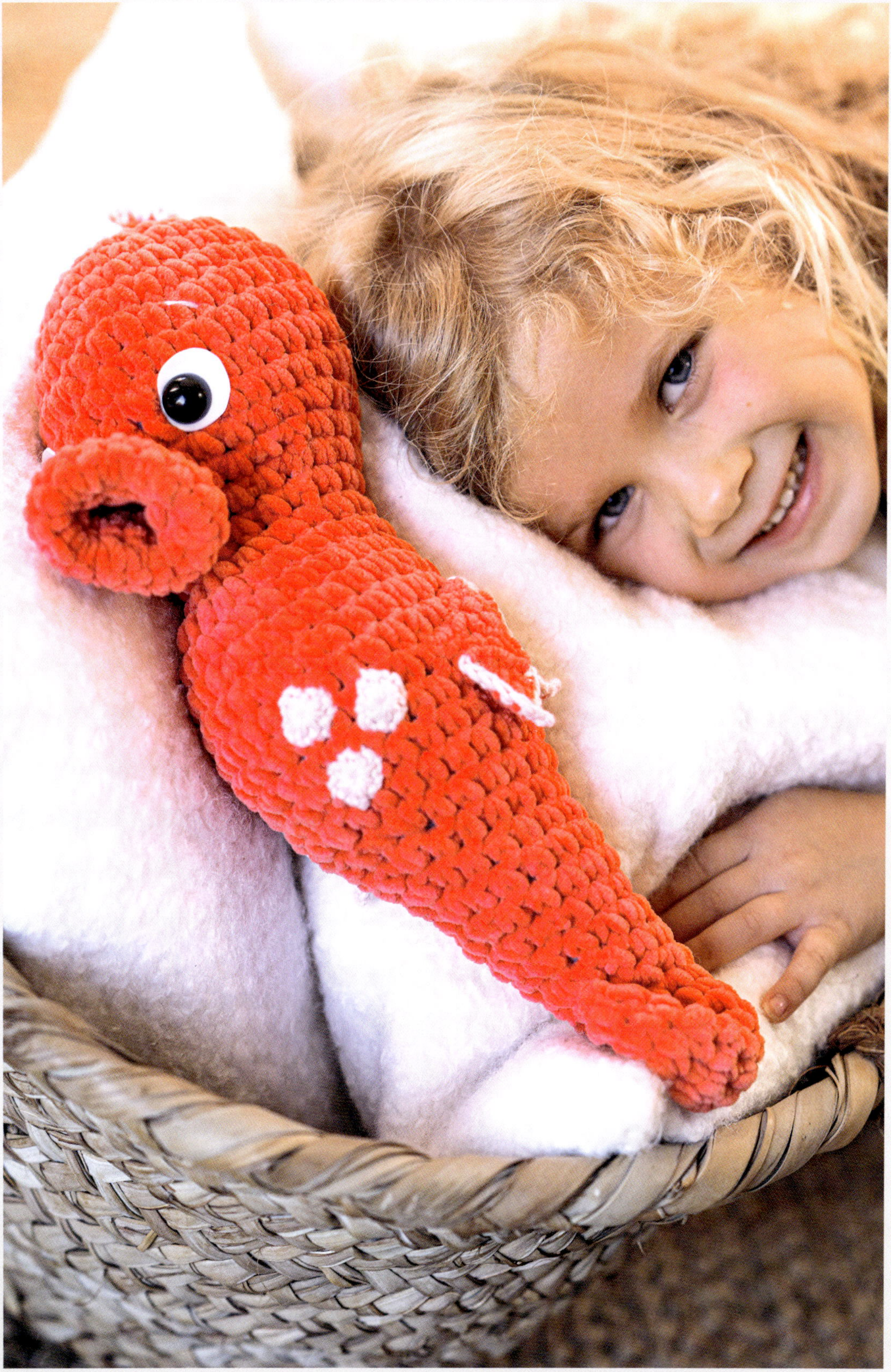

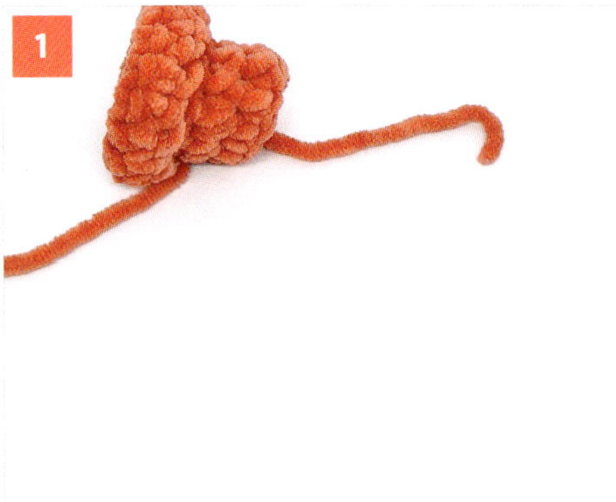

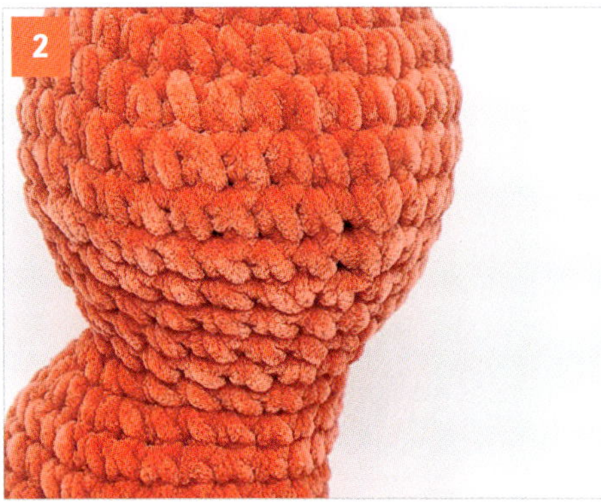

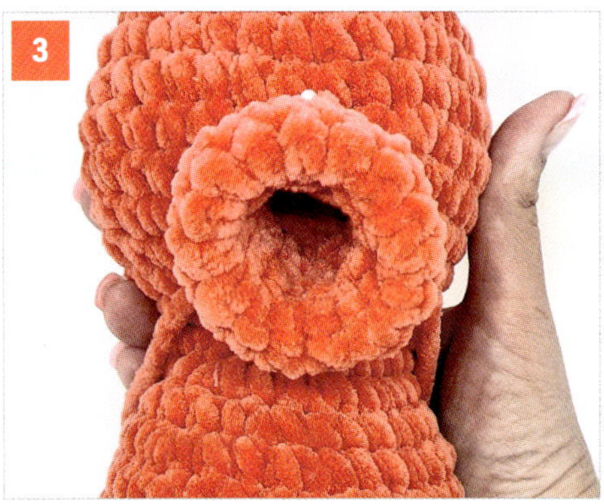

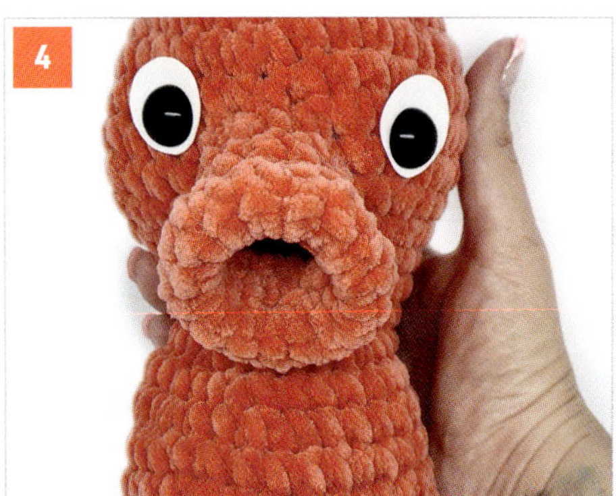

11. Rd: 3x ***6 fM, 2 M zusammenhäkeln*** = 21 M
12. Rd: 3x ***5 fM, 2 M zusammenhäkeln*** = 18 M
13. Rd: 18 fM
14. Rd: 3 fM, 4x ***jede M verdoppeln***, 11 fM = 22 M
15. Rd: 3 fM, 1 M verdoppeln, 1 fM, 1 M verdoppeln, 2 fM, 1 M verdoppeln, 1 fM, 1 M verdoppeln, 11 fM = 26 M
16. Rd: 9 fM, 1 M verdoppeln, 16 fM = 27 M
17. Rd: 7 fM, 1 M verdoppeln, 3 fM, 1 M verdoppeln, 15 fM = 29 M
18.–19. Rd: 29 fM
20. Rd: 8 fM, 2 M zusammenhäkeln, 2 fM, 2 M zusammenhäkeln, 15 fM = 27 M
21. Rd: 9 fM, 2 M zusammenhäkeln, 16 fM = 26 M
22. Rd: 2 fM, 2 M zusammenhäkeln, 14 fM, 2 M zusammenhäkeln, 6 fM = 24 M (2)

Nun die korrekte Position für die Sicherheitsaugen am Kopf ermitteln. Den Kopf mit etwas Watte füllen und vorne mittig, ca. bei Reihe 9 – 13, den Rüssel fixieren und annähen. Der Bauch zeigt dabei gerade nach vorne. (3)
Die Füllwatte aus dem Kopf wieder entfernen. Die Augen auf die Moosgummi- oder Filzscheibe stecken und zwischen Reihe 9 und 10 am Kopf anbringen. Zwischen den Augen sollten ca. 6 – 7 Maschen Abstand sein. Die Augenbrauen über den Augen mit Elfenbein aufsticken. (4)
Den Kopf wieder mit Füllwatte befüllen. Nach und nach das Seepferdchen stopfen, damit die Form gut ausgearbeitet werden kann.

Wie folgt weiterhäkeln:

23. Rd: 7 fM, 2x ***2 M zusammenhäkeln***, 13 fM = 22 M
24. Rd: 6 fM, 2 M zusammenhäkeln, 2 fM, 2 M zusammenhäkeln, 10 fM = 20 M
25. Rd: 5 fM, 2 M zusammenhäkeln, 1 fM, 2 M zusammenhäkeln, 10 fM = 18 M

26. Rd: 6 fM, 2 M zusammenhäkeln, 10 fM = 17 M
27. Rd: 6 fM, 2 M zusammenhäkeln, 9 fM = 16 M
28. Rd: 6 fM, 2 M zusammenhäkeln, 8 fM = 15 M
29. Rd: 6 fM, 2 M zusammenhäkeln, 7 fM = 14 M
Körper weiter füllen und formen
30. Rd: 6 fM, 2 M zusammenhäkeln, 6 fM = 13 M
31. Rd: 5 fM, 2 M zusammenhäkeln, 6 fM = 12 M
32. Rd: 5 fM, 2 M zusammenhäkeln, 5 fM = 11 M
33. Rd: 5 fM, 2 M zusammenhäkeln, 4 fM = 10 M
34. Rd: 5 fM, 2 M zusammenhäkeln, 3 fM = 9 M
35. Rd: 5 fM, 2 M zusammenhäkeln, 2 fM = 8 M
36. Rd: 5 fM, 2 M zusammenhäkeln, 1 fM = 7 M
37.–38. Rd: 7 fM

Körper stopfen und formen, die letzten Runden 39–42 mit nur ganz wenig Watte befüllen.

39. Rd: 5 fM, 2 M zusammenhäkeln = 6 M
40. Rd: 2 M zusammenhäkeln, 4 fM = 5 M
41.–42. Rd: 5 fM

Ende zur Spitze vernähen, nach vorne einrollen und am Schwanz mit 1 – 2 Stichen festnähen. (5)

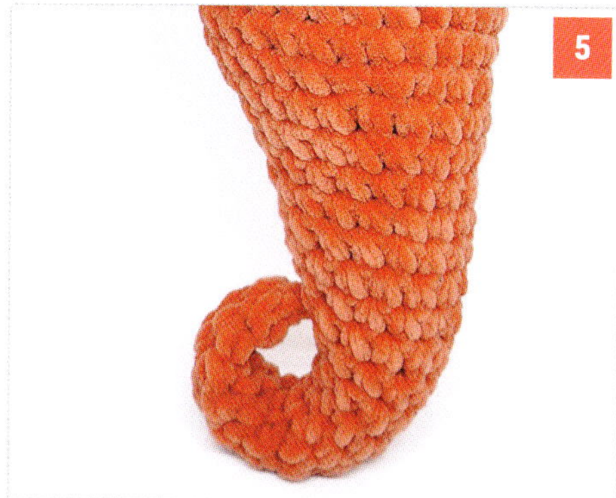

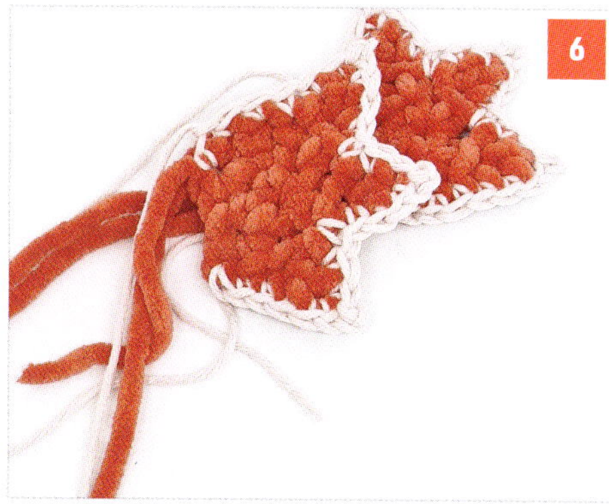

FLOSSEN (2 x)

Die Flossen werden in Reihen gehäkelt.

Mit Flamingo und Häkelnadel 6 mm in einen flexiblen Fadenring 3 fM häkeln, 1 Wende-Lm arb und wenden.

1. R: 3 fM, 1 Wende-Lm, wenden
2. R: 3x in je 1 M ***1 fM, 3 Lm, 1 Kett-M in die erste 1 Lm, 1 fM***

Mit einer Kett-M beenden und den Restfaden hängen lassen. Mit diesem Faden wird später die Flosse an den Köper genäht. Für die Umrandung in Elfenbein und Häkelnadel 4 mm weiterarbeiten. Beim Fadenring starten und 4 fM nach oben häkeln. Nun in jede der 3 Spitzen wie folgt häkeln: 2 Lm, 1 Kett-M in die erste der beiden Lm, fM bis zur nächsten Spitze, die

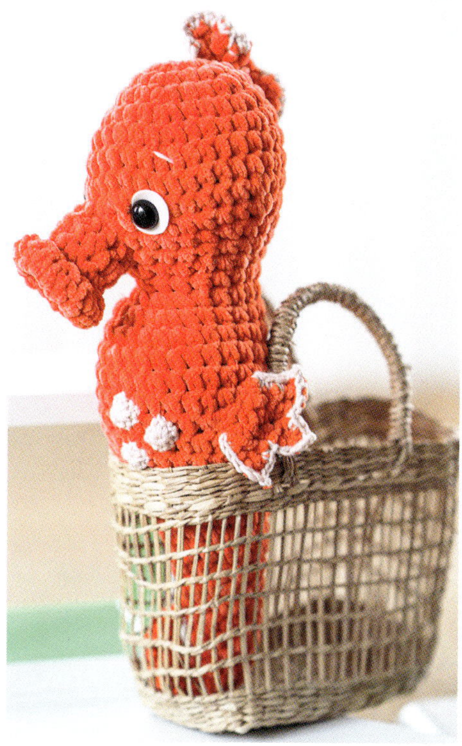

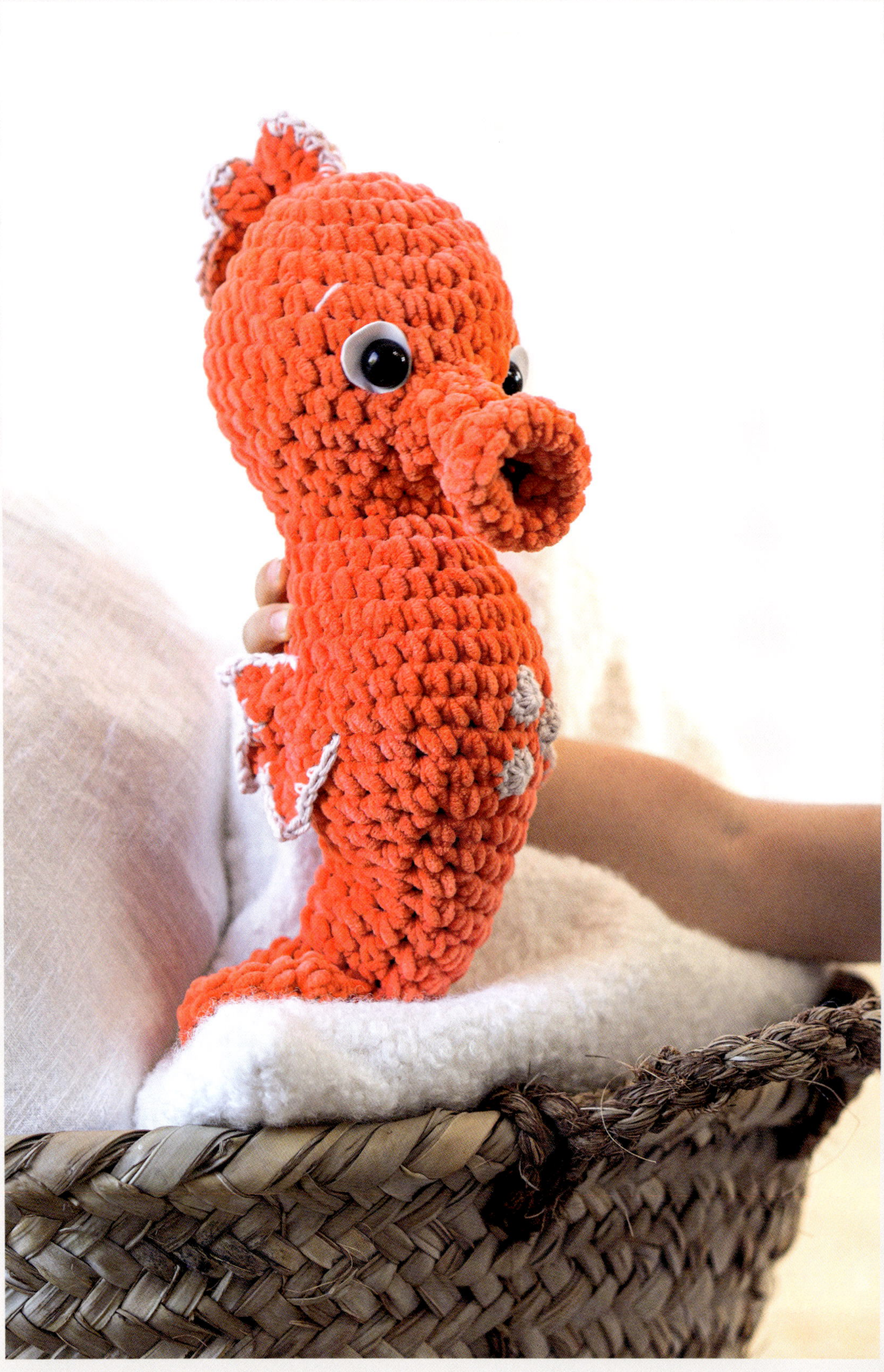

beiden folgenden Spitzen ebenso arbeiten. Mit 4 fM wieder in den Fadenring schließen. (6)

Die Sicherheitsaugen positionieren oder mit Schwarz geschlossene Augen aufsticken.

ZACKENKAMM

Mit Flamingo und Häkelnadel 6 mm 8 Lm + 1 Wende-Lm anschlagen. Nun an der Lm-Kette entlang zurück häkeln, dabei in die 2. Lm von der Nadel aus starten.

1. R: 1 fM, in die nächste M 1 fM und 2 h Stb, 1 fM, in die nächste M 1 fM und 2 hStb, 1fM, in die nächste M 1 fM und 2 hStb, 1 fM, 1 Kett-M

Den Faden abschneiden und für späteres Annähen hängen lassen.

Für die Umrandung in Hautfarben und Häkelnadel 4 mm weiterarbeiten. Dafür je eine fM in die M der Vorreihe arbeiten und je 2 fM in die Spitzen des Zackenkammes. (7)

PUNKTE (3 x)

Mit Elfenbein und Häkelnadel 4 mm in einen flexiblen Fadenring 8 fM häkeln. Mit einer Kett-M beenden und den Fadenring vorsichtig zuziehen.

ZU GUTER LETZT

Die Flossen links und rechts bei Reihe 19–23 schräg nach hinten geneigt an den Bauch nähen. (8) Die Punkte am Unterbauch anbringen. (9) Den Zackenkamm oben am Kopf gerade nach hinten fixieren und annähen. (10)

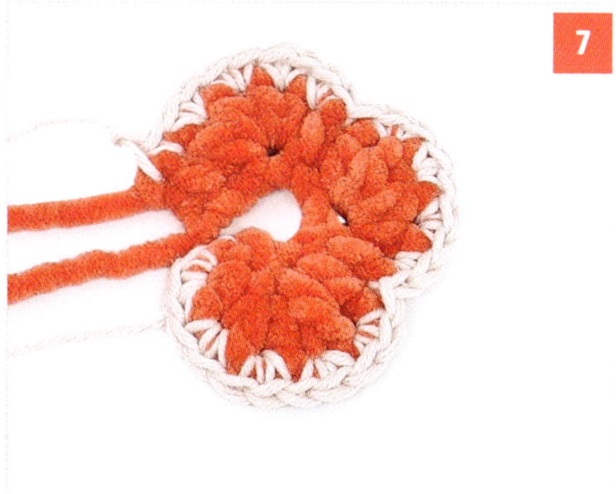

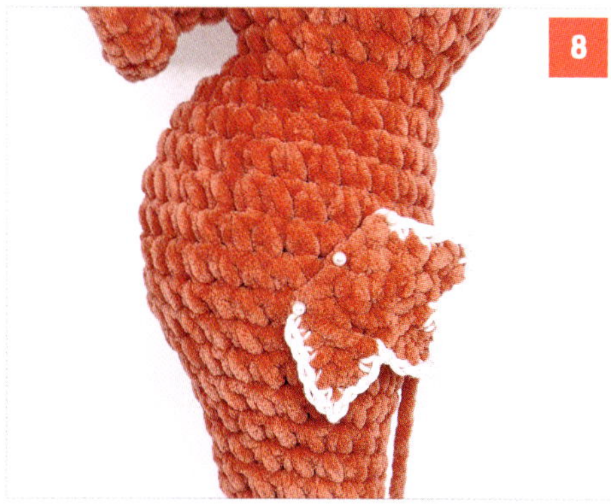

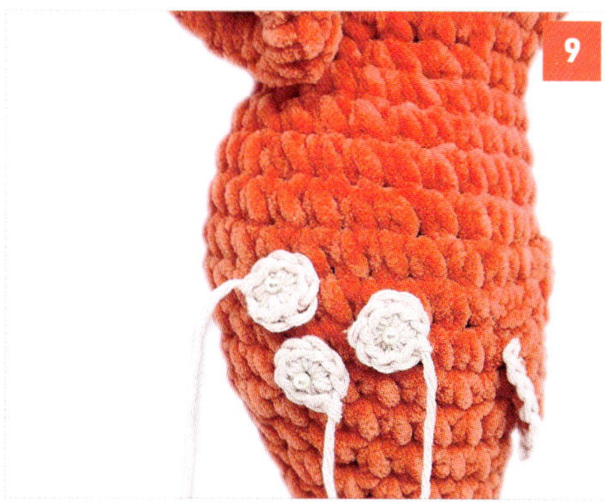

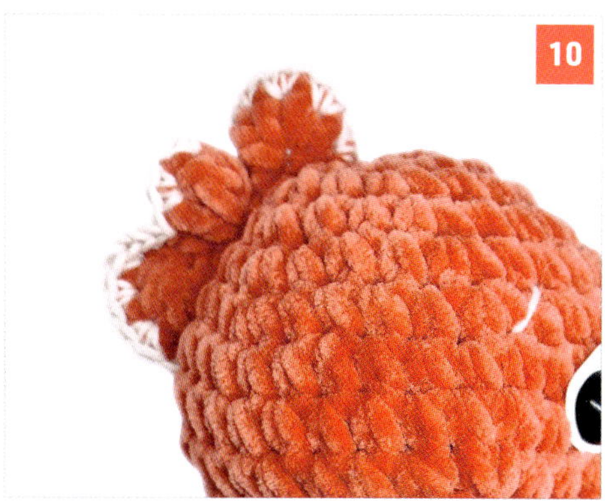

Delfin Dennis

SCHWIERIGKEITSGRAD: LEICHT
GRÖSSE: CA. 35 CM LANG

MATERIAL:

- Samt (100 % Polyester) von myboshi mit einer Lauflänge von 100 m / 100 g: 100 g in Delfin
- No.2 (85 % Baumwolle, 15 % Kapok) von myboshi mit einer Lauflänge von 100 m / 50 g: 50 g in Elfenbein
- 1 Paar schwarze Sicherheitsaugen mit einem Durchmesser von 16 mm oder einen Garnrest in Schwarz
- ca. 200 g Füllwatte
- Stecknadeln oder Maschenmarkierer
- 1 Häkelnadel 6 mm und 3,5 mm

GRUNDMUSTER FESTE MASCHEN:

- In Rd und R fM oder wie angegeben häkeln. Die Maschen möglichst fest häkeln, damit die Füllwatte nicht herausschaut. Wenn nötig, die Nadelstärke entsprechend anpassen.
- R: Jede R mit einer Wende-Lm beginnen. Die Wende-Lm ersetzt nicht die 1. M und wird zusätzlich zur M-Zahl gehäkelt.
- Spiral-Rd: Die Rd werden endlos gehäkelt und weder mit einer Steige-Lm begonnen noch geschlossen.

KOPF UND KÖRPER

Mit Delfin und Häkelnadel 6 mm in einen flexiblen Fadenring 6 fM häkeln.

1. Rd: Jede M verdoppeln, indem in jede M 2 M gehäkelt werden = 12 M
2. Rd: Jede 2. M verdoppeln = 18 M
3. Rd: Jede 3. M verdoppeln = 24 M
4. Rd: Jede 4. M verdoppeln = 30 M
5. Rd: Jede 5. M verdoppeln = 36 M
6. Rd: Jede 6. M verdoppeln = 42 M
7.–9. Rd: 42 fM
10. Rd: 2x ***19 fM, 2 M zusammenhäkeln*** = 40 M
11. Rd: 4x ***8 fM, 2 M zusammenhäkeln*** = 36 M
12. Rd: 36 fM
13. Rd: 4x ***7 fM, 2 M zusammenhäkeln*** = 32 M
14. Rd: 32 fM
15. Rd: 4x ***6 fM, 2 M zusammenhäkeln*** = 28 M
16. Rd: 28 fM
17. Rd: 4x ***5 fM, 2 M zusammenhäkeln*** = 24 M
18. Rd: 24 fM
19. Rd: 4x ***4 fM, 2 M zusammenhäkeln*** = 20 M
20. Rd: 20 fM
Körper mit Watte befüllen
21. Rd: 4x ***3 fM, 2 M zusammenhäkeln*** = 16 M
22. Rd: 16 fM
23. Rd: 4x ***2 fM, 2 M zusammenhäkeln*** = 12 M

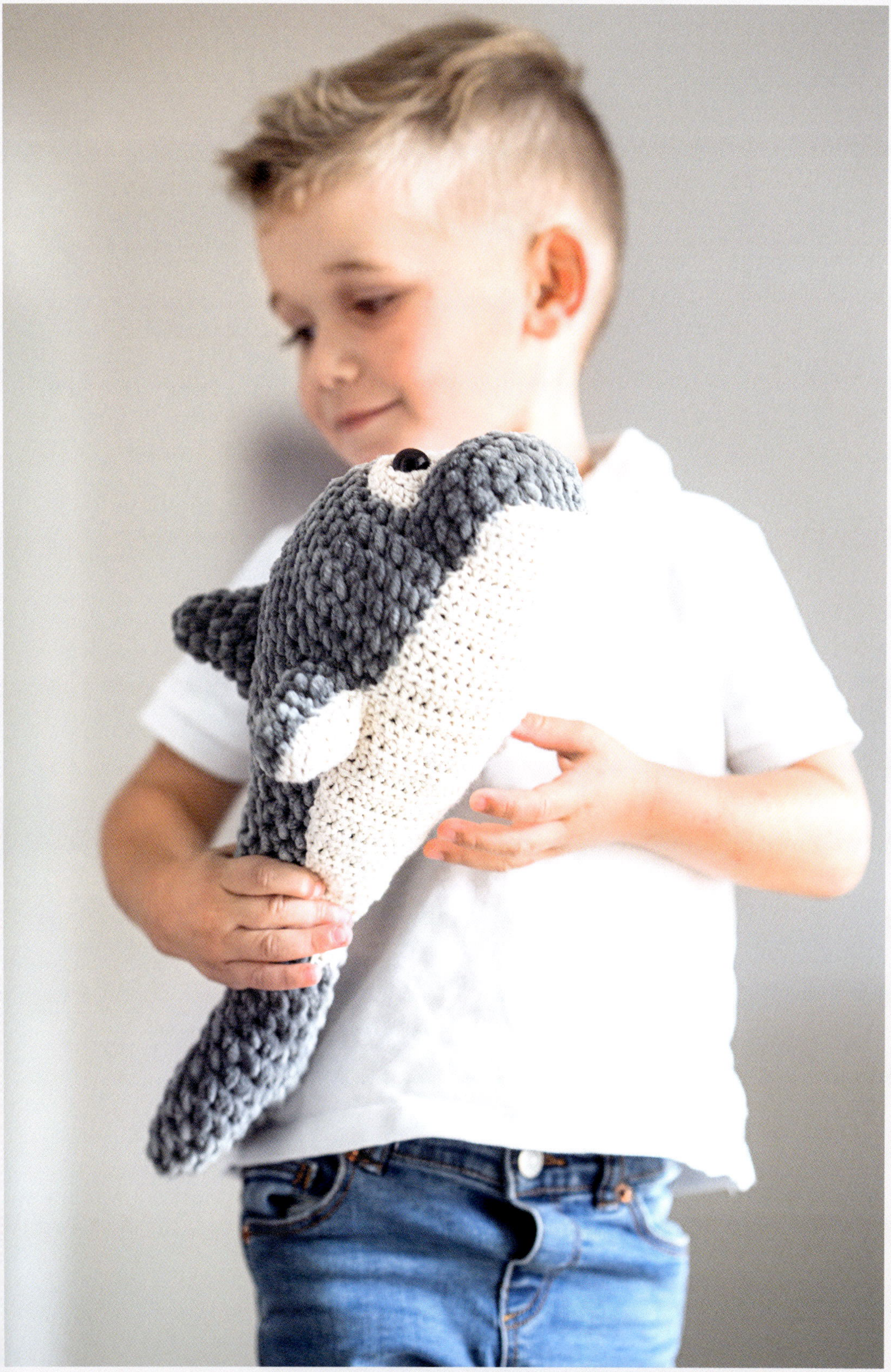

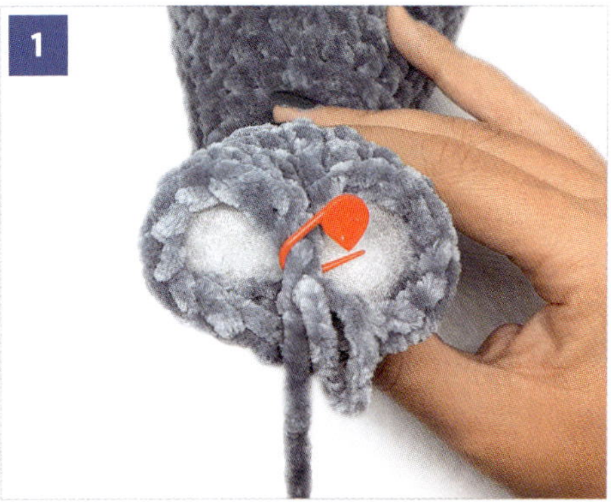

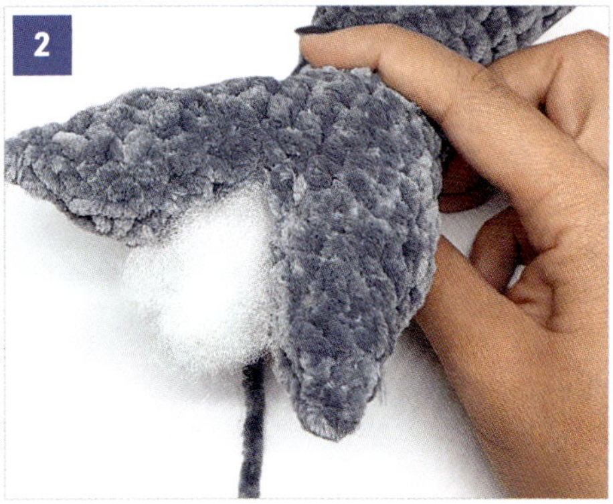

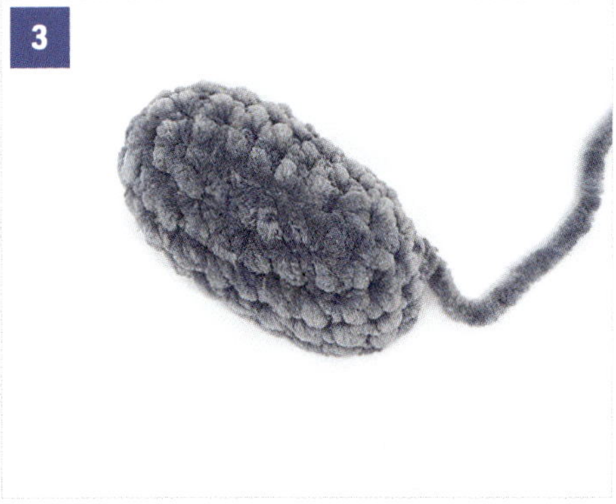

24.–29. Rd: 12 fM
30. Rd: 2x ***5 fM, 1 M verdoppeln*** = 14 M
31. Rd: 2x ***6 fM, 1 M verdoppeln*** = 16 M
32. Rd: 2x ***7 fM, 1 M verdoppeln*** = 18 M
33. Rd: 2x ***8 fM, 1 M verdoppeln*** = 20 M

Nun die Öffnung flach zusammendrücken und die Mitte mit Maschenmarkierern markieren. (1) Schwanzflosse in eine der beiden Hälften durch die hintere und die vordere M wie folgt häkeln:

1. Rd: 10 fM
2. Rd: 2x ***3 fM, 2 M zusammenhäkeln*** = 8 M
3. Rd: 8 fM
4. Rd: 2x ***3 fM, 2 M zusammenhäkeln*** = 6 M
5. Rd: 3x *** 2 M zusammenhäkeln ***

Rd 1–5 bei der 2. Flossenspitze wiederholen. Beide Spitzen durch die Öffnung in der Mitte füllen und die Öffnung mit 2–3 Stichen verschließen. Faden vernähen. (2)

SCHNAUZE

Mit Delfin und Nadel 6 mm 6 Lm anschlagen. In der 2. M von der Nadel aus wie folgt beginnen:

1. Rd: 5 fM, 3 fM in eine Masche

Nun weiter auf der gegenüberliegenden Seite der Lm-Kette entlang zurück:

4 fM, 3 fM in eine Masche = 15 M
2. Rd: 5 fM, 3x *** 1 fM verdoppeln***, 5 fM, 2x ***1 fM verdoppeln*** = 20 M
3. Rd: 1 M verdoppeln, 19 fM = 21 M
4.–5. Rd: 21 fM

Den Faden abschneiden und den Restfaden für späteres Annähen hängen lassen. (3)

RÜCKENFLOSSE

Mit Delfin und Häkelnadel 6 mm in einen flexiblen Fadenring 6 fM häkeln.

1. Rd: Jede 3. M verdoppeln = 8 M
2. Rd: Jede 4. M verdoppeln = 10 M
3. Rd: Jede 5. M verdoppeln = 12 M
4. Rd: Jede 6. M verdoppeln = 14 M

Die Flosse füllen, den Faden abschneiden und den Restfaden für späteres Annähen hängen lassen. (4)

SEITENFLOSSE (2 x)

Mit Delfin und Häkelnadel 6 mm in einen flexiblen Fadenring 6 fM häkeln.

1. Rd: Jede 3. M verdoppeln = 8 M
2. Rd: Jede 4. M verdoppeln = 10 M
3. Rd: Jede 5. M verdoppeln = 12 M

Die Flosse füllen, den Faden abschneiden und den Restfaden für das spätere Annähen hängen lassen. (5)

AUGENFLECKEN (2 x)

Die Augenflecken werden in Reihe gearbeitet. Mit Elfenbein und Nadel 3,5 mm in einen flexi-blen Fadenring 6 halbe Stb häkeln, 1 Wende-Lm, wenden.

1. R: 3x ***1 halbes Stb, 1 halbes Stb verdoppeln***, 1 Wende-Lm, pro Reihe = 9
2. R: 4x ***1 halbes Stb, 1 halbes Stb verdoppeln***, 1 halbes Stb, 1 Wende-Lm

Den Faden abschneiden und den Restfaden für das spätere Annähen hängen lassen.

Die Sicherheitsaugen positionieren oder mit Schwarz geschlossene Augen aufsticken.

4

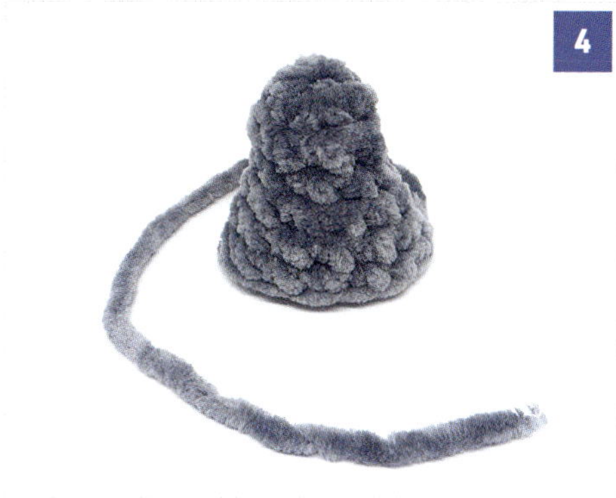

5

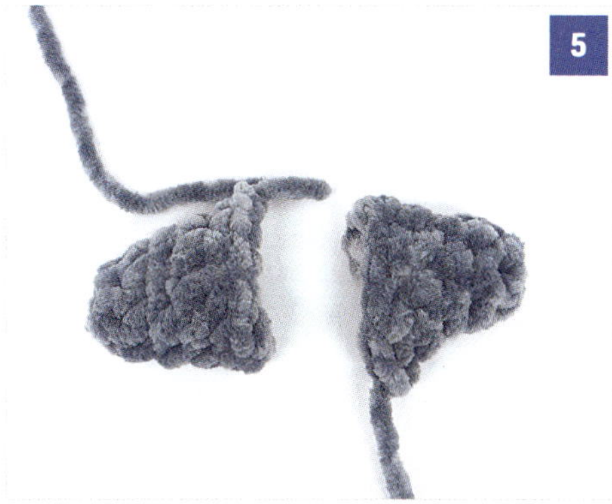

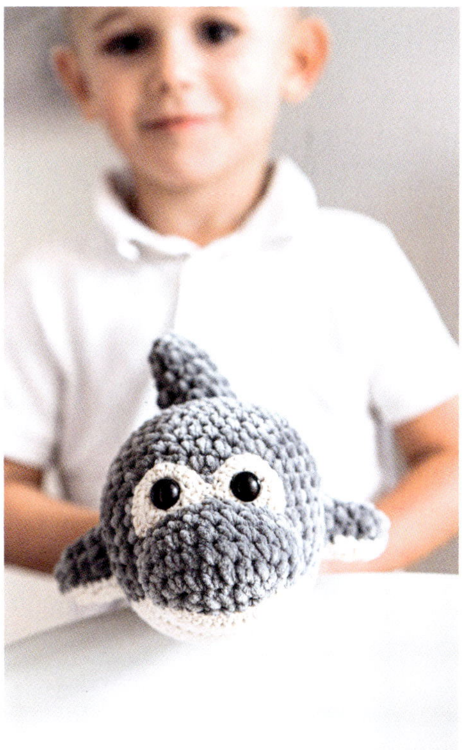

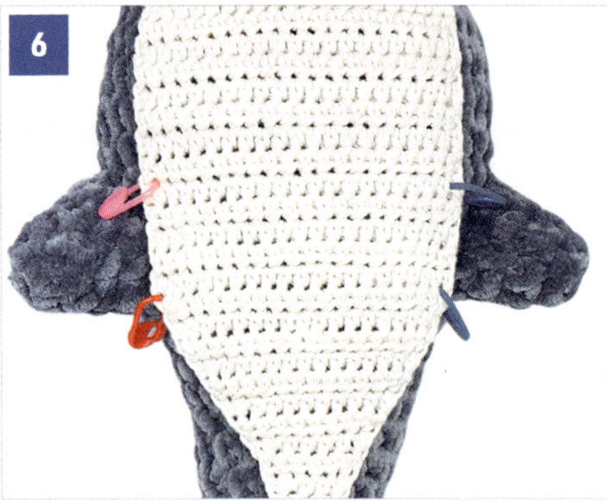

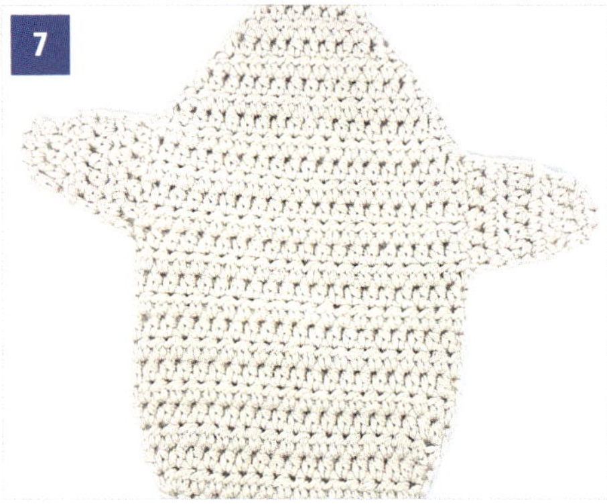

BAUCHFLECK

Der Bauchfleck wird in Reihen gearbeitet.

Mit Elfenbein und Nadel 3,5 mm 12 Lm + 1 Wende-Lm anschlagen. In der 2. M von der Nadel aus beginnen und nach jeder R wenden:

1. R: 12 halbe Stb, 1 Wende-Lm
2. R: 11 halbe Stb, 1 halbes Stb verdoppeln, 1 Wende-Lm
3.–4. R: 13 halbe Stb, 1 Wende-Lm
5. R: 12 halbe Stb, 1 halbes Stb verdoppeln, 1 Wende-Lm
6.R: 1 halbes Stb verdoppeln, 12 halbe Stb, 1 halbes Stb verdoppeln, 1 Wende-Lm
7. R: 1 halbes Stb verdoppeln, 14 halbe Stb, 1 halbes Stb verdoppeln, 1 Wende-Lm
8. R: 18 halbe Stb, 1 Wende-Lm
9. R: 1 halbes Stb verdoppeln, 16 halbe Stb, 1 halbes Stb verdoppeln, 1 Wende-Lm
10.–21. R: 20 halbe Stb, 1 Wende-Lm
22. R: 18 halbe Stb, 2 halbe Stb zusammenhäkeln, 1 Wende-Lm
23. R: 17 halbe Stb, 2 halbe Stb zusammenhäkeln, 1 Wende-Lm
24. R: 2 halbe Stb zusammenhäkeln, 14 halbe Stb, 2 halbe Stb zusammenhäkeln, 1 Wende-Lm
25. R: 2 halbe Stb zusammenhäkeln, 12 halbe Stb, 2 halbe Stb zusammenhäkeln, 1 Wende-Lm
26. R: 2 halbe Stb zusammenhäkeln, 10 halbe Stb, 2 halbe Stb zusammenhäkeln, 1 Wende-Lm
27. R: 2 halbe Stb zusammenhäkeln, 8 halbe Stb, 2 halbe Stb zusammenhäkeln, 1 Wende-Lm
28. R: 2 halbe Stb zusammenhäkeln, 6 halbe Stb, 2 halbe Stb zusammenhäkeln, 1 Wende-Lm
29. R: 2 halbe Stb zusammenhäkeln, 4 halbe Stb, 2 halbe Stb zusammenhäkeln, 1 Wende-Lm
30. R: 6 halbe Stb, 1 Wende-Lm
31. R: 2 halbe Stb zusammenhäkeln, 2 halbe Stb, 2 halbe Stb zusammenhäkeln, 1 Wende-Lm
32. R: 4 halbe Stb, 1 Wende-Lm
33. R: 2x ***2 halbe Stb zusammenhäkeln***

Mit einer Lm beenden und einen langen Restfaden für das spätere Annähen hängen lassen.

Den Bauchfleck am Bauch feststecken und die Positionen für die Seitenflossen markieren. (6)

Die unteren Seitenflossen an den Bauchfleck anhäkeln, dabei nach jeder Reihe wenden:

1.–3. R: 6 halbe Stb, 1 Wende-Lm
4. R: 2 halbe Stb zusammenhäkeln, 4 halbe Stb, 1 Wende-Lm
5. R: 2 halbe Stb zusammenhäkeln, 3 halbe Stb, 1 Wende-Lm
6. R: 2 halbe Stb zusammenhäkeln, 3 halbe Stb, 1 Lm

Die 2. untere Seitenflosse ebenfalls anhäkeln.

Anschließend den Bauchfleck mit einer Reihe festen Maschen umhäkeln. (7)

ZU GUTER LETZT

Die Schnauze mit Watte befüllen und vorne mittig an den Kopf annähen.

Die Rückenflosse bei Reihe 12–17 oben mittig an den Körper stecken und annähen. Die Seitenflossen bei Reihe 10–14 seitlich anstecken und annähen. Dabei den Delfin beim Anstecken hinlegen, damit die Flossen nicht nach oben stehen, sondern flach am Boden aufliegen. (8)

Mit mehreren Maschenmarkierern oder Stecknadeln den Bauchfleck an die Unterseite des Körpers stecken und annähen. (9)
Zuletzt die Augenflecken mit den angesteckten oder aufgestickten Augen direkt über der Schnauze anbringen und festnähen. (10, 11)

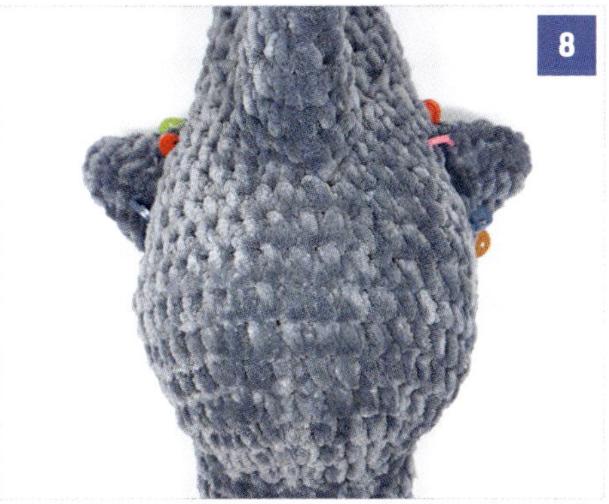

8

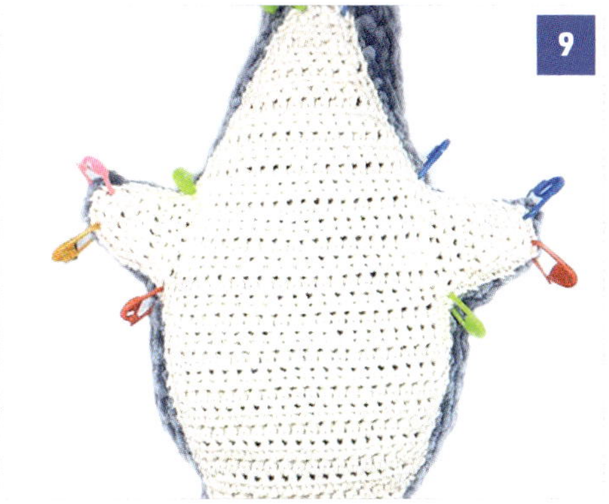

9

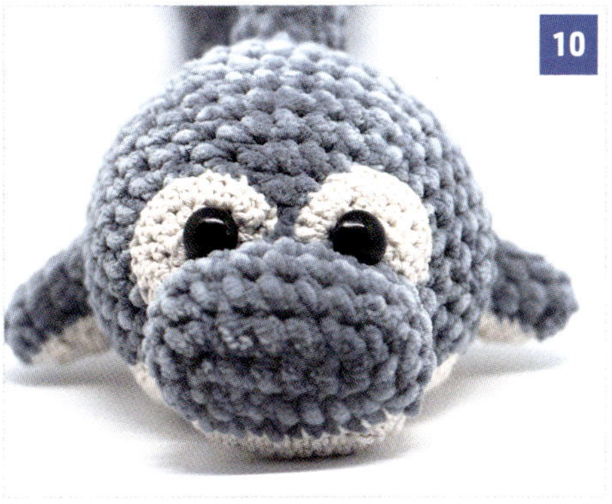

10

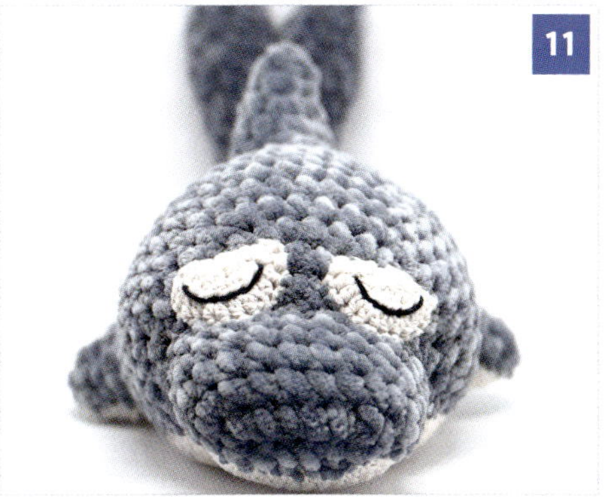

11

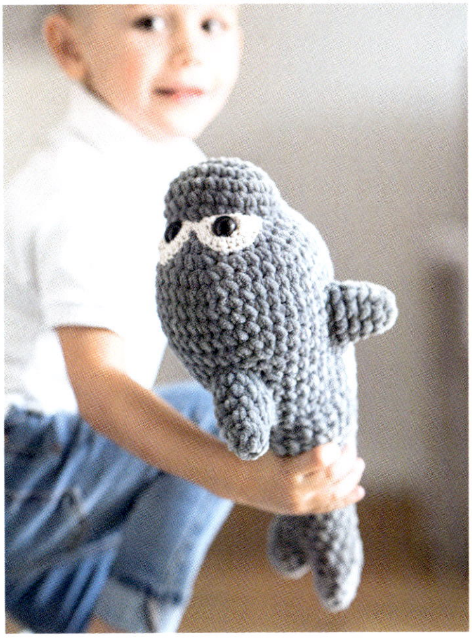

Autorinnen

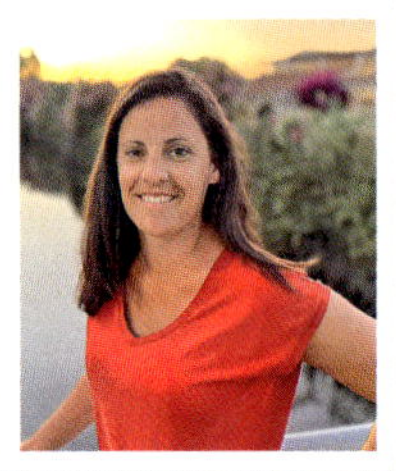

MARTINA NEUMANN

Ich bin Martina, 37 Jahre alt und lebe mit meinem Mann und Hund in der Nähe von Köln.

Die Leidenschaft fürs Häkeln besteht schon seit meiner Kindheit, als meine Mama mir diese tolle Handarbeit beigebracht hat. Seit 2014 ist das Häkeln für mich mehr als nur ein Hobby geworden und meine erste Anleitung für das erste Tierchen ist entstanden. Im Laufe der Zeit sind noch einige mehr dazugekommen.

Neben dem Häkeln bin ich sehr gerne mit meinem Mann und unserem Hund Lotta draußen unterwegs und mache die Berge oder Strände unsicher. Sie ist auch die Namensgeberin für mein kleines Label „Lotta-Leben". Wenn du noch mehr meiner Anleitungen entdecken möchtest, dann findest du sie alle in meinem Shop bei myboshi **www.myboshi.net/shop/lottaleben/**

Ich würde mich auch freuen, dich auf meiner Instagramseite **@lotta_leben_** begrüßen zu dürfen.

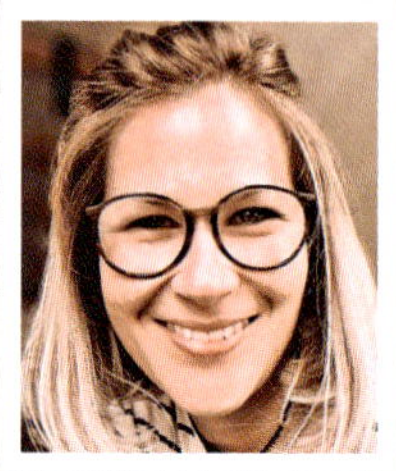

MELLA BONANNO

Ich bin Mella, 42 Jahre alt und lebe mit meiner Familie in Bottrop, NRW.

Die Häkelnadel und ich haben recht spät zueinander gefunden. Vor acht Jahren begeisterten mich die bunten Beanies von myboshi. Ich fand sie so toll, dass ich mir einige Bücher kaufte, YouTube-Videos schaute, um das Häkeln überhaupt erst einmal zu erlernen.

Es machte mir großen Spaß und ich entdeckte immer neue Möglichkeiten. So war ich z. B. auch sehr schnell von Amigurumi fasziniert. Nicht zuletzt durch die Geburt meiner beiden Kinder entstand auch eine große Leidenschaft für gehäkelte Schmusetücher und Babyspielsachen aller Art.

Inzwischen schreibe ich meine eigenen Häkelanleitungen und erfreue mich jedes Mal darüber, wenn ich so ein positives Feedback erhalte.

In den sozialen Netzwerken findet ihr mich unter den Namen **BOmondo** und **@mylittle_bo_**

Ich wünsche euch ganz viel Freude beim Nacharbeiten.

Eure Mella

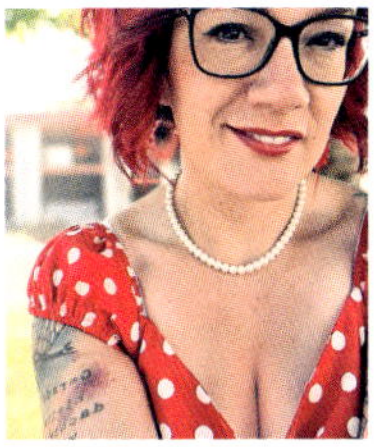

CHRISTINE NEWTON

Mein Name ist Christine Newton und ich lebe mit meinem Mann und meinem Sohn in einer süßen, kleinen Gemeinde namens Schlins in Vorarlberg/Österreich. Zu Schulzeiten mochte ich Handarbeiten nie besonders, meine Leidenschaft für das Häkeln entwickelte sich erst in meiner Schwangerschaft 2013. Seit diesem Zeitpunkt häkle ich fast täglich, erstelle Anleitungen und besuche regelmäßig Märkte als Ausstellerin. Häkeln ist für mich das perfekte Ventil für meine Kreativität. Ich tauche ein in meine Wolle-Wunderwelt und erschaffe neue Figuren und Formen. Es ist einfach der perfekte Ausgleich zu Haushalt, Kind und hauptberuflicher Arbeit. Und wenn ich manchmal Bilder von nachgearbeiteten Werken meiner Kunden*innen zugesendet bekomme, geht mein Herz auf!

Christine findest du unter **@haekelicious**

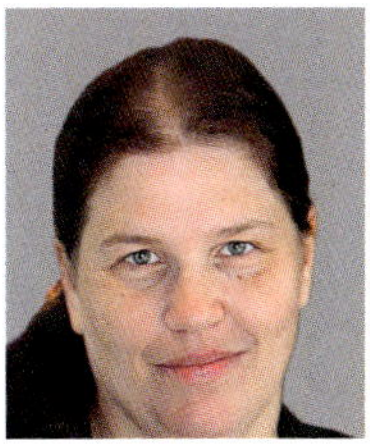

DANIELA RÖSNER

Ich bin Mama von vier Kindern, Vollzeit berufstätig und lebe mit meiner Familie im Eigenheim auf dem Land. Im schönen Oberfranken (Bayern). Zum Häkeln kam ich 2015 durch meine ersten drei Kinder; das Schreiben von Anleitungen habe ich zwei Jahre später für mich entdeckt. Häkeln ist bis heute mein Ausgleich zum stressigen Alltag, mein Balsam für die Seele.

Daniela findest du unter **@mamalelashop**

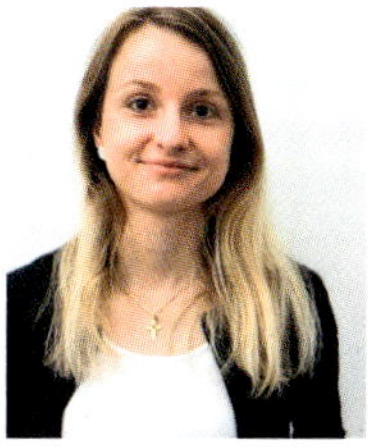

FRANZISKA PFOSER

Ich bin Franzi, 30 Jahre jung, absolut häkelsüchtig und wollvernarrt. Seit mittlerweile acht Jahren häkle ich in meiner Freizeit leidenschaftlich Amigurumi. In dieser Zeit habe ich bereits mehrere hundert Tiere gehäkelt. Es gibt nichts, was es nicht gibt. Vom Hund über Giraffe zu Meeresbewohnern oder Fantasiewesen – mit meinen Häkeltieren kann ich so viel Freude bereiten. Da geht mir jedes Mal mein Herz auf. Ich meine, wie cool ist es, aus einem einfachen Faden etwas so Tolles zu zaubern? Im Jahr 2022 wurde mein größter Traum Wirklichkeit – mein erstes eigenes Häkelbuch! Mein Herz ist erfüllt. Ich liebe es. Und ich fühle mich geehrt, Teil dieses wundervollen Sammelwerkes zu sein und mit all den tollen Autor*innen ein Buch zu veröffentlichen.

Es bleibt spannend, wo die Reise hingeht. Aber eines ist sicher: Das Häkeln wird mich zu jederzeit begleiten, und das ist großartig!

Ihr könnt mich gerne auf Instagram unter **@franzi_einfach_tierisch** verfolgen. Ich freue mich, Euch dort bei meinen Projekten mitnehmen zu können. Noch mehr freue ich mich aber auf Verlinkungen zu euren Werken! ;)

Autorinnen

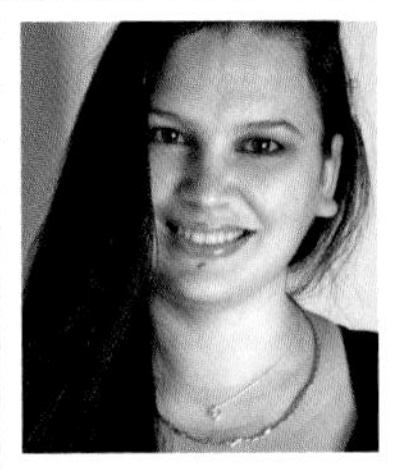

KATJA GRADT

Ich bin Katja von Leomaxi und Mama von vier Kindern. Das Häkeln begleitet mich schon viele Jahre. Ich habe es als Teenager von meiner Oma gelernt. Während meiner Ausbildung als Holzspielzeugmacherin hatte ich dafür leider weniger Zeit. 2004 und 2005 sind meine beiden Jungs zur Welt gekommen und ab da habe ich mich wieder verstärkt meinem Hobby gewidmet und die Firma Leomaxi gegründet.

Ich habe anfangs fertig gehäkelte Kuschelteilchen angeboten. Aufgrund der hohen Nachfrage sind bald Anleitungen vor allem für Jungs dazugekommen. Ich habe auch einige Bücher geschrieben und an verschiedenen Handarbeitszeitschriften mitgewirkt. Vor zwölf Jahren hat meine große Tochter das Licht der Welt erblickt. Seitdem sind die Anleitungen mädchenhafter und umfangreicher geworden. In den letzten Jahren habe ich meine Firma weiter erweitert und mit verschiedenen Materialien experimentiert, so sind die Holzböden für stabile Häkelkörbchen entstanden. Hier konnte ich das Wissen und die Kontakte aus meiner Ausbildungszeit nutzen und vielfältige und hochwertige Böden produzieren lassen.

In meinen Shops bei etsy.com/de/shop/Leomaxi und Leomaxi.de kannst du alles zum Thema Häkeln sowie Anleitungen und Materialsets bestellen und sofort mit deinem Kreativprojekt beginnen. Wenn du sehen möchtest, was ich gerade auf der Nadel habe, dann schau auch gern bei Instagram unter **@leomaxi_crochet** vorbei.

MYBOSHI

myboshi ist seit 2009 einer der führenden Anbieter für Wolle, DIY-Sets, Handarbeitsanleitungen und Zubehör in der DACH-Region und DIY-Zentrale für frische Handarbeitsideen aus allen Lebensbereichen.
Gegründet im Jahr 2009 von den beiden Freunden Thomas und Felix, startete das Unternehmen ursprünglich mit der Fertigung von handgemachten Häkelmützen (aus dem japanischen „bōshi" für „Mütze").

Im Laufe der Jahre hat sich myboshi zu einer bekannten Marke in der Handarbeitsbranche entwickelt und stetig das Sortiment um innovative Handarbeitsgarne mit dem gewissen Etwas erweitert. Heute liegt der Fokus nicht mehr auf den Mützen, sondern auf Wolle, Zubehör und Handarbeits-Sets, mit denen auch Anfänger einfach den Einstieg ins Handarbeiten finden. myboshi hat es somit geschafft, eine lebendige Community aufzubauen und Menschen zu inspirieren, ihre eigenen kreativen Ideen umzusetzen.

ANKE BÖTTCHER

Ankes Leidenschaft sind Kuscheltiere: Neben dem wunderschönen Frosch und Löwen findest du weitere liebevoll gehäkelte Kuscheltiere und Babygeschenke unter **@_.hankids._**

ALEXANDRA SCHWARZ

Neben dem frechen Dackel sowie dem niedlichen Hasen und der süßen Meeresschildkröte häkelt Alexandra zauberhafte Häkelpuppen und Amigurumi unter **@einfach_wolltastisch**

Ebenfalls erhältlich ...

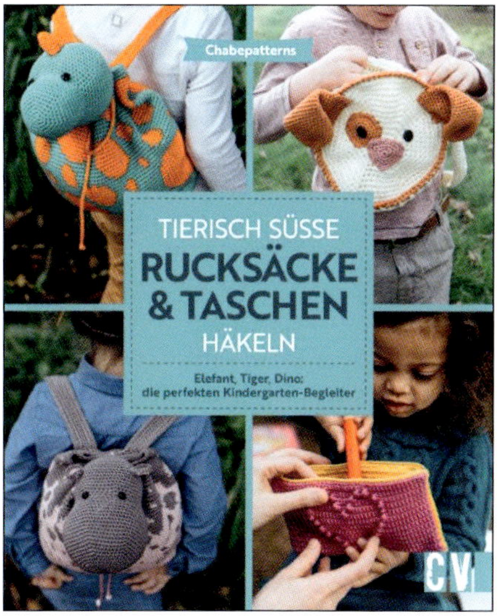

ISBN 978-3-8410-6746-3

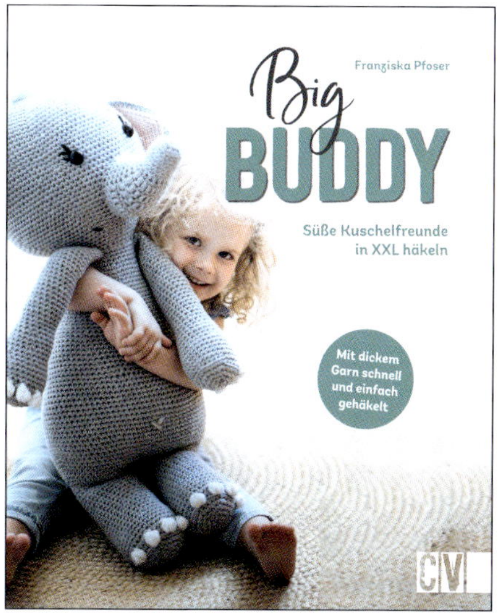

ISBN 978-3-8410-6711-1

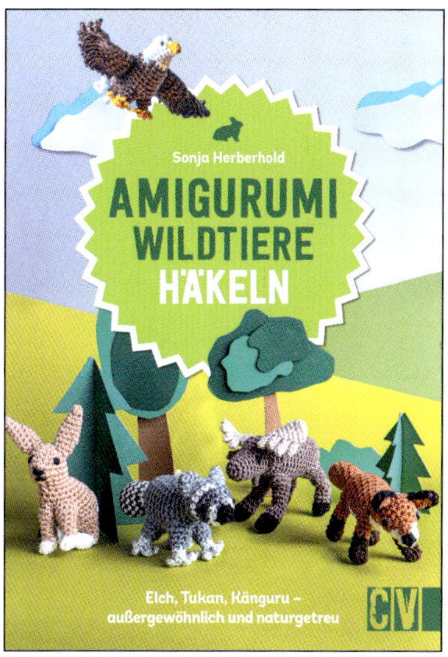

ISBN 978-3-8410-6734-0

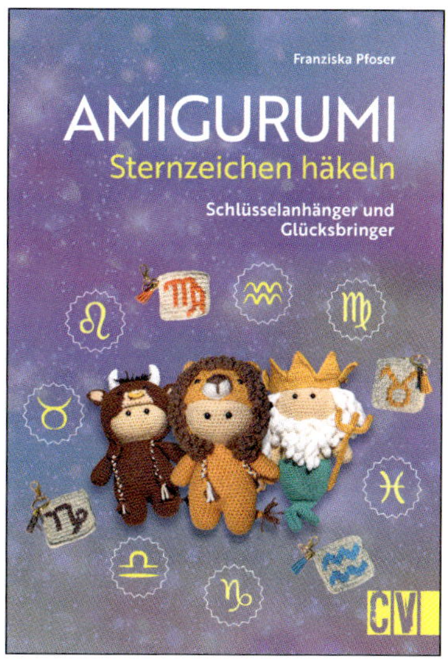

ISBN 978-3-8410-6733-3

Impressum

Autoren: Anke Böttcher, Christine Newton, Daniela Rösner, Franziska Pfoser, Katja Gradt, Mario Schwarz, Martina Neumann, Mella Bonanno, myboshi
Fotografie (Model-Fotos): Anne Schulz
Stepbilder: Jeweils die Autorinnen der Anleitungen
Redaktion: Raphaela Lechner und Helgrid van Impelen
Lektorat: Wiebke Gröbel-Uhlig
Layout: Anne Schulz
Umschlaggestaltung: Mathias Frisch
Repro: LUDWIG:media
Herstellung: Elke Mader
Printed in Slowenia by Florjancic Tisk

★★★★★

Sind Sie mit diesem Titel zufrieden? Dann würden wir uns über Ihre Weiterempfehlung freuen. Erzählen Sie es im Freundeskreis, berichten Sie Ihrem Buchhändler oder bewerten Sie beim Onlinekauf. Und wenn Sie Kritik, Korrekturen oder Aktualisierungen haben, freuen wir uns über Ihre Nachricht an Christophorus Verlag, Postfach 40 02 09, D-80702 München oder per E-Mail an lektorat@verlagshaus.de.

Unser komplettes Programm finden Sie unter

www.christophorus-verlag.de

Autorin und Verlag haben alle Angaben und Anleitungen mit größtmöglicher Sorgfalt zusammengestellt. Dennoch kann bei Fehlern keinerlei Haftung für direkte oder indirekte Folgen übernommen werden. Stoffe, Materialien und Modelle können von den jeweiligen Originalen abweichen. Die bildliche Darstellung ist unverbindlich.

Sollte dieses Werk Links auf Webseiten Dritter enthalten, so machen wir uns die Inhalte nicht zu eigen und übernehmen für die Inhalte keine Haftung.

In diesem Buch wird aus Gründen der besseren Lesbarkeit das generische Maskulinum verwendet. Weibliche und anderweitige Geschlechteridentitäten werden dabei ausdrücklich mitgemeint, soweit es für die Aussage erforderlich ist.

Die Deutsche Nationalbibliothek verzeichnet diese Publikation in der Deutschen Nationalbibliografie; detaillierte bibliografische Daten sind im Internet über http://dnb.d-nb.de abrufbar.

2. Auflage 2025

Infanteriestraße 11a,
80797 München

ISBN 978-3-8410-6779-1

Kreativ-Service

Sie haben Fragen zu unseren Büchern und Materialien? Wir beraten Sie gern rund um alle Kreativthemen. Rufen Sie uns einfach an. Wir interessieren uns auch für Ihre eigenen Ideen und Anregungen. Sie erreichen uns per E-Mail **kreativ-service@c-verlag.de** oder unter der Telefonnummer **0049-89-1306 99 577**.

Besuchen Sie uns im Internet: www.christophorus-verlag.de & www.selbstgemacht.de